企業間関係の構造

―企業集団・系列・商社―

島田 克美 著

流通経済大学出版会

はしがき

「企業とか会社について、もっとよく知りたい」と学生からよくいわれた。それは、私が会社に勤めたあと大学で教えていたからだろうが、教科書や講義に現れる会社や企業というものは、学生にとってわかりにくいものらしい。彼ら、彼女らの多くは、アルバイトを通じていろいろな職場を知り、また身近に会社勤めをしている者がいたりするだろうに、経済学や経営学に出てくる企業というのは、よくわからない難物なのだ。しかしここで、なまじ、会社や企業のやさしい解説などということを目指しても、成功はおぼつかない。理論上の企業と、実際に日々仕事をしている企業の実像とのギャップは大きい。そして後者についてのもろもろの知識を得たいのなら、企業小説に頼るべきかもしれない。

理論の中の企業がピンとこないのは、理論の前提とその論理が現実から離れていることによる。そもそも企業間の競争ということと、企業の利益との間に、矛盾がある。市場競争を徹底すると、利益はなくなる可能性が大きい。現実の企業は、競争によって利益が消えないように、一方でコスト切り下げを図るとともに、利益を護ることも考える。その中で企業は、他の企業との関係を、自分の利益になるように組み立てる。つまり、市場競争という大枠の中で、企業はさまざまな結びつきをもつ。

企業の競争と結合のあり方については、もともと国ごとに違った対応がみられ、制度や慣行の違いが生まれた。戦後アメリカ的な独禁法あるいは競争法の普及が図られたが、これによって規制できることは限られている。しかも企業結合の最高形態ともいえる合併や買収などによる企業の巨大化が、アメリカはじめ各国で公然と進んだ。特許権などによって独占的利益を得ることも必須の企業戦略になった。そこには企業間の関係も含まれる。そして日本では、歴史

的に、財閥といわれたような、異業種大企業の結合形態がみられ、その戦後のあり方をめぐる議論があった。

　本書の第1部は、日本の企業集団をはじめ、企業間関係を見ていく上で重要と思われるいろいろなアプローチを紹介するとともに、産業ネットワーク論という、いわば企業間関係の一般論についてかなり詳しい検討を加えている。その上で、系列の議論など、かつて論壇をにぎわしたテーマについての私の見方を示した。第2部は、総合商社論に充てられ、私が唱える商権論の解説を行うとともに、総合商社の過去の経営実態分析のいくつかを掲載した。そこに、企業間関係を組織する商社の行動をみてほしいと思う。

　本書の各章は、それぞれかつて私が発表した論文ないし学会報告から成る。その中には、一部以前の拙著に取り入れたものもあるが、今回はそれぞれ発表時点での原型ないし構成をなるべく尊重した。ただし、標題を修正し、また一部のみ掲載し、あるいは適宜補正したものが多い。第2部の商社関係の論文は、第9章の一部が「商社商権論」と重複する以外、これまでの書籍には入れていない。

　私はもともと経済調査を仕事としていたので、アカデミックな理論にかかわることは本業とはいえなかったが、経済や企業に関する議論の読者として、いわばそれらの「議論の調査」をする羽目になった。そのうちに、例えば日本の系列に関する議論に物足りなさを感じた結果、少しは自分でも発言した。その中で、海外の議論の中の理論的枠組みを、より普遍性の高い議論として利用することを余儀なくされた。そのことの有効性はまだ十分試されていないと思う。そこでいわば冷えかけた料理を温めなおして出したいと思うようになった。それは、内外の経済情勢の変化によって私の論文を見直してもらえる機会が生まれることを期待したためだ。

　この本をつくって私の願いを実現させる上で多大のご尽力をいただいた流通経済大学出版会の池澤昭夫氏に心から感謝するものである。

2009年12月　　島田　克美

目　次

はしがき ……………………………………………………………………… i

第 1 部　日本の企業間関係　　1

第 1 章　企業集団論の展開　　3

Ⅰ　金融資本としての企業集団 …………………………………………… 3
　1　企業集団と財閥復活論
　2　金融資本と結合形態
　3　金融資本における再編と断絶

Ⅱ　資本集中と競争秩序 …………………………………………………… 8
　1　系列融資の重視
　2　資本集中仮説
　3　一般集中の視点
　4　生き続けた企業集団

Ⅲ　異業種企業間結合 ……………………………………………………… 15
　1　経済支配と持株の意味
　2　企業集団と株式の円環的所有
　3　集団内取引とレシプロシティ―企業間関係
　4　レシプロシティと関税同盟の理論

Ⅳ　市場経済と組織 ………………………………………………………… 25
　1　組織の存在の認知
　2　組織の機能の認知
　3　現実分析と企業機能論の台頭

Ⅴ　企業集団形成要因の検討 ……………………………………………… 30

　　　　1　企業集団への関心の変化と形成要因論

　　　　2　コスト節減仮説と問題点

　　　　3　計量分析の進展と限界

　　Ⅵ　企業集団分析と取引アプローチ·· 36

　　　　1　求められる複合的論理

　　　　2　取引アプローチの枠組

　　　　3　取引アプローチからみた企業集団

　　　　4　新路線からの展望

第2章　顧客関係へのアプローチ·· 51

　　Ⅰ　顧客関係の重視と理論的アプローチ··· 51

　　　　1　長期継続取引の認知

　　　　2　関係的交換と契約からのアプローチ

　　　　3　産業財と相互作用アプローチ

　　　　4　取引のネットワークと競争上の地位

　　Ⅱ　顧客関係行動と企業の戦略··· 59

　　　　1　産業財マーケティングの進め方

　　　　2　対顧客相互作用の内容

　　　　3　顧客関係への投資とその戦略的意義

　　Ⅲ　顧客関係に対する評価··· 65

第3章　産業ネットワーク論とその射程·· 71

　　Ⅰ　産業ネットワークへのアプローチ··· 71

　　　　1　社会的ネットワークと産業ネットワーク

　　　　2　ネットワークとネットワーク・アプローチ

　　　　3　ネットワークの定義

　　Ⅱ　産業ネットワーク論の新段階·· 75

　　　　1　産業ネットワーク論の系譜

2　市場でもなく組織でもないもの

　　　3　第三の形態としてのネットワーク

　Ⅲ　産業ネットワーク分析の基礎
　　　──IMPグループの研究を中心に── ……………………………………… 83

　　　1　ネットワークとその構成要素

　　　2　関係の諸側面

　Ⅳ　産業ネットワークの形態と機能 ………………………………………………… 88

　　　1　ネットワーク組織の形態論と限界

　　　2　産業組織におけるネットワークの意義

　　　3　ネットワークの機能

　Ⅴ　産業ネットワークと経営戦略 …………………………………………………… 92

　　　1　企業の市場戦略とネットワーク

　　　2　戦略の出発点及び目標としてのネットワーク上の地位

　　　3　戦略手段としての顧客関係への投資

　　　4　経営戦略論へのネットワーク論の適用例

　Ⅵ　経済統治システムとしてのネットワーク型産業体制 ……………………… 96

　　　1　注目されるネットワーク型産業組織

　　　2　ポスト・フォーディズムの分業体制

　　　3　経済統治体制の状況適合性と変化の要因

第4章　系列の類型と功罪　──企業集団に関連して── …………………… 105

　Ⅰ　系列分析の前提 …………………………………………………………………… 105

　　　1　戦後日本経済を貫通する系列化

　　　2　系列の諸類型

　　　3　系列におけるタテとヨコ

　Ⅱ　タテ系列における支配と効率 ………………………………………………… 109

　　　1　タテ系列の本質

　　　2　系列企業による生産の効率性

　　　　3　上下関係に基づく管理
　Ⅲ　タテ系列の矛盾.. 115
　　　　1　社会的格差の利用
　　　　2　企業の独立性との相克
　　　　3　国際化の誘因と障害
　Ⅳ　ヨコ系列（企業集団）の機能と展開.. 120
　　　　1　ワンセット化と限界
　　　　2　集団内市場と競争力
　　　　3　国際的提携への展望
　Ⅴ　小　括.. 124

第5章　制度・慣行問題と系列論.. 127

　Ⅰ　日米構造協議と系列問題の地位.. 127
　　　　1　構造協議のテーマとその展開
　　　　2　制度・慣行問題と錯綜する系列論
　　　　3　企業間取引と日本的システムの効率性
　Ⅱ　系列論の混乱とその要因.. 133
　　　　1　系列の概念と外部化・内部化の問題
　　　　2　長期継続取引の理論による系列の合理化
　Ⅲ　系列とネットワーク理論の役割.. 135
　　　　1　系列論の問題性
　　　　2　長期継続取引の理論の地位
　　　　3　新しいネットワーク論とその意義
　Ⅳ　ガバナンス構造と系列.. 142
　　　　1　ネットワークと系列
　　　　2　系列と外部化の利益
　Ⅴ　系列の評価と批判のために.. 144

第6章 系列とフランチャイズ・システム
―企業間関係と経済的パワーの役割― ……………………… 149

- I フランチャイズ・システムの意義と性質 …………………………… 149
  - 1 フランチャイズ・システムとは何か
  - 2 フランチャイズ・システムの意義と役割
- II フランチャイズ・システムの本質 …………………………………… 157
  - 1 フランチャイズ・システムの成立要因
  - 2 フランチャイズ・システムの経済的作用
  - 3 フランチャイズと系列の比較
- III 系列とネットワーク再論 ……………………………………………… 162
  - 1 企業間関係と系列
  - 2 系列の二側面
- IV 企業間関係におけるパワーの作用 …………………………………… 166
  - 1 取引とパワー
  - 2 系列とフランチャイズの日本的側面
  - 3 系列批判、系列崩壊論へのインプリケーション

第7章 「持ち合い解消」過程の法人資本主義 ………………… 171

- I 法人所有に代わる機関所有は進んでいるか …………………………… 171
  - 1 過去における法人資本主義の深化とその後
  - 2 拓銀の旧融資先持ち株はどこへ移ったか
  - 3 横浜銀行の保有株全面売却という方針(97. 11. 7, 日経報道)は実行されたか
  - 4 日本の主要企業の大株主に重要な変化はあったか
- II 「持ち合い解消」の数字にみられる傾向とその解釈 ………………… 175
- III 持ち合いのコアをどう考えるか ……………………………………… 176
  - 1 持ち合いの形成に作用する集団的要因
  - 2 企業が必要とする安定株主比率(乗っ取りのリスク)をどうみるか

　　　　3　持ち合いのコアとしての企業の世代的発展形態とその特徴
　　　　4　持ち合いのコアとしての銀行の株主構成における事業法人
　　Ⅳ　株式持ち合いと企業集団 178
　　　　1　企業集団におけるメンバーの構成の不統一
　　　　2　企業集団における持ち合いの動向とその意味
　　Ⅴ　結び 179

第2部　総合商社論 187

第8章　商社の本質 189

　　Ⅰ　総合商社の取引と投資 189
　　　　1　商社の取引と商権
　　　　2　商権形成と企業間関係―レシプロシティ
　　　　3　取引のターミナルとしての商社
　　　　4　互恵取引と企業グループ
　　　結び
　　Ⅱ　商社商権の構造と機能
　　　　―商権論への論評を手がかりに― 196
　　　　1　商権の本質とその捉え方
　　　　2　顧客関係論に何を求めたか
　　　　3　商権形成のための投資
　　　　4　商社の系列関係とチャネル関係
　　　　5　商社の存在理由とその評価

第9章　総合商社の株式所有 223

　　Ⅰ　商社持株の概要と所有目的 224
　　　　1　株式保有状況の概観
　　　　2　株式所有の目的とその特徴

Ⅱ　商社持株と取引の関係……………………………………………… 231
　　　　1　持株の業種別構成と商社の売上高構成
　　　　2　商社の株式保有における業種別選好—結合度の観点から—
　　　　3　商社の取引機会の業種別検討—株式における結合度との関係—
　　　　4　取引関係と持株の効率
　　Ⅲ　商社持株における企業間関係……………………………………… 247
　　　　1　持株を通ずる関係の三つのタイプ
　　　　2　商社大口投資にみる三つのタイプ
　　　　3　企業間関係と持株比率
　　　　4　企業集団における商社の持株比率—2％の意味するもの—

第10章　総合商社の取引関係と組織構造
　　　　—企業集団と持株会社に関連して—……………………………… 265
　　Ⅰ　総合商社の取引における企業集団への依存…………………… 265
　　　　1　総合商社の取引と投資における企業集団的背景
　　　　2　総合商社の商権といわゆる企業集団内取引
　　　　3　商社の大口取引先からみた企業集団への依存状況
　　Ⅱ　総合商社の企業集団依存の限界とその意味…………………… 270
　　　　1　企業集団メンバーの自立性
　　　　2　商社の大口取引における集団外企業の地位
　　　　3　商社経営における企業集団依存の意味
　　Ⅲ　総合商社の業務と投資活動の展開……………………………… 277
　　　　1　総合商社の経営における取引と投資の地位
　　　　2　商社による国内大手事業会社発行株式の所有
　　　　3　関係会社等への投資
　　Ⅳ　商社の投資対象の拡大と組織構造……………………………… 284
　　　　1　商社の組織におけるふたつの類型
　　　　2　権限委譲と社内資本金制度

3　商社の持株会社化の問題点

第11章　商社における投資依存の実態 ……………………… 291

　I　商社における営業利益の減少と要因 ………………………… 291
　　　1　商社の売上高と利益の現状（1998年当時）
　　　2　傾向的に増える販売、管理費
　II　収益動向の実態と配当収入拡大の背景 …………………… 296
　　　1　業務利益段階における収益の実態
　　　2　受取配当金の利回り
　　　3　繰り返される投資の償却と益出し
　III　商社経営における投資、与信と関係会社の地位 ………… 300
　　　1　資金力に依存する商社経営
　　　2　投資と配当収入における関係会社の比率の上昇
　IV　商社グループとしての経営と本社の役割 ………………… 303
　　　1　商社の投資指向の背景と問題点
　　　2　商社経営における企業グループ化の理念は何か

第12章　総合商社の経営改革と戦略思想の分化 …………… 305

　I　総合商社における発展制約要因の顕在化と対応 ………… 305
　　　1　商社経営の本質と発展の制約要因
　　　2　商社の投資重視論と情報通信産業への進出
　　　3　営業部門の独立経営と社内資本金制度などの採用
　II　商社における経営改革の諸側面 …………………………… 310
　　　1　バブル崩壊以後の経営危機とリストラ、再生策の展開
　　　2　下位商社における厳しい経営再建策の実施
　　　3　コーポレート・ガバナンスと経営機関の問題
　　　4　改革の進展と大手商社経営の積極化

Ⅲ　商社の経営戦略における考え方の分岐点･････････････････････････････････316
　　　　1　事業投資への傾斜をどう位置付けるか
　　　　2　選択と集中か総合化か
　　　　3　本体か子会社か
　　Ⅳ　戦略思想の具体化と管理、組織のあり方･･･････････････････････････････322
　　　　1　連結重視と投資戦略
　　　　2　営業部門と管理の組織

第13章　フードシステムのインテグレーター
　　　　としての総合商社･･･327

　　Ⅰ　企業間システム論からみたフードシステム論の意義･･････････････327
　　　　1　企業間システムと経済論の課題
　　　　2　フードシステム論の意義
　　Ⅱ　フードシステムにおける近年の変化と日本の場合･････････････････329
　　　　1　アメリカのフードシステムにおける契約、統合の進展
　　　　2　先進国のフードシステムの動向と日本の特徴
　　Ⅲ　日本のフードシステムにおける総合商社の地位、役割････････････331
　　　　1　概観
　　　　2　商社による畜産分野のインテグレーションと現状
　　　　3　食肉流通における商社の地位
　　　　4　食品流通（加工食品中心）における商社の役割の拡大とその意味
　　Ⅳ　小　　　括･･･338

結びにかえて･･341

初出一覧
第1章　企業集団論の展開　　　　　　　　　　　　　　　　　（証券経済1985年6月）
第2章　顧客関係へのアプローチ　　　　　　　　　　　　（流通経済大学論集1990年3月）
第3章　産業ネットワーク論とその射程　　　　　　　　　（流通経済大学論集1993年1月）
第4章　系列の類型と功罪　　　　　　　　　　　　　　　　　　（公正取引1991年9月）
第5章　制度・慣行問題と系列論　　　　　　　　　　　　　　　（証券経済1993年3月）
第6章　系列とフランチャイズ・システム　（流通経済大学創立三十周年記念論文集1996年3月）
第7章　持ち合い解消過程の法人資本主義　　　　　　　　　（証券経済学会年報2000年5月）
第8章　商社の本質　　　　（日本貿易学会年報1985年3月および『証券経済』1991年12月）
第9章　総合商社の株式所有　　　　　　　　　（㈶日本証券経済研究所証券研究1983年2月）
第10章　総合商社の取引関係と組織構造　　　　　　　　　　（立命館国際研究1996年3月）
第11章　商社における投資依存の実態　　　　　　　　　　　　　（化学経済1998年6月）
第12章　総合商社の経営改革と戦略思想の分化　　（京都学園大学経済学部論集2001年12月）
第13章　フードシステムのインテグレーターとしての総合商社　（産業学会研究年報2000年3月）

第1部

日本の企業間関係

第 1 章
企業集団論の展開

　本章は1985年に、その頃までの企業集団論の流れを、理論的な背景に注目しつつスケッチし、併せて企業集団論プロパーとして取扱うべき対象と方法についての意見を述べたものである。本書第4章はその後の議論に触れている。
　なお本章は記述のスタイルと文献への言及、文献リストの配列などいくぶん2章以下と異なるが、当初のかたちを残した。

I　金融資本としての企業集団

1　企業集団と財閥復活論
　まず本章でいう企業集団とは何かということであるが、ここでは三菱、三井、住友、富士銀行（芙蓉）、第一勧銀、三和銀行という旧財閥系ないし都市銀行中心のいわゆる六大企業集団のことをいう。そのほかにも例えば興銀系といった形や、あるいは松下電器グループなどといったかたちでほかの大銀行あるいは大メーカー中心のグループを企業集団に含めて考えることがままあるほか、時にはコンビナートや工業団地などにおいて相互に結びついた企業を企業集団と称することもある。しかしここではそれらは一応考慮の外におかれている。
　そこで上記の意味の企業集団とはどういうものかといえば、要するに各グループごとにつくられた代表的大企業の異業種企業間結合に他ならない。そしてそうしたかたちの集団がどのようにつくられたかについては歴史的な背景が

重要であるが、共通の標識として、6つの要素があげられている。すなわち、1）円環状の株式持ち合い、2）社長会の存在、3）共同投資の存在、4）大都市銀行が中核となっていること、5）メンバーに総合商社が含まれていること、6）重化学工業分野を中心として多業種の企業が含まれていること、である。[1]

ところで周知のように、企業集団の前身は財閥であった。三井、三菱、住友はいうまでもないが、富士は安田、浅野など、第一は古河、川崎など、三和は鴻池、岩井、鈴木商店などが絡んでいる。そこで戦後一旦解体された財閥が再結集する動きとして「企業集団化」を捉えるという行き方がひとつの有力な見方をかたちづくってきた。そこでは上記の企業の結合を一種の財閥の復活とみるわけである。企業集団化を財閥化への道とみることはそれを統一的な意思の下に行動するひとつの経済主体とみることに他ならず、かなり問題を含んだ見方だと思われるが、この見方は以前はきわめて有力であった。「財閥の復活」という視点が、日本の社会で、戦後かなり長く力をもちえたのはなぜだろうか。考えられる要因のひとつはわが国でマルクス経済学の勢力が強く、その立場からすると日本についての独占資本論あるいは金融資本論の中で、企業集団が不可欠の構成要素とされたこと、もうひとつは企業集団化の動きが戦後経済民主化政策の一環としての独占禁止政策の"後退"の証拠としてとりあげられたことに求められよう。

ともあれ「財閥の復活」という印象を与えた企業行動とその結果として生まれた企業間の株式の相互所有状況、あるいは同系金融機関による系列融資の状況等については、昭和30年頃に多くの文献がこれをとりあげるようになったが、それらは概ねマルクス経済学の影響のもとにあったといえる。

2　金融資本と結合形態

ところで独占資本といった見地から経済をみるというのはどういうことか、次に中立的とみられるひとつの解説を示そう。すなわち「金融資本は資本主義の現段階における最高支配資本である。その支配は、直接間接に、ほとんど一

切の経済、政治、文化現象に及んでいるといってよい。しかもこの金融資本の本質がいかなるものであるかは十分明確にされているとはいい難い。ある者はこれを銀行資本または、貸付資本と同一義に解し、ある者は、これを単なる独占資本と同様に用い、多くの者はこれを銀行による産業支配と解している。……日本金融資本の活動を語ることは、結局日本資本主義の全活動を語ることである」(古賀英正氏による)。[2]

更にいえば、ここで金融資本について語ることが日本資本主義について語ることになるというのは、次のような見方に立っているのである。すなわち現代資本主義はいわゆる金融寡頭制の下にあり金融資本は経済全体に対し高度の支配形態を生み出しているが、この場合金融資本という言葉が使われるのは、個々の独占資本をこえた、より上位のまたはより強力且つ広範な支配力をもった経済主体があるという意味においてであって、財閥というのもこうした意味での金融資本と同一ないし類似のものとして捉えているのである。

そして日本の金融資本は、国家との結びつきが強く、国民経済の力に比べて不相応に巨大であるという特徴をもつ点で、戦前も戦後も変わっていない。ただ支配機構ないし内部構成の点では、戦前の同族的で且つ極めて強固なものから、銀行中心のやや緩い結合へと変化した。これは一面で家父長制の非合理性を脱し、より合理的なものに転進する契機である。[3] こういう認識は概ね戦後の金融資本を論ずる場合共通のベースとなりうるものであった。

そこで金融資本（あるいはこれ企業形態論の方からみてコンツェルンという場合もある）という視角から日本の企業集団を捉えるかたちでの分析、資料は今日に至るまで一定の影響力をもちつづけているが[4]、金融資本としての支配が前提とされていることから、結局少数独占はますます進み、それによって日本経済は勝手気ままに支配されているといった聞きなれたテーゼに帰着する。

そういう立場に立つと、戦後の企業集団の結合形態への関心はむしろ二次的なものにならざるをえないが、この点についての考え方は往々にして実際の姿と相反するものになる。すなわち企業集団が経済社会に対する最高支配者としての実体を備えているという前提に立ったときには、いわばその系として企業

集団をピラミッド型の垂直的結合とする見方が生ずることである。[5] 今日では、企業集団は典型的なヨコの結びつきと考えられ、タテの要素をみる人はほとんどないであろう。しかし旧財閥は逆に典型的なタテの結合であった。そこでこの財閥に由来する企業集団がもし、旧財閥と同様の実体を備えているとすればタテ型だと考えた方がよいと思う人があっても不思議ではない。社長会とか銀行の力が強大だと考えることによって、この見方をある程度まで裏付けることが可能かもしれない。しかもそれ以上に特徴的なことは、集団そのものを持株による支配の主体とみていることである。この見方をとっていた杉岡碩夫氏は「旧財閥的企業集団は、金融面では旧財閥銀行を中心とする特定銀行との結びつきが緊密であり、従って持株の状況も特定集団支配型である。集団内の各企業は、財閥銀行、総合商社を媒介として相互に固定的な取引関係を結び、社長会は最高の経営戦略を統轄して、一個の自己完結的な経済体を構成し、その組織の拡大に共通の利益をもつ」といっていた。[6]

実証を重んずる杉岡氏の視野に、集団内企業の取引関係が捉えられていることは高く評価できるが、集団を持株の主体とみ、そうしたかたちで企業集団を垂直型結合と考えることは、系列子会社支配を勘定にいれてもやはり実態からズレている。その故にこそ杉岡氏はこの集団のあり方にいろいろの矛盾を見出し、また現実の結合がルーズなものであることを認めたうえでこれを戦後的な垂直的結合の完成途上のひとつの過渡的形態だというように規定せざるをえなかった。[7]

そうした実態とのズレにも拘らず集団そのものを、そのメンバー個々に対して相対的に独立し、且つそれらを支配する実体的存在とみなしていたのは、金融資本の本質が垂直統合にあるとみていたからである。そのような本質論からすると、戦後の企業集団がとっている現実の結合様式は本来のものでなく、アメリカの占領政策や独禁法によって一定の形態変化を強いられたにすぎないと考えられていたのかもしれない。

3　金融資本における再編と断絶

　ただここで注目すべきことは「戦前の財閥から戦後の企業集団への金融資本の形態変化」は、アメリカの占領政策や独禁法による日本金融資本の他律的な変形ないし再編というよりは、むしろ金融資本のより本来的な時代適合的な展開なのだという見解があることである。これは柴垣和夫氏に代表されるものであるが、そこにおいては、第2次大戦下において旧財閥傘下企業の間での株式相互持ち合いの進展や資金調達面での金融機関依存の増大、更には国家の市場取引面への介入の拡大などを通じて金融資本としてのあり方（財閥のビヘイビア）がすでに変化の傾向を示していたことが重視される。つまり財閥から企業集団への形態変化は、歴史的に客観的根拠をもった変化であり、その意味で金融資本の存在形態の変化として把握しうるというわけである。

　それではこの場合の時代適合性とは何かといえば、個々の企業が旧財閥本社の管理を離れ、経営陣が若返ったことによって急激な産業構造の変化に対する積極的対応が可能となったこと（メンバー企業の自立性の評価）、系列融資を通じて投資競争が推進され重化学工業化が促進されたこと（資金調達における銀行依存の評価）、独禁法によるカルテルの禁止が投資競争を促進したこと（企業集団の統制力低下と相俟ってかえって集団規模が拡大されたことの評価）などである[8]。

　ところで柴垣氏の場合にも、このようにして生まれた企業集団の集団としての「分散性、流動性、開放性」と「柔構造」がそのままで推移するとは考えず、何らかの「中枢機関」（個別企業の利害から開放された機関）設置の必要性を想定し、それが生まれない限り、過渡的性格をもつことになるとしていたことは見逃せない。すなわちここでも金融資本は、いかに形態変化が合理化されても中核を欠くかたちでの発展がどこまでも進むとは考えられなかったのである。

　ところで周知のようにマルクス経済学の分野には戦前から日本資本主義への理解をめぐって深刻な対立があり、その点からいえば柴垣説は旧労農派系の主張に連なる特色を色濃くもっている。そこで当然これに対しては強烈な反発がある。というのは、柴垣説の金融資本連続説は、とりも直さず戦前すでに近代

的な金融資本段階が日本に存在したことを意味するのであって、これは戦前の日本資本主義をより封建的色彩の濃いものと考える講座派的な立場と鋭く対立するからである。それでは講座派の立場からみると戦後の企業集団はどのように捉えられるか。少なくともそれは戦前の財閥支配とは根本的に違うもので、両者の間には当然大きな断絶がある。そして、戦後の企業集団こそが「史上初の本格的な金融資本の確立を意味する」ことになる。[9] だがそうなると、ゆるい結合としての企業集団に、どのようにして金融資本の実体をみるのかということが問題になり、例えばそれが個人的性格を脱していわゆる法人資本主義化したことは、「資本物化の極致化」だといった捉え方が生まれてくる。

　いずれにせよここでは多様に入り乱れたマルクス経済学内部の対立に入っていく余裕も意図もないが、金融資本論の見地からの場合でも戦後の企業集団のもつ意味をより十分に把握しようとすると、内部的結合形態や支配関係の実態に深く入っていく必要があり、そうなると伝統的な理論と今日の実態との間に新たな架橋が必要とならざるをえないのである。

II　資本集中と競争秩序

1　系列融資の重視

　以上では六つの標識によって捉えられた企業結合を出発点として話を進めてきたが、戦後の企業集団の捉え方としては、銀行の系列融資を中心とする資本集中に眼を向けるものが有力であった。

　これはかつての財閥本社に代わって大都市銀行が企業集団の中心になっており、集団の結合の手段としても、融資が中心的な役割を果たしているという見方に立つものである。

　このような見方から融資系列がいわゆる金融資本のひとつの形態として位置づけられることも多く、財閥復活論は総じて系列融資を重視している。[10] そして系列融資とは、特定の銀行が融資先に対して融資順位第一位の地位を占めるかたちで行っている融資のことで、そういう融資の相手先は大手都市銀行の場

合株式上場会社だけで100社をこえるのがふつうである。(これに対して社長会メンバーは多くてDKB系三金会が45社、三井、三菱、住友の各社長会メンバーは30社未満)。

　財閥復活の立場から系列融資をみる立場では、銀行を中心に系列融資先全部そして更にはその子会社孫会社なども含めた全体がひとつのグループをつくっていると考えるのがふつうで、これが企業集団の資本力、あるいは勢力圏を示すものと考えられている。

　ところで資本面からの勢力圏がとりあげられるのは、金融資本論においてコンツェルン型の支配が問題にされてきたことが下敷になっている。それこそが金融寡頭制の成立を可能にさせたのである。もともと株式会社制度が発展する中で、会社への資本集中を図るために、株式形態で資本を集めることは、大株主による会社支配を緩める可能性があるが、小口零細な株主は支配力をもたないから、結局比較的低率の株式保有率を以て実質的な会社支配維持が可能となる。そしてこうしたかたちの会社支配が階層的につみ重ねられることによって、ピラミッド的な支配が生まれてくる。そこで、究極支配者である大資本家ないしは金融グループの支配下に、巨大な企業群が組織されることになる。これが金融資本といわれるものの構造であった。

　今日（1980年代）においても企業集団ごとの資本力が問題にされ、その指標として系列融資を通じて結びついた企業群の資本金や総資産の合計額のシェアなどが分析の対象にされているのは、以前からの金融資本分析の伝統に沿う形で議論が展開されているからだが、その場合にこういう大きな資本集中化の主体であり、企業集団全体の支配者でもあるものを単純に銀行と考えてよいのであろうか。金融資本の形態変化をめぐって種々の議論が生まれたのはまさにそういう問題に答えるためであるが、これについては論じ尽くされないままに、資本集中それ自体をとりあげる動きが次第に大きな比重を占めるようになった。このことが従来の企業集団論を特徴づけていたといえよう。

2　資本集中仮説

　昭和30年代には、日本経済の現状分析の面から資本集中を問題にする種々の説が現れた。ひとつはこれを経済の二重構造の要因として捉えるものであり、もうひとつは、過当競争の原因として捉えるものである。

　二重構造との関連についてみると、この言葉が一般に用いられるようになったのは昭和32年の経済白書からのことで、問題の中心は、就業構造の非近代性（近代的な雇用者のウエイトが小さいこと）や賃金格差（企業規模の大きな企業の賃金に比べ中小企業の賃金が格段に低いこと―先進国一般が80％～90％であるのに50％前後である）の面で、いわば一国のうちに先進国と後進国の二重構造があるのと同様な状況がみられることにあった。

　そして二重構造の解消は政策的にも大きな課題とされたために、その原因がどこにあるかについても種々論議がなされたのであるが、その中でもきわめて有力なものとして、資本集中仮説が登場した。これは、賃金格差の原因は生産性格差にあり、それは資本装備率格差に基づく所が大きいが、資本装備率格差は結局資金調達力格差を反映しており、それは金融面での有力銀行からの借入難易度に他ならないとするものである。

　そして企業集団に属する企業は、系列融資の形で比較的容易に借入を増加させることができる点で、明らかに資金調達力にすぐれており、日本の大企業のほとんどは何らかの銀行系列に属することによって資金調達面での有利さをもち、その点で中小企業とはっきり区別されるというのが一般的な認識だったといえよう。こうした文脈において、企業集団は二重構造の形成要因として位置づけられることになった[11]（しかし、その後において二重構造の問題はほとんど解決されたとみられるようになったのに対し、資本集中のパターンはさほど大きく変わっていない。両者はかなり独立した問題であったと考えた方がよいのかもしれない）。

　次に過当競争との関連において宮崎義一氏のワンセット主義が一般の注目をひくことになった。これは銀行を中心として各系列がそれぞれ新興産業のワンセットを自己のグループ内に抱え込もうとして行動することが、系列ごとの競

争（とくに設備投資競争）を激化させ、これによっていわゆる過当競争が生まれているというものである。[12]

この主張は昭和37年に発表されたが、それはちょうど貿易や資本の自由化によって日本企業が外国企業との裸の競争にさらされることに対する危倶の強まった時期であった。そこで政策的には系列をこえた横断的な合併や提携によって対外競争力強化を図るべきだという考え方が通産省などに強かった。従って宮崎説はこうした形の系列をこえた企業集中を理論的に支持する面をもっていた（当時のいわゆる特振法案に対して宮崎氏は必ずしも賛成していないが、それは法案の効果がわからないとみていたからである）。そして宮崎氏は何よりも資本集中の実態把握に大きな努力を払うことになるのだが[13]、日本における資本集中パターンのもつ意味については必ずしも有効な評価を下しえなかった。系列ごとの競争との関連において導き出されたひとつの意味づけは、日本の企業が系列ごとに別々の海外企業と結ばざるをえず、外資への従属が生まれる恐れがあるということであった[14]。

3 一般集中の視点

ところで資本集中を問題にする新たな視点として一般集中という考え方が生れ、これはわが国の独占禁止政策のなかにもとりいれられていった。

もともと、日本での資本集中をテーマとする研究は、はじめはマルクス経済学または制度学派的立場からの企業論を踏襲するものがほとんどで、いわば社会科学的あるいは体制変革的な志向に根ざすものが多く、日本の独占禁止政策への支持者もはじめはこうした側面からのものが多かった。しかしアメリカで独占禁止政策を基礎づける理論として、いわゆる産業組織論が力を得てくるのに伴い、日本でもこれが独禁政策の理論的支柱となってくる。つまり独占禁止政策は産業組織政策の中に含まれると考えるわけで、日本ではこういう考え方は必ずしも十分に定着したとはいえないが、独禁法の本来の目的に照らしてこの方が斉合的であることはいうまでもない。

ところで産業組織論の中核はいわゆる価格理論（ミクロ経済学）の応用であ

り、伝統的立場からは、価格メカニズムの作用様式と資源配分の実情を明らかにするために、産業組織を市場構造、市場行動および市場成果（パフォーマンス）の三つの面から分析することが課題とされている。そしてここにいう市場とは、競争の成立する範囲のことであり、同一の買手または売手に対して、同一または代替性のある商品を供給または需要できる範囲というように規定される。こうして産業組織論の中心問題は市場集中に絞られてくる。

こういう立場からすれば企業集団についての問題も、市場集中との関連において捉えられるべきであるが、本来異業種企業の結合である企業集団が個々の産業別に行われる競争にどのような影響を与えうるかという問題には、ほとんど答えることができないのが実情である。

これに対して、一国経済全体における経済力の集中を問題とし、これに一般集中という呼称を与えることによって、産業集中問題にもうひとつの柱を打ちたてる行き方がかなり一般化しているが、その場合に、一般集中自体が問題なのか、それが市場集中に影響を与えるから問題なのかは必ずしもはっきりしない。（一般集中といわれる事態をはじめにとりあげたのは企業論の領域においてであった。）

そこで産業組織論の側からすると、従来の日本での資本集中分析は産業組織論に対して何らのインパクトも与えなかったといういわばスレ違い宣言が出されることにもなった。[15] もっとも一般集中を受入れている産業組織論の立場もあるし[16]、逆に産業組織論というものは未確立だという立場もあるが[17]、いずれにしても一般集中と絡めて企業集団を問題にする場合には分析視点をはっきりさせておく必要があることは確かであろう。

ともあれわが国で公正取引委員会が企業集団を問題にしているのはこの一般集中の見地からである。そしてふつう一国における一般集中度を測定するに当たっては、大企業上位から、例えば、100社とか200社とかが一国の全企業の資本金、総資産、従業員数、売上高等の中でどのようなウエイトを占めるかが問題にされる。これは結局資本集中を問題にしているといってよい。

公正取引委員会が資本集中との関連において企業集団を問題にする際の論点

はいろいろの機会に述べられているが、昭和50年に総合商社に関する報告（第2回）の中で述べられたポイントを要約すると次のようなものがある。
1）企業集団のような包括的な経済力の集中（いわゆる一般集中）は、しばしば個別市場の競争制限の背景をなしているほか、それ自体が個々の企業の自由な経済活動を制約し、自由経済体制にひびを入れかねない。
2）企業の集団化に伴って集団内企業の協調や分野調整更には原料から製品の最終販売に至るワンセット的統合が生じないとも限らない。
3）高度成長が終わったことから企業集団相互間でも競争より協調を選ぶ傾向が生まれないか。
4）企業集団に属さない企業は不利な立場に立つことにならないか。
5）集団化の進展を規制することは困難にしても、集団化の中核である総合商社や銀行を規制しないでよいのか。……以上である。

以上のような問題意識に基づき企業の集団化傾向に歯止めしようとする政策態度は、独禁法の改正（昭和52年）を通じて現実に規制強化を生み出したが、そうした立法過程及びその後の規制緩和要求を通じて企業側（とくに商社）が主張したおもな論点は、何よりもわが国では企業グループに属する各企業間の競争が盛んだということであった。

もちろんこのような主張によって公取が主張を変えることはなかったが、大局的にみて日本で競争が盛んだという見方はかなり一般的となり、今日では政府規制にこそ問題があるという見方が強くなっている。こういう状況では一般集中をベースに競争への悪影響を心配することは、やや飛躍した見方になることは否めない。実際には公取が問題にしていることも競争制限よりは不公正競争に重点があったとみる方が当たっていよう。

4　生き続けた企業集団

資本集中あるいは一般集中それ自体が政策的に規制できるのか、また規制されたかは大いに疑問であるが（この点を公取も認めていることは上記5参照）、現実には日本では一般集中度が低下し、ないしは相対的に低位にあることは注

目してよい。[18]

　同時に一方で企業集団は生き続けている。持株比率とか融資比率といった指標によって示される企業集団内部のいわゆる結束の状態は時によって変化しているが、企業のグループ別の色分けや共同投資への参加などの動きは数十年に亘ってあまり変化しなかった。

　そしてビジネスの世界を中心とする一般人は、企業集団をめぐる諸関係についてかなり大きな関心をもち続けてきたように思われる。例えば出版物をみても、昭和28年に樋口弘著「財閥の復活」が刊行されて以来、企業集団をめぐる企業間の持株、融資、役員兼任等を分析の対象とする文献は断続的にかなり多く刊行され、また東洋経済新報社「企業系列総覧」（1971年以来）、経済調査協会「系列の研究」（1961年以来）といった基礎的文献が毎年刊行されている。これらは学者の研究のためというよりは、実際のビジネスや企業についての情報提供などのためにあるといってよい。つまり日本のビジネス社会での企業集団というものの影響力がここに示されている。

　これに対して学者や評論家の見方は、企業集団を日本経済の支配者とみる金融資本論とこれをほとんど無視する多くの近代経済学者を両極端としながら、多くは戦後の企業集団の不合理性や不安定性を指摘するものであった。それには戦前の財閥のように支配力や結集度が強大でないこと、日本の寡占の状況が未成熟であること、企業相互の結びつきが技術的理由など合理的な要因によるものでないこと、などから何らかの転換、崩壊、ないし変形を予測したり、あるいは上記公取の例にみられるものなどがあった（公取の場合にも企業集団の存立の基礎は合理的でなく、それを無理に維持するために独占力を乱用しかねないという発想が含まれている）。

　こうした見方に対して、企業集団は日本経済に根を下ろした存在で、それゆえに問題だという見解が海外から伝えられた。それは日本の市場が閉鎖的だとするもので、その要因として企業集団メンバー相互に優先的な取引関係があることを指摘するものであった。

　そしてこのような批判に対応するかたちで（必ずしもそれを意識したものだ

けとはいえないが）企業集団形成の経済的合理性や日本的特性を主張し、あるいはそれが排他的でないことを釈明すると議論が現われた。[19]

こうしていろいろの立場からする企業集団論が現われたが、その多くがいわば自分の立場に足をとられて、企業間の結合関係そのものを深く分析検討する作業を欠いていた。その中でこの面の分析に大きく歩を進めたのは奥村宏氏であった。

奥村氏の企業集団に対する態度は、その根底に日本を支配する者は誰か、そしてその支配は許容できるかという根源的な問いを潜ませているものの、そこから性急な断定に向かうことなく、長期にわたって企業集団内部における企業間関係に眼を向けて分析が進められてきたことが特筆される。そして同氏の主張される株式の相互所有と企業集団内部の相互取引という観点こそが企業集団論の中核でなければならないと私は考えている。

III　異業種企業間結合

1　経済支配と持株の意味

一般集中、企業集中あるいは資本集中などの言葉によって人々は、経済全体に対する企業の支配力を問題にする。それは特定のマーケットでの競争への影響力といった問題をこえて、一国の経済を動かし、更には政治をも動かす力を問題にしている。分権的な政治経済システムを尊ぶ民主主義と経済的パワーとの関係を問うことでもある。そして確かに大企業のパワーには国民として見逃すことのできない反社会性や反倫理的なものが現れることも時にはある。

もっともこのような社会性の問題だけが一般の関心事ではなく、より幅広い情報が求められていることは前述の通りだが、いずれにしても大企業を動かす者は誰かということは重要な意味をもっている。

日本の財閥がもっていた支配力というものはまさに、そうしたかたちで捉えられており、例えば1946年の財閥解体時に日本の4大財閥は日本の払込資本の25％を支配していたが、1937年には10％だったという。[20] そしてまた、例えば

アメリカでは1930年代にロックフェラー、デュポン、メロン、メイザーの四つのグループが全製造業法人企業の総資産のおよそ7分の1を支配していたようだといわれる。[21]

ところでこうした捉え方の理論的な基礎は元来単なる金融支配ではなく株式所有を通じて株主が企業を支配しているという認識にある。だがこのいわば自明ともいえる株式所有の性質をめぐる論議が、日本の企業集団の性格と絡んだ激しい争点となった。それは戦後の日本では大企業を支配する個人ないし同族的大株主がほとんどいなくなったこと及び持株会社の禁止や銀行の持株制限により、多くの大企業に対して支配の中核となるような究極的支配主体が見出しえなくなったことがひとつの要因である。それと同時に日本企業の株式を個人株主に広くもたせようとする戦後初期の政策が実効をあげられずに法人株主の比重が高まってしまったことが問題の根底をなしている。こうして戦後日本の大企業の株式所有構造は、戦前のピラミッド型に対して、横スクラム型、多頭多軸型そして円環状型と呼ばれるような水平的な構造をもつようになった。そこでそうした持株関係の性質をどう考えるかという点が論議を呼ぶことになったのである。問題は、まず日本企業における法人株主というものをどう考えるかという点からスタートすることになる。

個人大株主が大企業に対する支配を失っていることについては、アメリカでいわゆる経営者支配論として早くからその事実が指摘されており[22]、その解釈をめぐっては種々の論議があった。そして株主構成という点では日本における傾向（日本では個人株主の比重低下がとくに著しい）も世界的な傾向と軌を一つにするもので、何ら特異とはいえないという主張が表面的には成り立つ。そこでこうした傾向を個人所有に代わる機関所有として米国などでの機関投資家による所有と同一視する見方も生まれている。[23]

ただ日本ではいわゆる個人持株比率の低下が、証券政策上も放置できない問題だという位置づけがなされてきたことは歴史的事実であり、また企業集団との関係で（そして株式所有構造一般の問題としても）重要なのは、日本では株主として事業会社と取引先金融機関の比重がきわめて大きいことである。それ

は株主がいわゆる安定株主として機能するという了解のもとに成り立っている関係であり、株式保有動機が単なる機関投資家としてのものではないこと、すなわち株式所有関係を結ぶ企業（ないし銀行）が相互に相手に対して強い取引上の動機ないしは連帯意識をもっていることを意味している。

2　企業集団と株式の円環的所有

　こうした現実を踏まえた上で株式所有の法人化現象や相互持ち合いの面に注目し、その理論的体系化を図ってきたのが奥村宏氏である。
　この説の基礎には、今日の株式会社に対する支配が、法人所有に基づく自然人の支配だという考え方がある。そういう支配構造を前提にすると、いわゆる株の持ち合いとか、安定株主工作といったかたちでの法人株主の形成は、経営者（経営者個々というよりは経営執行部の陣容そのもの）の地位を安定させるために行われていることが理解できるが、株式発行側が大企業になってくると、法人株主といえども単独ではさほど大きなシェアを握ることは難しくなる。そこでかなりの数の法人大株主が必要になってくるが、それを同系の企業に求めた形になっているのが企業集団のケースである。
　企業集団の場合、メンバー企業それぞれの間に相互持ち合いの関係があるが、相互の持株のバランスは必ずしも同等ではない。ただ平均すると各メンバー企業の発行株式の30％程度が同一グループ企業の手にあることが多い。そして特定の会社例えばA社の株主であるB、C、D、……の間にも株式の相互持ち合い関係があるという点で一種の円環状の構造ができている。こうしてB、C、D、……社は、共同してA社の大株主としての地位を獲得しえており、これらは他の単独の株主の影響力を排除しうるだけの力をもっている。
　このようにして株式の相互所有とグループメンバーの円環的所有によって成り立つ企業集団の持株構造は経営の独立性確保の強い機能を果たしているが、この面だけを強調するあまり関係企業は相互に相手への影響力を消し合い、また資金的にも株式発行で手に入れたカネが相手への持株として固定され、資金の出入りが相殺されるので資金調達手段としての意味が薄くなるという見方さ

えある。[24]

　しかし現実は、ちょっと考えてみればわかるように同一企業グループの場合相互の連帯意識は株の持ち合いによって相殺されるのでなく増幅されるのである。そして株主としての企業は資産としての持株の価値からいっても、その株式の発行企業の行動や業績に無関心でいられる筈はない。

　こういう認識をベースに株式の円環的相互所有は結局社長会メンバー会社による経営者の信認メカニズムを生み、それが重なり合って相互信認が成立しているというのが奥村説である。

　この奥村説に対しては、株式所有の経営支配への影響力を疑う（相互所有とは関係なくそもそも株式は支配証券としての地位を失ったとみる）立場からの異論などがあるが、ここでは深入りせず（奥村説は十分に支持されうるので）、もう少し論点を広げてみよう。それは企業集団の場合、同一グループの複数の企業が特定の企業に対して共通の株主となっているという点である。すなわちこれによって大株主はいずれも株主として相手企業の発展によって利益を得、不振によって不利益を受けるから、その共通の利益という点から、株式発行企業に対して影響力を及ぼすことができる（例えば三越岡田社長の解任を生み出したパワーの源泉はここにあるとみる）。

　ところでこうした関係における大株主の利益は、大株主の地位にある複数の企業の立場の共通面だけが主張されることになるから、結局株式発行企業の安定成長といった基本的な経営状態のみに集約されることになり、株主の個別の特殊な、あるいは偏った利益が介在しないですむというメリットがあろう。例えば株主の会社の製品を無理に買わせるといった横車を押して、もしそれが相手の経営を損なうようになれば、圧力をかけた会社に対して同じグループの別の企業が大株主としてこれを押えるであろう。こうしてグループ全体の利益が守れるようにチェック・アンド・バランスの力が働くであろうし、産業調整面などで何らかのコストの負担が避けられないようなときにもグループ全体の了解のもとにその負担を分担する（ないしグループ・メンバーが協力して特定企業を支持する）ことになるであろう。

こうして企業集団における円環状の株式持ち合いは、グループとしての共同支配、共同利益の追求というメカニズムを生み出すことになる。以上の説明はやや奥村説の範囲を踏出している（奥村説はこうした株式所有がやがて財界による経済支配に繋がっていくといった側面にかなりのウエイトをもった組立てになっている）が、法人所有が支配証券としての株式の性質のうえに立って企業に支配力を及ぼし、そのことが企業集団の社長会を大株主会として機能させているという主張は奥村氏の独壇場である。そしてこれが上記のメカニズムの根本を説明しているといえる。

3　集団内取引とレシプロシティ——企業間関係

　企業集団の結合の契機として株式所有を重視することは、企業集団の本質を系列融資重視の資本集中説とは違ったものとして捉えることを意味する。そしてこのことは実際的意味をもっている、というのは旧財閥系の企業集団では、直系企業といわれ、社長会メンバーとなっているものは、銀行の融資先グループと範囲を異にしているからである。前者は後者より数が少なく、且つ固定的であるのがふつうである。

　しかも銀行の融資先企業相互には持株、取引等の関係が存在しないことも多いのに対して、旧財閥系社長会メンバーは概ねより密接な関係をもっている。もとよりこれは、元来そういう区別があるべきものというわけではなく融資先グループ企業相互の関係の緊密化を図ることがいわゆるグループの結束強化の戦略目標とされることも多い。そしてこれは企業集団としての実体を深めることを意味する。

　これは逆にいうと融資関係だけで企業集団をみることにはやはり問題があるということである。銀行を中心として企業集団を想定することは、日本経済が資金不足状態で銀行が資金の割当を行うような状況のもとでは意味があったかもしれないが、長い眼でみると、銀行による一方的支配が常に貫徹するわけではない。銀行の融資もひとつの取引として位置づけることが必要になっている。

　そこで企業集団のメンバーの間の関係をより一般的に特徴づけるものは何か

ということが問題になり、ここに集団内取引という視点が浮上する。企業集団内部における企業間の取引が密接だということは、銀行融資についてもあてはまるが、戦前の三井、三菱などをみると銀行よりもいっそう商社の場合にあてはまる。そしてこのことは、事実としては十分に知られていたし、実務的にも重視されていた。例えばハドレーは戦前の三井物産の総代理店契約に絡んで三井鉱山や日本製粉などとの取引を分析している。[25]　また三井物産が大合同を行ってから、三井グループの社長会では各メンバー企業に対しこの新物産との取引重視を訴えたという。[26]

　ただ集団内取引を企業集団論の中にはっきり位置づけたのは奥村宏氏であった[27]。そして集団内取引の論理を解くキーワードは多角的レシプロシティであり、この考え方はアメリカにおける企業のマーケティング戦略としてのレシプロシティの重視とコングロマリットに対する独禁政策からのアプローチとを下敷きにしている。

　このふたつの点はいずれも奥村氏がすでに説明されたことなので繰り返しを避けたいが、このあとの論旨とかかわってくるので概略を記しておく。第1にレシプロシティというのは、その言葉が英語であることからわかるように、日本だけの慣行ではない。広義には何らかの恩恵に対してお返しをすることであるが、狭義にはアメリカで生産財のマーケティング戦略と絡み合いながら、購買管理のひとつの行き方となったものである。すなわち「私のものを買ってくれるなら、私もあなたのものを買いましょう」という政策である。この政策遂行のため2社間に協定が行われて、相互に買うものの量や価格をあらかじめきめておくこともあり、また2社間だけでなく、A、B、Cといった3つの会社の間で三角関係の相互取引が行われることもあるという（A社がC社に対し自分の顧客であるB社から買うよう圧力をかける）。なお相互（ないし互恵）取引という言葉には違法性を伴う悪い印象があるところから、こうした取引関係を単にトレード・リレーションズと呼ぶことが多くなっている。

　ここにいうトレード・リレーションズの利用が自社製品販売のうえに有効であるかどうかは商品の性質や需給状況によって左右される。そしてこの方針が

たとえ自社製品の販売に有利であっても、そのことへの配慮が強くなりすぎれば、購買面に不当な影響も生まれかねない。というのは市価より高いとか、品質が悪いといった問題をかかえた商品（購入する側としては原材料、資機材、部品など）を買うことによって自社製品の市場での競争力を失わせる恐れがあるからである。

　このような矛盾を含んでいるところから、トレード・リレーションズの利用を徹底することが健全な取引の拡大をもたらすと考える者は、アメリカの会社の販売部門にも購買部門にもほとんどいない。だが一方これを全く否定する者もあまりない。というのは「他の条件が同じならば、売手と買手が協定してトレード・リレーションズを結べば結ぶほど、互いの親密さは向上する、したがってそれは存在意義がある」と考える者が多いからである。言い換えれば、販売面、購買面双方において自由な独立した取引が行われている状態とあまりかけ離れない範囲で、トレード・リレーションを尊重していくというのは、アメリカでもごく一般的な慣行だといってよいであろう。[28]

　第2にコングロマリットの分析と政策論は、アメリカでの判例学説等の積み重ねの上に形づくられ、異業種企業の統合体としてのコングロマリットの特性が明らかにされた。レシプロシティに関していえば、特定部門での優位を背景に取引先に対して新しい取引に応じるよう圧力をかけるという行動が問題にされた。例えば機械を買ってやっているのだから同一系統企業がつくっている紙を買ってくれというようなかたちである。こうした形で例えば紙という分野での競争者を排除することは正常な競争を阻害するというのがコングロマリット批判の大きなポイントであった。[29]

　ところでレシプロシティが競争関係に影響を与えるためには、取引先に圧力をかける企業がもともと市場において強い地位にあることや、取引される商品に代替性があることなどの条件がいるが、コングロマリットにはそういう条件に合ったケースが多い。

　日本の企業集団のメンバーの場合、お互いに異った業種に属しているので、もともと相互に取引機会が多いだけでなく相互の協力を通じて全体としての市

場の拡大のために協力する余地があろう。

　ただ、レシプロシティをテコに新分野でシェアを拡大するといっても、単に圧力をかけるだけで相手に購買を無理強いできるかどうかは疑問である。そしてコングロマリットについては、基幹部門に超過利潤が生まれており、それを競争力の弱い他部門の拡大のための経費として支出するいわゆる内部補助（cross-subsidization）の仕組が作用していることが多い。[30] しかし企業集団に果たしてそういう仕組があるのかどうか、それがなくてもレシプロシティの威力が発揮できるのか、これは実態把握が難しいので軽々に判断できない。

　ところが一方企業集団が内部の取引関係を固め、既成の勢力を維持するという点に限ってみれば、そのための強力なメカニズムが存在する。すなわち奥村氏が明らかにしたように企業集団メンバーは取引面で相互にレシプロシティ的な協力を行いうるだけでなく、商社というきわめて多数の商品部門にまたがって経営を行う企業が介在することによってレシプロシティ取引の可能性が一挙に拡大するのである。もともと売りと買いのバランスをとるというかたちのレシプロシティは、ふつうの企業ではなかなか実現し難い。社会的分業の中に位置づけられている企業としては、販売先と仕入先とは違うのが当たり前だからである。ところでここに商社が介在すると、商社はすべての取引先に対して売りと買いの両方の取引を行うことができるから、互恵的な関係をつくりやすい。つまり商社はグループ内取引の介在者、推進者となるわけである。

　このようなかたちで商社を中核とする集団内取引関係が密接となり、持続的なものとなっていくメカニズムを考えてみると、実際には企業集団内のメンバーだけで円環状の取引が完結するような産業循環のメカニズムはできていないので、どうしても集団外の企業との取引（とくに海外の原燃料の取引）を含めた仕組を考える必要があるが、理論的な筋道としては商社を媒介とする多角的互恵取引が想定されたことによって、企業集団の謎解きは大きな一歩を踏み出したことになる。

　ところで奥村説においては互恵取引というものを、独立の企業が相互にメリットを与え合うかたちでのレシプロシティとみるよりは、何らかの優位性を

もとに取引を拘束し、固定するという側面が強調されている。これは独占禁止政策的な関心が強いことからくるもので、こうして取引関係が固定されることは、本来市場において自由に、合理的に取引の相手を選ぶ方が望ましいにも拘らず、そうさせない仕組がここにあるという理解を生んでいる。そこで株式所有や役員派遣、融資等も取引を固定化するための手段となっているという解釈が行われている。[31] 私はむしろレシプロシティという考え方を一般化して、株式所有（持ち合い）などにもレシプロシティを導入していった方が実際に近いのではないかと考えているが、いずれにせよ奥村説は株式の相互的円環的所有と集団内企業の多角的互恵取引というふたつの柱をたてたことで、企業集団論における集団化プロパーの論理に決定的な方向づけを与えたといってよい。

4　レシプロシティと関税同盟の理論

レシプロシティのメカニズムを経済学的に捉えるうえで国際経済論における経済統合理論が役に立つと考えたのはR. E. Cavesであった。[32] というのは国際貿易論では、ふつう2国・2財というかたちでふたつの異質な経済構造をもった国の間の相互取引による利益を考えるが、経済統合論（関税同盟論）においては関係国の数を増やすと共にその中のふたつの国が協定して互恵的な取引を行った場合の経済効果を分析しているからである。

そこでは協定に加わったグループメンバー相互間で（例えば関税を課さないというかたちで）favorを与えるかたちの取引を行うことにより、メンバー以外の取引との間に一定の差別が発生する。これによりメンバー以外との取引が特に制限されるわけではないが、一定の条件の範囲内でメンバー外の国との貿易がメンバー内との貿易に振替ること（いわゆる貿易転換効果）が期待される。それと同時にメンバー相互間では取引の障害が除かれるので貿易が促進され（いわゆる貿易創出効果）、同盟国全体の中での分業の度合いが高まることも期待された。

関税同盟の効果をめぐっては、その競争秩序ひいては経済的厚生への影響について多くの論議があるが、それらは結局関税同盟結成の前後における関税率

の変化がもたらす影響の大きさと、その影響を受ける商品の需給、コストなどを規定する条件によって大きく変わってくる。

　関税同盟には理論的には国際経済全体としての効率的な分業を阻害する側面があるが、現実の国際取引に各種の障害がある中で、部分的にせよ貿易促進的措置を講ずれば、メンバー国のみならずグローバルに利益を生む面もあることは歴史的な経験として証明された。

　それでは企業間のレシプロシティのメカニズムは関税同盟と同じように考えてよいであろうか。Cavesの考察は、一般均衡論のモデルに従い、種々の条件の下で当事者（国）の取引条件にどのような変化がおこるか、また全体の競争・独占状況にどういう影響が及ぶかを検討する周到なものであったが、これによって一義的な結論がでるとはいえない。

　ただ、一定の条件のもとでは当事者（国）がメリットを認めるかたちでのレシプロシティのタイプがありうることははっきりしている。しかしそれが経済全体に対して有益であるか有害であるかは一概にはいえない。

　シカゴ学派といわれるグループは、レシプロシティ取引や製品差別化政策などを通じて既存の取引関係を打破していくことはむしろ競争促進的だという見解に傾いているが、Cavesはより慎重である。現実の企業はレシプロシティ取引を実現せんがために経営品目の多角化を図ることも多く、こうして多角化した企業がレシプロシティ取引に固執して取引関係を固定するとすれば、参入障壁が高まり、間接的に独占力が強くなり易いという。

　ともあれここに明らかにされたことは、レシプロシティ取引の協定を結んだ当事者は相互にメリットを認める（つまり協定に合理性がある）ケースが多いこと、しかしそのことはレシプロシティ協定が国民経済的に是認されることを必ずしも意味しないということである。もちろん是認されるべきものもあるが、一般的にはむしろ国民経済へのマイナスを疑った方がよいケースが多い。これがCavesの主張であった。ここに示されたCavesの分析態度はわれわれにとって大きな示唆を与えているように思われる。

IV 市場経済と組織

1 組織の存在の認知

　レシプロシティは国際的な貿易協定として、あるいは企業間の取引慣行として現実に存在するが、これを理論的にとりあげたのは国際経済論という応用経済学ないしはマーケティング論という経営学の分野であり、あるいは独占禁止法という経済法の領域においてであった。これらの実際的な学問が現実におこっている事態に対して分析的なアプローチを行おうとしていたのに対して、経済理論（いわゆる近代経済学）はその理論モデルを純粋化し厳密化する方向をとったために、現実を捉え損なうきらいを生んでいた。

　これはそもそも経済理論の基本的なモデルとしての市場経済のメカニズムが完全競争を前提として組立てられているからであり、更にこのモデルをより現実に近づけるべく独占とか寡占とかいった状況を検討対象に加えてもそれだけではまだ十分ではなかったからである。

　そうした中でいくつかの新しい分析視点が登場した。例えば市場構造の分析の中から製品差別化や参入障壁の問題を検討する動きが生まれたし、また企業というものをいわゆる質点、あるいはブラックボックスとして捉えないでひとつの組織として捉える試みが重視されてきた。

　南部鶴彦氏の説明を借りると「市場構造という概念が必要となるのは、市場における企業の行動が多様性を持ち、またその行動が複雑な結果を生むという場合である……チェンバリンの『独占的競争の理論』は、完全競争か独占かという二分法を揚棄することによって、多様な企業の政策決定と、そこから生ずる複数の市場成果を理論的に解明する方向を示した。こうして市場構造の概念は分析上のキイとなってくるが、市場構造を決定する要因としてまず重視されたのは市場集中と製品差別化である。しかしこれだけでは不十分でジョー・ベインによって開発された参入障壁の要因が用意されなければならなかった」。[33]

　こうした分析視点の応用例としては、例えば市場構造決定要因としての製品差別化の戦略として大規模な広告の有効性が認識されると共に、広告における

規模の経済が参入障壁として作用するという主張が行われた（一方広告が新規参入の有力な武器であるとの主張も強まった）。[34]

ところで企業行動への関心は、各種の企業実態調査の成果や経営学的なアプローチとも結びついた企業論の領域を形成し、それが経済理論に影響を与えていったが、経済学において企業を固有の存在として認知するということは、何よりも企業をそれ自体の内部組織をもった存在としてみるということであった。そしてこうした理解が生まれてくるまでには複雑なプロセスを経なければならなかった。すなわちいわゆる「パレート最適」を実現する場として想定された競争的市場においては、企業は与えられた諸条件の下できめられた通りに反応することが当然とされている。そこでは企業は同じようにすべての情報をもち、利潤最大化という同じ目的をもって生産量ないしは生産量と価格とを選択していくロボットにすぎなかった。[35] これに対して、不完全な情報のもとで新たな機会を求め積極的に活動する現実の企業を経済理論（この場合いわゆる近代経済学とくに新古典派理論）にとりいれるのにはいわば固有の困難があったというべきであろう。

現実の市場が様々な不確実性をもち、従っていわゆる完全競争下での自動的均衡が成立しえないことを考えに入れて、そこから企業という組織の存在理由を解明しようとした先駆的経済学者としてナイト（Knight. F. H）とコース（Coase, R, H）の名があげられるのが常であるが、この二人の立論はかなり違っていた。ナイトの場合は生産活動における計画の立案と管理を行う少数の経営者グループが、生産用役の提供者である多数の労働者を組織するというかたちの組織を想定した。一方コースは、生産要素（とくに労働者）の市場での調達にはコストがかかりすぎるので、長期契約のかたちをとらざるをえず、そのことが雇用関係を通ずる企業者と労働者の関係というかたちでの企業内組織の成立をもたらしたという。そしてこのコースのアプローチこそが、企業というかたちの内部組織の成立根拠としては最も決定的だと評価されるようになった。[36]

2 組織の機能の認知

　組織の成立が認められたということは組織に経済的合理性があるということであり、その理由は取引コストの節約に求められている。コースの例でいうと企業が生産に必要な労働者をその都度一回限りの約束で雇っていたのでは、適当な労働者の発見から契約条件の交渉、決定などにコストがかかりすぎるから、とりあえず長期の契約で雇い、具体的な仕事の内容や労働条件はあとで決める方が安上りだというのである。[37]

　このようなかたちで組織の経済的合理性が認められることは企業者の独自の役割を認めることであった。そこでは企業者はロボットではなくなるからである。

　組織としての企業において使用される労働力と資金は、もはや必要の都度市場から調達されるのではない。労働力は雇用契約を通じて、また資金は株式制度を通じて、その使用権が企業に委託される。委託者である労働者や株主は企業組織への参加を通じて、市場を孤立的に利用するよりも大きな経済的便益を得ることができる。労働者は失業を恐れる度合が強いので長期雇用を望み、資本主は株式の形で資金を提供することによってリスクをある程度負担しつつ収益の分配を求めることができるからである。こうしたかたちで考えられた企業において企業者は、組織を通じてえた収益を株主と労働者にどう分配するか、両者の利害の調整者となる。[38]

　それではこのようにしてでき上った企業ないし企業者像が現実と合致しているかといえば、両者の間にはまだ大きな距離があることは否めない（とくに企業者の動態的な役割が捉えられていない）が、これが現実への重要な歩み寄りである点は十分評価されねばなるまい。

　ところで組織の合理性を認めることはとりも直さず市場機構の限界を認めることである。それは一般に「市場の失敗」のケースだといわれている。つまりこの考え方では市場と組織というふたつのシステムが想定され、その一方が有効でないときに他方が機能するという具合に、二分法思考がとられているのである。

　それではこの二分法によって現実の企業のあり方がすべて合理化されるので

あろうか。それにはまず市場に対する組織の優越要因を明らかにする必要があるが、この点で議論は大きく分かれてくる。

　ひとつは市場の失敗のもとでの内部組織の効率性を取引費用の節減に求めるものである。これは現実の市場が、完全競争完全情報下のそれと違って、不確実性や機会主義（取引相手をだましてでも利益をえようとするような行動）のもとで市場取引を行うため取引費用が大きくなる傾向があるので、これが一定水準をこえたら取引を内部化した方がコストが安くなるという考え方である。

　しかしそれでは組織の存在はすべて取引費用の低減に繋がるのであろうか。これに対しては組織の拡大が市場の独占と結びつくとき逆に内部コスト上昇の形の取引費用の増大が生まれるという大きな問題がある（X非効率に基づく組織の失敗の発生）。[39]

　つまり取引費用一本槍で組織の存在を合理化することは、内部組織の理論からしても不可能なのである。

　次に「市場の失敗」が想定されるもうひとつのケース（分析視点）は、経済の中には価格システムがうまく働かないために、市場に頼っていたのでは資源配分機能が適切に遂行されない分野があるという場合を意味する。[40] ここでは組織を通ずる資源配分が有効となるわけだが、同時に組織のタイプとしては企業のほかに政府、労働組合、大学その他様々のものが入ってくる。だからここで組織の存在が合理化されたとしても、それは次にどのような組織が望ましいかという問題を生むことになる。[41]

3　現実分析と企業機能論の台頭

　以上のように、組織の存在を認知する理論は、そのままでは必ずしも現実を合理化（擁護）するものとはなりえないという状況と絡み合うかたちで、理論が現実をみる眼は対象がもつ機能を中立的にみる方向に向かったとみられる。

　例えば内部組織の理論は、企業を経済主体として捉えるより、むしろもういちど企業そのものを構成する三つの経済主体に視点を合わせ、組織の中の労働者、経営者あるいは株主の行動（取引様式ないし取引の選択）を理論化する方

向をとっているといわれる。[42]

　そしてこのことは、企業自体は取引の主体であるより取引の場だと考えることである。そこで生まれてくる企業論は、企業がそうした場としてどういう意味をもつかということであり、そのために例えば企業の保険機能（企業者が労働者に対して保険者の役割を果たす）や経営者の労働者管理機能、経営者の投資決定者としての役割等といった側面に焦点が当てられている。[43]

　こうした関心は、現実認識とのかかわりにおいて取引費用節減の側面から組織をみようとする上述（IV−1）のコース的路線からむしろ企業者の役割を重視するナイトの路線へと重点が変化しているとみられないこともない。事実シュンペーターやナイトを見直し、更にはマーシャルに企業者論の原点を求めるといった関心もこうした動向と符節を合わせているのではなかろうか。[44]

　もっとも他方では今井賢一氏が内部組織の問題から経済システムへと視点を拡げつつ、市場と組織の中間（中間組織）あるいは市場と組織の相互浸透というかたちで現実へのアプローチの視点を提供していることも注目されるが、ここでも現実への実際的な関心はイノベーションの進展に対してそれらがどう機能しているかといったかたちでの機能論である。[45]

　経済社会における企業のあり方をどうみるかについて、機能の面からみていくことは、時に必要でもあり、有用でもあろうが、それは機能を具体的に分析することによって、その意味が客観的に明らかにされる場合である。単に特定の機能の存在を主張するだけでは、それ自体を合理化することはできない。例えばカルテルは需給調整機能をもつであろう。しかしそのメンバーにとってコストよりメリットが小さければ内部崩壊が起こるだろうし、その独占力が社会的な問題となるほど大きければ外部の力によって抑圧されよう。これはカルテルの機能一般ではなくその具体的な作用をめぐる利害関係の分析によってはじめて明らかにされることである。そして同様のことが企業集団分析についてもいえる。

　組織の理論は企業集団論に大きな影響を与えるようになったが、企業集団はひとつの組織だというだけでは一義的な意味づけができないところから、機能

論によってその存在を合理化する動きが生れた。しかしこれにはまさに上記のような問題が含まれているのである。

V 企業集団形成要因の検討

1 企業集団への関心の変化と形成要因論

　近代経済学の立場から日本の企業集団に対する関心が高まったのは、1974年に独占禁止法の改正（強化）が問題にされたときで、独占の予防の見地から株式保有の制限強化が唱えられた。

　それまでどちらかといえば個別商品ごとの市場での競争だけに眼を向け、従って例えば鉄鋼の大型合併には強く反対するが一般集中とか企業集団などについては概ね無関心であった近代経済学の立場から、企業集団に対して警戒的な見方が生まれてきたのはなぜだろうか。

　独占禁止政策懇談会有志「独占禁止法の改正についての提言」（第2次声明1975年1月31日）などによってみると、そこでは企業間の株式保有の進展によって、その累積、相乗効果として事業支配力の過度の集中が起こることを懸念しており、それは企業集団の中に支配、拘束の要素が強まり、ひいては独占の弊害が生まれることを心配したものであった。企業集団がその内部で固定的な結びつきを強めその支配力を拡大していく場合には、分権的で柔軟な産業組織の形成を阻害するという認識に立っての危機感が高まったのである。[46]

　これはいわゆる商社批判のあとを受けた時代の風潮に影響されている面があり（商社をはじめとする産業界の側はそのようにみている）、現実の推移は懸念された方向には動いていない。それは法改正の効果があったからだといえないこともないが、そればかりでもないと思われる。

　ともあれその後の学者の企業集団に対する見方はむしろきわめて同情的ないし許容的になっている。そしてこれは、海外から日本の企業集団が閉鎖的で日本市場への参入障壁をつくっているとの批判が高まったことに対する弁護論ともなっている。[47]

このように学者の態度が変ったのは時代の風潮や海外への対抗意識にもよるとみられるものの、企業集団の形成要因についての見方にも変化が生じている。すなわち独占力の行使という見方から、市場の失敗をカバーする組織の活用という視点へと重点が移ってきたのである。そしてそれには前述のような近代経済学における組織の認知のプロセスが絡んでいるが、更に日本経済のパフォーマンスがよく、競争政策の面からみてもあまり問題がない状況が生まれたという事情も反映されているものと思われる。

一方日本の企業集団は、日本経済に特有のいわば日本的ともいえる特色をもっているとみられる場合も多い。そこで日本的経営や下請け制といったものとともに、広義の日本的経営論に含めてこれが論じられることもあり、そうなると共同体的な原理や日本人の心情といった主観的要素まで様々にとりいれられることになる。[48]

2 コスト節減仮説と問題点

日本的特質をどうみるかはしばらくおき、企業集団の形成要因を経済学的に捉えようとするアプローチにおいて、ちょうど企業を組織として捉えるのと同じ立場から企業集団をひとつの組織、または組織と市場の中間形態として捉えようとするものが多くなった。そしてこれらは広い意味でのコスト節減仮説といわれている。[49]

コスト節減仮説の内容をみると、例えば企業集団は「取引費用の節減」において優れているという。ここでは完全にバラバラな企業だけで成り立っている場合と、すべてが組織内の取引になった場合というふたつの場合（後者では組織の非効率が生まれる）に比べて、第3のケースとして中間的な場合がいちばん効率的だとされる。あるいは企業集団は情報クラブとして情報収集コストが節減できるという。更には企業の経営能力の限界をカバーし、資金調達コストを下げるなどの要因もあげられている。これに対して従来から唱えられていたものは「独占動機」仮説に入るであろう。そして二木雄策氏「配当詐取」仮説も独自の地位を占めるという。[50]

コスト節減仮説は、独立の企業経営においては、危険と不確実性の高さに対処するために情報コストを含めた費用が高くなるという点に着目して、企業集団がこのコストを低下させる点に意義を認めている。そして中谷巌氏の「保険機構」説も同様の理論的背景をもっているから、これも広義のコスト節減仮説といってよいであろう[51]。

　ところでこれらの説は今や有力な仮説となっており、それなりに企業集団形成要因のひとつの側面を明らかにしていることは認められるものの、日本の企業集団のメカニズムを解明するうえでの意義はさほど大きいとは思われない。以下にその理由をあげよう。

　第1は、コスト節減の実態がはっきりしないことである。それは数字的に立証することが難しい。かといって組織と市場の中間といった捉え方にも問題がある。というのは、これが組織と市場の中間だということはそれなりに正しいであろう。だがその故にコスト的にみてこれがマイナスの要因をいちばん少なくもっているという保証はないのである。

　第2はこれらの説は、概ねいずれの国においてもまた各種の多様な企業組織にもあてはまる。従って日本の企業集団の説明要因としては弱い。現に、これらの説の主張者自体が情報入手や経営能力の補完といった要因はどこでもあてはまるといっている。[52] 実際にもこれらの目的のためには企業集団というかたち以外の様々な手段が用いられている（例えば業界団体、コンサルタントの利用等）。そして一部の説で重視する資金調達コストの点は取引コストとしてよりむしろより一般的に金融取引面の結びつきと考えるのが従来の定説であり、その方が妥当であろう。[53]

　第3は、第2の裏返しであるが、日本の企業集団の場合には、その結合に独得のパターンがある。そのパターンに即した捉え方をせずに、単に組織一般、企業結合一般の中にこれを解消させてしまっては真相が捉えられない。というのは現実の企業集団は株式の相互所有や集団内取引によって結びついているからこそ今のかたちを保っているのであってこれを抜きにすれば、日本の大企業が全部ひとつの企業集団になっても、また今と全く違った組合せの企業集団に

なっても、うえの仮説の条件には合致する。しかしそれでは実際の企業集団を捉えたことにはならない。

　以上のような理由から私は日本の企業集団の形成には取引コスト説をこえる要因が働いていると考える。取引コスト説は必ずしも否定される必要はないが、それはごく部分的な要因に触れているにすぎないといえよう。

　これに対してもうひとつの大きな流れをなすものは広義の独占動機仮説で、これはマルクス経済学をバックにもつ金融資本論や産業組織論をベースにする一般集中論を包含しているともいえよう。しかし産業組織論の中にも一般集中を重視しない考え方があることは前述の通りであり、独占動機をどのように位置づけるかは理論的にも実際的にも容易ならざる問題を含んでいる。

　すなわち独占動機仮説は、企業集団のメンバー企業が（一部または全部）、それぞれの供給する財、サービスの市場において独占的地位を占め、そのことによって特別利潤を得ていること、そしてその地位を維持することが企業集団形成の中心的な動機になっていることを主張しなければ成り立たないのであるが、現実の各企業の状況をみるとこれは必ずしも常に妥当するとはいえないのである。

　これに関連して問題はふたつあるであろう。第１は戦後の日本経済においては主要産業における独占の状況がかなり緩和されて、競争的になっているのではないかということである。第２は独占動機というのは競争状態に対して、競争をより促進するように働いているのか、それとも逆であるのかといえば、後者だというように解するわけであるが、そうみてよいのかということである（前述のように企業集団は過当競争の原因だともいわれた）。

　そしてここでこのような問題が提起されざるをえないのは、独占動機仮説を構成するいくつかのポイントが現実には実証できないからで、このことは他方における取引コスト説についても同様である。

3　計量分析の進展と限界

　取引コスト説にせよ独占動機説にせよ、いやしくも理論的な仮説として主張

するからには計量的な実証を行うべきだという立場から、いくつかの計量的な分析が試みられてきた。

　しかし例えば取引コストを計量化することはきわめて困難である。取引コストの負担は不確実性を低減させるために必要なのだが、現実の企業は、そのコストを必要にして且つ十分なだけ負担して取引しているわけではない。コストを十分にかけないで取引をした結果、取引に失敗したり企業が倒産したりするケースも沢山ある。だから例えば企業の取引コストが、企業の独立性の程度に応じて大きくなるという状況は実証できないのが当たり前である。[54] それにくらべれば独占動機説はもう少し現実の動きに近いビジョンをもっていると思われるが、それでも例えば植草氏が行った利潤極大型互恵取引仮説の検証は、成功しなかった。[55]

　一方この分析から企業集団に属さないいわゆる独立系企業の方が収益率が高いこと、系列関係にある銀行は集団内企業に特別利潤を含む割高の利子を課していること、そして大企業の場合は系列融資依存度が低いことなど興味深い結果が得られている[56]。

　つまり皮肉にも仮説の立証という立場を捨てれば企業集団の実体を知る手がかりがここから得られるというわけである。

　同様のことは、中谷巌氏が行った企業集団の分析にもあてはまる。ここでは企業集団に属する企業は成長性や収益性ではむしろ劣るが業績の安定性にすぐれていることが明らかにされている。同氏はここから企業集団が相互保険システムであり、その中で銀行は保険者として機能していると考えた。そしてこれは上記植草氏の場合と同じく、系列企業の支払金利の水準が高いこと（負債比率も高い）をベースにした解釈である。[57]

　ところで中谷氏は銀行を保険者とみることによって、系列企業の業績の安定化が銀行の支援によって成り立っているとの主張を行っており、同氏の教えを受けたオーストラリアのシェアード氏はそうした考え方の延長として他のメンバー企業による支援の実態分析を行っている。[58] これらは企業集団メンバーが高いコストを支払いつつ、業績安定化を目ざしているというビジョンに立って

いる。

　このようにして企業集団についての計量分析から種々の有力な見解が生み出されたことは大いに評価されてよいが、疑問もある。そのひとつはこれが結局は企業集団メンバー企業の業種構成や規模あるいは金融面での制度的要因に

〔参考表〕企業集団論の枠組み

主要タイプ	1	2	3	4
本　質	金融資本 (コンツェルン)	資本集中 (一般集中)	企業結合 (異業種結合)	組織 (クラブその他)
内部構造	支配従属 タテ	共通のメインバンク (系列融資)	相互支配 相互取引 ヨコ	目的の共通 目的ごとの組織
市場経済における地位作用	←――――独占・寡占――――→ 　←――階層的格差――→ 　　　　　　　　←―メンバー内外の差別―→			非市場的統合体
アプローチの方法	所有と支配	市場構造	←―市場と組織―→ 企業間関係（取引）	取引コスト論・機能論
	←――――――パフォーマンスの分析――――――→			
	←――――結合状況分析――――→			
政策論	←―――反独占―――→ 　←―競争促進―→ ←―公共性・社会性の追求―→ 　　　　　制度の自由化 　　　　　国際化			現状肯定的 (日本的優位性)
理論的背景	国家独占資本主義論	現代資本主義論	法人資本主義論	
	←――――産業組織論――――→			
	←―企業形態論・企業集中論―→			日本的経営論
	←――企業論・企業財務論――→			
	←―――金融構造論・証券市場論―――→			
	金融資本論	ビッグビジネス論	関税同盟論 (国際経済論) コングロマリット (独禁政策論) 交換理論（社会学）	不確実性の経済学 社会システム論

注：論点すべてが必ずしもタテに結びついてはいない。明示的に示されていない論点を含む。
　　（本書第2章以後の議論はここでは考慮されていない。）

よって生まれているのではないかということであり、もうひとつはこの分析結果はいわゆる企業集団の形成要因仮説と離れてしまったことである。(例えば中谷説は企業が株主としてあるいは取引先としてもつ利益よりも経営者と従業員の利益に問題を集中し、他方で企業集団の保険機能を主張しているが、これは本質的には経営者支配論とメインバンク論を結びつけたもので、企業間の関係を捉えたとはいえない)。

VI 企業集団分析と取引アプローチ

1 求められる複合的論理

　以上のような諸点を踏まえて企業集団論を再構築しようとするとき参考になるのは、対外直接投資をめぐる理論である。すなわち対外直接役資(国境をこえて行われる企業の事業展開)がなぜ行われるかについてはこれまで数多くの論点がとりあげられてきたが、それにより次第に事柄の本質が明らかにされており、このことが企業集団論にも参考になりそうに思われるのである。対外投資の理論はまず国際的な資本移動を説明するかたちをとり、国際的な資本収益率の格差が資本移動の原因だと考えられた。しかし現実の対外投資は直接投資のかたちをとるものが多く、それは単なる資本収益率格差では説明できない。なぜかといえばそうした格差の追求は証券投資で十分なはずだからである。

　一方企業が現地生産に乗出すという行動を説明しようとすると、それは貿易を行うよりもなぜ有利なのか、あるいは国内で更に事業を拡大したり、国内で多角化することや、相手国の企業にノウハウ等を与えて生産させることなどとの比較においてもなお海外に進出して生産することが有利なのはなぜかを明らかにしなければならない。そしてこの場合大切なことは海外事業進出には大きなコストがかかり、リスクも大きいのがふつうであるから、そのコストを負担しリスクをおかしてもなお現地に進出するだけのメリットがなければならないことである。

　こうして生まれた説明は現地進出企業の側にこれらのマイナスを打ち消すだ

けの相対的優位性があること、しかもその優位性が現地経済の中で維持され続けるというのは、そこに何らかの企業に固有な要素かあるからだということである。この点をはじめてはっきり主張したハイマーは、「直接投資は国際資本移動論よりも産業組織論に属する」といった。[59]

このような問題意識のもとに発展させられた直接投資の理論は、はじめから複合的な論理をもっている。すなわち海外に出ていくことは、それ自体コストやリスクの多い分野に入っていくことだから、企業の行動として合理的だとはいえないのに出ていくのはなぜか、というように、マイナスとプラスの両面をふまえた論理が求められているのである。そしてこの見方は海外直接投資が長期的な性質をもつものであり、その収益性は必ずしも常に国内より優るとは限らないという現実にマッチしている。

企業行動の要因の中に複合的な要素を認める必要があるのは対外直接投資に限らない。企業が成長を求めて行うとされる合併吸収等についても同様の側面が指摘できよう。われわれはかつて集中合併を合理化する論理として「規模の経済性」とか「シナジー効果」などの要因が強調されるのをよくきいたが、今日では問題はさほど単純でないことがわかってきた。ペンローズは「企業成長の理論」でそのことに触れているし、アメリカの経済学、経営学の中でも合併の研究は険しい道を辿った。アメリカでは合併が規制されているという問題はあるが、合併には企業収益の増大や合併シナジー、急速成長などのメリットがあるという仮説はすべて崩壊した。コングロマリット合併の効果にしても投資収益だけから考えれば適当な形の証券投資の方がよいともいわれる。[60]

つまり合併吸収にはメリットだけではなくそれに伴う摩擦や経営資源の遊休化、人事管理の困難など固有の問題があることをまず前提とし、それを乗越えて余りあるプラスがあるかどうかが問われるべきだったのである。この事実は日本の企業にとって体験的に知られているともいえるが、こういうことが理論にとりいれられるには長い時間がかかったし、そうなると理論がすっきりしなくなって個別研究に比重が移ることにもなる。現実と理論の間には常にこういう複雑な問題がおこるが、大数観察に限界のある大企業の行動の研究にはとく

にこの面の配慮が重要である。経営史の研究が盛んになっているのはそういった事情を反映するのかもしれない。

ともあれ問題を日本の企業集団分析に戻すと、ここにも積極・消極あるいはプラス・マイナスのふたつの力が働いていることが重要である。それは独占集中がひたすら進行するといった単純なプロセスの中にあるわけでもなく（財閥解体という反独占政策が今の企業集団をつくらせた）、またそれによって取引コストが節減されるといったプラスだけがあるわけでもない（企業集団のメンバーであるために行動に制約が加わる面もある）。

2 取引アプローチの枠組

以上のような点を踏まえたうえで、企業集団の形成要因としては、そのメンバーにとって取引上のメリットがあるということを基本に据えておくことが大切だと思われる。これはR. E. Cavesの主張する取引アプローチ（transactional approach）を採用したものである。Cavesは多国籍企業（直接投資）の成立要因として取引上の優位ないし利益（advantage）の存在を指摘する形で取引アプローチの有効性を唱えており、そのポイントは、1）生産上の熟練や経験、ブランドその他の力と重なった製品差別化等の無形資産の存在、2）内部取引や長期安定取引による取引コスト、情報コストの節減、3）リスクの分散などにある。[61]

Cavesの取引アプローチは産業組織論的な直接投資の理論と本章第Ⅳ節で触れた内部組織論をベースにしており、同時にCavesの関心はこうしたアプローチと一般均衡論的アプローチとの接点を求めることにあるが、取引アプローチは日本の企業集団の解明にもきわめて有効である。なおここでの取引アプローチは取引コスト説を一部含んでいるが、より重要なのは無形資産（intangible assets）アプローチといわれる側面である。そして、この考え方の核心は、市場において満足いく形で無形資産そのものを売買して価値を回収することができない（市場の失敗がある）ので、企業はそれを自ら利用する形で事業を展開することに利益を見出すということである。

企業集団に関してこの面をとりあげるならば最も典型的なのは三井とか三菱ということによって生まれる信用であろう。あるいは大都市銀行との銀行取引にもそのような面がある。つまりこれによって得た信用をベースにして一般取引を行っていることが重要な要素になってくるのである。

　ところで取引アプローチは、長期継続取引といった取引のあり方ともかかわるきわめて広い適用範囲をもつ反面、"取引"を捉えることの中に特有の思考パターンないしはそれがイメージされる固有の領域があるので、ここで少しその点に触れてみたい。

　そもそも経済理論の基本的な枠組を需要、供給、価格の間の均衡点を求めるというかたちで捉える限り、取引過程が問題にされることはない。つくったものは適当な値段で全部売れて、売手と買手は同じプロセスを繰り返すことができる。しかし現実の市場では取引の実現のために費用を要し、または仲介者（商人）を要する。

　マルクス経済学では価値実現の困難に着目し、それによって商業の存在理由を説明した。今日商業経済論において交換の発生から商人資本の登場に至る理論的展開過程についてはマルクスの行った定式化が学界の共同財産になっているという。[62] そしてこれは商業資本の役割が取引過程の効率化にあることを示唆しているが、取引そのものの立ち入った検討は行われていない。

　一方取引費用の節減とか取引様式の選択といった視点が、内部組織の理論の中核をなすことは既にみた通りだが、そこでの考え方は、いわば市場と組織を二分するもので、これを単純化すれば不確実性のあるところに取引費用を生み、組織の発生を促すといってよいであろう。

　しかしそのようにして企業組織が生まれたからといって現実の取引がすべて組織の中での計画化された仕組によって行われることにはならないので、企業間の取引についての関心は依然無くならない。そこに取引における交渉のあり方などについての考察が生まれ[63]、それとも絡んで長期的継続的な取引関係をめぐる論議なども行われることになった。

　また近年日本で取引形態が注目されたのは、金融取引の分野である。日本で

支配的な間接金融方式は、取引形態的にみて市場型ではなく相対型をとるものが支配的であるというように規定されている。[64]

　以上によってわかるように、あえて取引が問題にされるのは、市場的取引では実態が理解できない領域であり、そこでは取引形態の選択それ自体のなかに何らかの意味があるとみられているのである。そして取引関係のあり方いかんで参入障壁や情報の独占などの問題とも関連するところからいろいろの制度的な問題も生まれてくる。

　さて市場における取引とそうでない取引（相対取引）とにはどのような性質の違いがあるだろうか。ひとことでいえば市場での取引というのは一回ごとに決着がついてしまうのに対して、相対取引はそうではないといわれる。

　こうした見方を拡大して、経済的交換と社会的取引を分けてみる立場が社会学にある。そこでは経済学が対象としている取引はすべて経済的交換として社会学の対象から外され、また一方的完全な贈与も社会的な取引とはいえない。その中間にあるものすなわち何らかの非経済的見返りを期待する形での供与を社会的交換（社会的取引）としている。

　この場合に社会的交換とされるものは、少なくとも交換の時点で経済的な財やサービスの相互交換はなされないが何らかの見返りがあるはずである。そういうケースとしては贈答や招待、祝儀、香典なども同種、同型のものの時差をおいた交換とみることができるし、また見返りの対象となるものの範囲を尊敬、地位、威信、友好等の社会（関係）財まで拡げるときには、社会的交換はすべて相互的ギブ・アンド・テイクの関係だとみることができる。[65]

　経済学と社会学の境界をどう設けるかは別として、現実の取引の中にギブ・アンド・テイクの要素があることを考慮した上で、総合的な取引メリットが生まれるように取引形態と相手を選ぶことは各経済主体（企業経営者、時として銀行や労働者）の大きな関心事であるはずだ。これが取引メリット論の着眼点である。こうして選択された取引のプロセスを通じて生まれる需給の数量や価格水準は、市場におけるものと違った要素が介在することになるだろうが、それがどのような傾向をもつかは一概にはいえない。しかも経済活動の大きな流

れは広い意味での市場メカニズム（動態的なもの）に沿って動き、実際の取引はこれを大きく外れることはできないであろう。ただ現実の取引（さし当りは企業の対企業外取引）は動態的市場メカニズムと一体になりながらも、個別的には企業と企業との関係を律する様々な要素によって影響されながら具体化することを忘れてはならない。取引アプローチが意味をもつのはそのためである。

3 取引アプローチからみた企業集団

つぎに上述の取引アプローチをベースに日本の企業集団の本質を考えてみたい。これは要するに奥村説とCaves説とを結びつけることである。

第1に言えることは、日本の企業集団が、長期的な相互関係を通じて取引上のメリットを与え、また吸収していくことをねらいとした異業種企業の結合だということである。この場合の企業集団形成要因を簡単にいえば取引メリット仮説といえるであろう。これは取引コスト説と同じようにみえるが、ここではコストを負担してもより大きなメリットを受ければよいという行動様式を前提にしており、従って必然的に取引費用の節減という効果が生まれるとはいえない点が違っている。なおここでは結合の主体は個々の企業であり、企業による取引様式（とくに取引相手）の選択が企業集団を生んだと考えている（歴史的には特定の企業が分化したケースも多いが、その後の結合要因については個々の企業をベースとした基礎づけが必要）。

さて企業集団の結合要因としてメンバー企業の取引関係をあげることはさして珍しくはないが、それは往々にして必然的なもの、あるいは集団内取引としてあらかじめ秩序づけられたものである。[66] しかし個々の企業の取引のあり方は基本的にはより自由なものと考えられるべきであろう。それがなぜ一定の関係を結ぶことになっているのか、そしてその関係がどういう性質のものか、ということが問題なのである。そしてここに相互関係という要素が絡んでくる。

その場合に参考になるのは社会学で用いられているレシプロシティの概念であろう。すなわち上述したような社会学的な意味での（つまり経済学的でない）交換概念はいわゆる等価交換ではないので、厚意の応酬を含む相互行為と

して捉えられ、そこにおいてはレシプロシティ（互酬とも訳されている）はきわめて重要な意味をもっている。[67]

この点は例えばK. E. Bouldingにおける次のような理解とも共通している。すなわち互恵関係は交換（この場合は経済的交換）と似ているが、交換は条件つき（あなたが私にYのこれだけをくれるならば、私はあなたにXのこれだけをあげよう）であるのに対し、互恵は形式上は無条件的なものである。つまり互恵は相互贈与もしくは贈与の対と定義することができる、と。[68]

われわれがここでみている相互性はより経済的な交換に近いが、同時にギブ・アンド・テイクという言葉には単なる等価交換とは違った贈与のやりとりという要素が伴っていることも否定できない。そしてBouldingによれば、交換の経済によってある程度以上大きな組織を維持することは難しく、贈与の経済の中にこそ組織統合の因子があるという（ここでは贈与がA↔Bという形でやりとりされるだけでなくA→B→Cというように順次行われていく系列的互恵も大きな要因になる）[69]。

こうみてくると企業集団内部の取引上の相互関係は、単に財、サービスの取引だけでなく、株式の所有関係や金融取引の面においても明瞭に現れている。すなわち株式の持ち合いは、ギブ・アンド・テイクのひとつであり、金融取引についても、貸出と見返りの預金取引や外国為替取引といった形でギブ・アンド・テイクの関係があることは周知の通りである[70]。

次に相互性とならんで忘れてならないことは、企業集団の形の結合を通じて加盟企業全体の共通の利益の実現が図られるということである。いうならばグループの実体はグループというかたちの無形資産として存在し、その価値を維持向上させることが、メンバーの共通の利益となっている。

一般に大企業とか優良企業といわれるようになった企業は、それぞれ様々の無形資産をもっているわけであるが、その一部が結びついたかたちでグループとしての独自の存在を形成している。それは伝統、信用、経営理念、人材の質など様々の側面をもっているであろうが、これらが個々の企業のものとしてだけではなく共通の資産としても存在することが重要である。

そのような共同の資産の価値を維持向上させるには、個々の企業の業績や社会的地位がよくなることが必須条件だが、共同投資や共同事業の形でのイメージアップ戦略をとることも重要であり、それにはコストもかかるが、そこには単独で行うのとは違った別の効果が期待されている。

　ただ、この場合に何といっても重要なことは、メンバー企業が絶対につぶれないことである。このことを、各メンバー企業はよく理解した上でグループに参加しているといってよく、見方によってはこれはグループの保険機構といわれるものに通じている。しかし現実には保険機構としては自覚されてはおらず、また保険者と被保険者というかたちの保険メカニズムも存在しない。換言すれば保険機構がもつであろうところのモラルハザードに対して各メンバーは極めて警戒的であり、グループ企業が特定メンバーを共同支援するような場合には、当該対象企業の経営者の責任はきびしく問われ続けることになる。そしてこの点においてグループメンバーの株式相互持ち合いは共同大株主の側面をみせることになる。

　このような形で、もともとギブ・アンド・テイクの側面をもっていた株式の相互所有による持株が共同の立場での自己を主張することによって支配証券としての本質をあらわし、そのことがグループという形での共同の利益追求の要請に結びつくことをわれわれは重視しなければならない。

　このようにして企業集団メンバー個々の企業をベースとしながら、相互取引と共同利益の追求というふたつの側面を統一的に捉えることにより、企業集団はその本質をはっきりと示すことになったといえよう。

4　新路線からの展望

　以上のような立場から企業集団論を再構成したいというのが私の希望であり、それをあえて新路線と言ってみたい。これは奥村説とCaves説に触発されつつ、これまでの多くの業績を継承することであり、その具体的な内容としては、植草益氏が「産業組織論」で示唆されたもの[71]と大きく隔たることはないであろう。

ただ私の場合そこに次のような認識が絡み、これがひとつの方向づけを果たすことになる。

第1にこれはいかなる意味においても必然論ではない。独占集中必然論、または集団の崩壊の必然論あるいは取引コスト低減からする集団化必然論などのいずれからも自由である。

しかし第2に企業集団が戦後数十年にわたって維持されてきたのは、そこに経済的理由があったからだと考える。すなわち取引関係を通じてギブ・アンド・テイクの連鎖を生み出しつつ、共同資産としてのグループの価値を維持することにメリットがあったに違いないのである。

第3に以上の点から企業間のギブ・アンド・テイクとグループの共同資産の実態把握に努める必要を感ずる。ギブ・アンド・テイクについていえば、それがグループを通じて組織化され、それによって相互性が転換され、同時化されるメカニズムがあるように思われる。

例えばボウルディング流のギブ・アンド・テイクは時間を距てて応酬されるが、それでは企業は満足しない。といっても香典を出すだけでは損だから早く死んでとり返すというわけにもいかないように、ギブとテイクを対応させることは難しい。そこで銀行や商社が中に入ってかたちを変えたギブ・アンド・テイクを様々に且つ総合的に組織化しているとみてよかろう。そういう形でバランスをとることがとりも直さずグループのもつメリットを活性化させることにもなるのではなかろうか。またグループの共同資産としては無形資産に目を向けるべきことは前述の通りである。

第4に以上のように考えてくると、商社の取引についてそれを取引先との関係において分析することや、銀行活動を幅広く把握すること（融資額だけを捉えてそれを直ちに結合の強さとみるのではなく、コンサルタント的な役割なども含めてみること）などがこれからの具体的な作業の課題となろう。いずれにしても地道な実態分析が必要で、そういう線に沿ったものとして例えばシェアード氏が産業調整過程での企業集団の役割について分析したケース（文献〔47〕）にみられるような突っ込んだ分析がもっと行われるべきであろう。

最後に企業集団のパフォーマンスをめぐっては、日本の市場の閉鎖性に絡んだ外国からの批判がある。日本での取引が従来の顧客との関係を重視して行われるというのは必ずしも企業集団プロパーの問題とはいえないかもしれないが、企業集団化の要因と一体化している面もある。そこでこれは日本的なギブ・アンド・テイクがどこまで国際的な一般性をもつかという問題にもなろう。このような様々な問題提起に、より的確に対応していくためにも本書の新路線が役に立つことを期待している。

付記1．本章で述べたアイディアがヴェブレン、コモンズという制度学派の見解に深くかかわっていることを意識しているが、ここではうまく架橋することができなかった。なお、第2章や第6章のパワー論は制度派的である。
付記2．私の考え方に沿った企業集団の分析例としては、本書第7章、第9章、第10章などをみられたい。
付記3．私が企業集団論に関心をもちつづけ且つ一応ここで考え方をまとめることができたのは奥村宏氏からの平素の御厚誼による所が大きく、本章の発表も同氏の斡旋によるものであった。

注
1) 奥村宏〔1〕23〜26ページ。これらの指標は今日における「企業集団」の特徴を捉えたもので、六大企業集団に一貫してこういう実態が十分そなわっていたとは必ずしもいえないが、今やこれらの点を抜きにしては「企業集団論」は成り立たない。
2) 古賀英正〔4〕はしがき。
3) 同上第5章第2節はこうした考え方の一例である。
4) このような立場にたつものとして野口祐氏、角谷登志雄氏などがある。文献〔5〕、〔6〕参照。
5) ここで垂直的というのは資本結合における親子関係を意味している。これに対して産業論的には、財の投入─産出関係をベースにして、生産工程上の前・後関係にあるものを垂直的といい、同種の財を生産している企業（が結びつくとき）を水平的という場合がある。
6) 杉岡碩夫「戦後日本資本主義の支配構造」、文献〔7〕所収。
7) 同上書155ページ。
8) 柴垣和夫〔8〕第5章。
9) 富森虔児〔9〕。
10) 企業集団を捉えるには社長会等を重視して各種の指標をみていくのが一般的な行き方だが、大都市銀行による融資は、企業集団の結束手段として重視され、銀行が企業を系列化するための手段とも考えられた。ただ現実には大口融資先と社長会メンバーは同じではない。そういう問題をはらみ乍らも「銀行の融資は、企業の系列化、集団への包摂の有力なる手段であり、また結束の紐帯である。だから集団内での借入充足度の低下や同系企業への貸出比率の低下などによって集団結束の有力紐帯は脆弱化する」（森垣淑「資本集中と系列融資」文献〔10〕第3章）といった見方が多い。
11) 経済の二重構造を金融の二重構造と関連づけて説明した例としては篠原三代平氏などの

「融資集中機構」説が知られており、これを「借手の二重構造」「貸手の二重構造」としてとりあげたのは川口弘氏であった。川口弘「金融構造の特徴」文献〔14〕第1章。
12) 宮崎義一「過当競争の論理と現実」『エコノミスト』1962年秋期別冊号、文献〔11〕に収録。
13) 宮崎義一〔12〕がその成果である。
14) 宮崎義一〔13〕第4部。
15) 橋本介三「企業集団論」文献〔16〕第10章。
16) 植草益〔15〕は一般集中と産業集中の総合水準ととの関連性に注目している。
17) スティグラー〔17〕第1章及び文献〔16〕15ページ。
18) 植草益〔15〕68ページ及び吉岡恒明〔18〕。
19) 井口富夫「企業集団」文献〔19〕第1章。
20) ハドレー〔20〕54〜63ページ。
21) ベイン〔21〕96ページ、なおここで有名なベインのこの書物を引用したのは、この本ではきわめて豊富な事実が検討の対象にされていることを指摘したかったからである。
22) 文献はきわめて多いがさし当たり馬場克三〔22〕及び奥村氏の著作〔2〕〔3〕を参照。
23) 三戸公〔23〕はその極致にある。
24) こうしたいわゆる株式持ち合い＝相殺説の代表者として西山忠範氏があることはよく知られている。
25) ハドレー〔20〕178〜180ページ、なおハドレーは戦後の企業集団内の主要企業の取引先がしばしば系列外に「越境」していることを実例にあげて説明している（同書291ページ）が、私が「会社四季報」を使って同様の作業を行った経験では、今日では「越境」が少ないことが印象づけられる。
26) 文献〔24〕水上達三氏の証言参照。
27) なお集団内取引を利潤極大型互恵取引としてモデル化する試みは植草益氏によってなされたが、現在の企業集団をベースとする実証分析の結果は、モデルの含意に反するものであった。本章V－3参照。
28) 文献〔25〕225ページ以下。
29) 文献〔26〕138〜141ページ及びWillard F. Muellerによる文献〔27〕の第7章での分析参照。
30) 同上。
31) 奥村〔3〕183-186ページ。
32) R. E. Caves "The Economics of Reciprocity" 文献〔28〕。
33) 南部鶴彦〔29〕74〜76ページ。
34) 同上82ページ。
35) 中村達也〔30〕103ページ。
36) 池本正純〔31〕第8章。
37) 同上178〜179ページ及び青木昌彦〔32〕78ページ。
38) 青木〔32〕76〜78ページ、169ページ。
39) 中村〔30〕補論4。
40) ここにいう「市場の失敗」とは、外部性、公共財、収穫逓増のケースにおいて市場がパレート最適の達成に失敗することに対してF・M・ベイターが用いた言葉であるが、現在では、不確実性問題と所得分配問題を含める場合が多い。（中村〔30〕215ページ、なおその第10章はこの問題の解説にあてられている。）
41) 産業政策の存在の根拠を「市場の失敗」に求めて日本の産業政策を分析するという試みが、結局は産業政策を擁護するような結果に終わったことを今井賢一氏は卒直に指摘している（文献〔33〕総括コメント2）。これはまさに、市場の失敗をもち出すだけでは現実分析の役に立たないことを示すものである。
42) 浅沼万里〔46〕。

43) 同上。
44) 池本〔31〕はこうした視点を強調した書物である。
45) 今井賢一〔35〕〔36〕。
46) 今井賢一〔34〕461～469ページ。
47) 文献〔19〕のほか中谷〔38〕今井〔35〕などにもそのような色彩がみられる。
48) 西田耕三〔37〕、中谷〔38〕。
49) 植草〔15〕286～288ページ。
50) 同上。なお二木〔40〕は配当詐取説を主張するだけでなく、企業集団の結合関係そのものを分析することに重点をおいている。
51) 中谷〔38〕。中谷説は企業集団の保険機能を主張するほか、その日本的特性にふれる多様な内容をもっているが、基本的には中間組織をベースにして「資本市場の分断」を主張し、銀行の系列融資については、銀行側からみた取引コスト節減効果に注目する構成となっている。
52) 植草〔15〕287ページ。
53) 同上、なおここでとりあげられている資金調達コストは大企業と小企業との比較であり、これをベースに小企業が大企業の傘下に入ることの有利性が説かれている。しかし本文で述べたようにいわゆる系列融資はコストが安くないことが、指摘されている。
54) 小田切宏之「企業集団の理論」（季刊理論経済学　AUGUST 1975）においても企業集団化の優位性は証明されない結果となっている。
55) 植草〔15〕281ページ。
56) 同上284ページ。
57) 中谷〔39〕。
58) シェアード〔47〕。
59) 直接投資の理論の概観としてとりあえず参考になるのはキンドルバーガー〔41〕第1章である。なお島田は直接投資の入門書のなかでこのテーマを取り上げた。
60) この点については村松司叙〔42〕による所が大きい。
61) R. E. Caves文献〔48〕の第1章The multinational enterprise as an economic organizationによる。なおtransactional approachについては、高山龍三氏の日本貿易学会東部部会報告により教えられるところが大きかった。記して謝意を表する。
62) 荒川祐吉「商業及び商業学の史的展望」文献〔43〕27ページ。
63) 南部鶴彦氏はウィリアムソンがコモンズの流れをひく形で市場取引費用の問題を扱っていること、そしてコモンズの取引論では取引における選択がpowerとopportunityという二つのディメンジョンから構成されていることなどを指摘している。同氏〔29〕第15章。
64) この点の主張は蝋山昌一氏のものがよく知られているが、市場型と相対型による金融資産の分類表は鈴木淑夫氏文献〔45〕によって示されている。
65) 久慈利武〔44〕13ページ。なおコモンズも早くからexchange（交換）とtransaction（取引）を区別し、これがウイリアムソンに受けつがれた〔南部〔29〕81ページ）。
66) 金融資本論の系統の議論が結合関係の内部構造について深く論じないのはそのためであり、二木雄策氏〔40〕の分析は結合そのものに精力的に眼を注いでいるが、その理由づけを問おうとしていない。
67) 〔44〕42ページ。これはP. M. ブラウの説である。
68) ボウルディング〔49〕49ページ。
69) 同上、52ページ。
70) 見返り預金は従来貸出に対する実効金利を高める要因としてとらえられてきたが、大企業と銀行との関係においては、ギブ・アンド・テイクの両面をみる方が実際に近いであろう。
71) 植草〔15〕288～289ページ

第1部　日本の企業間関係

第1章　参考文献

〔1〕奥村宏『新・日本の大企業集団』ダイヤモンド社、1983年
〔2〕奥村宏『法人資本主義の構造』日本評論社、1975年
〔3〕奥村宏『法人資本主義』御茶の水書房、1984年
〔4〕古賀英正『日本金融資本論』東洋経済新報社、1957年
〔5〕野口祐編著『日本の六大コンツェルン』新評論、1979年
〔6〕角谷登志雄『日本経済と六大企業集団』新評論、1982年
〔7〕現代帝国主義講座Ⅳ巻『日本帝国主義の構造』日本評論社、1963年
〔8〕柴垣和夫『日本資本主義の論理』東京大学出版会、1971年
〔9〕富森虔児『現代資本主義の理論』新評論、1977年
〔10〕岡本磐男・森垣淑・熊野剛雄『現代の金融経済』世界書院、1979年
〔11〕宮崎義一『戦後日本の経済機構』新評論、1966年
〔12〕宮崎義一『戦後日本の企業集団』日本経済新聞社、1976年
〔13〕宮崎義一『ビッグビジネス』—多国籍企業への挑戦—1965年、河出書房、講談社学術文庫
〔14〕川口弘・川合一郎編『日本の金融』金融論講座第5巻有斐閣、1965年
〔15〕植草益『産業組織論』筑摩書房、1982年
〔16〕肥後和典編『産業組織論』有斐閣双書、1973年
〔17〕G. J. スティグラー著　神谷伝造・余語将尊訳『産業組織論』東洋経済新報社、1975年
〔18〕吉岡恒明「一般集中度について」専修経済学論集17巻第1号、1982年10月
〔19〕世界経済研究会（植草益編）『日本産業の制度的特徴と貿易摩擦』1983年、外務省経済局
〔20〕E. M. ハドレー著　小原敬士・有賀美智子訳『日本財閥の解体と再編成』東洋経済新報社、1973年
〔21〕J. S. ベイン著、宮沢健一訳『産業組織論』上、下、丸善、1970年
〔22〕馬場克三『株式会社金融論』森山書店、1965年
〔23〕三戸公『財産の終焉』文真堂、1983年
〔24〕志村喜一編『戦後産業史への証言5、企業集団の形成』毎日新聞社、1979年
〔25〕V. H. プーラー, Jr.著　清水滋監訳『現代企業の購買管理』東洋経済新報社、1968年
〔26〕J. C. ナーヴァー著、江夏健一・古海志郎訳『コングロマリット合併と市場競争』東洋経済新報社、1971年
〔27〕W. アダムス編金田重喜訳『アメリカの産業構造』青木書店、1984年
〔28〕R. C. Caves "The Economics of Reciprocity: Theory and Evidence of Bilateral Trading Arrangements" "*International Trade and Finace, Essays in Honour of Jan Tinbergen*" Macmillan 1974に収録。
〔29〕南部鶴彦『産業組織と公共政策の理論』日本経済新聞社、1982年
〔30〕中村達也『市場経済の理論』日本評論社、1978年
〔31〕池本正純『企業者とはなにか』有斐閣選書、1984年
〔32〕青木昌彦『企業と市場の模型分析』岩波書店、1977年
〔33〕小宮隆太郎ほか編著『日本の産業政策』東京大学出版会、1984年
〔34〕今井賢一『現代産業組織』岩波書店、1984年
〔35〕今井賢一「ネットワーク産業組織」『季刊現代経済』SUMMER 1984
〔36〕今井賢一『日本の産業社会』筑摩書房、1983年
〔37〕西田耕三『日本社会と日本的経営』文真堂、1982年
〔38〕中谷巌「企業グループの経済機能」『季刊現代経済』SUMMER 1984
〔39〕中谷巌「企業集団の経済的意味」日本経済新聞、1982. 9. 2〜3

〔40〕二木雄策『現代日本の企業集団』東洋経済新報社、1976年
〔41〕チャールズ.P.キンドルバーガー、小沼敏監訳『国際化経済の論理』ぺりかん社、1970年
〔42〕村松司叙『企業合併論』同文館、1974年
〔43〕久保村隆祐・荒川祐吉編『商業学』有斐閣大学双書、1974年
〔44〕久慈利武『交換理論と社会学の方法』新泉社、1984年
〔45〕鈴木淑夫「金利自由化、金融革新および金融政策の有効性」『季刊現代経済』AUTUMN 1982
〔46〕浅沼万里「企業理論の展開と『組織のミクロ分析』」『季刊現代経済』臨時増刊、1982年
〔47〕Paul Sheard "Financial Corporate Grouping, Cross-Subsidization in the Private Sector and the Industrial Adjustment Process in Japan" Discussion Paper Series, Osaka University, August 1984.
〔48〕R. E. Caves *Multinational enterprise and economic analysis* Cambridge Univ. Press 1982.
〔49〕K. E. ボウルディング、公文俊平訳『愛と恐怖の経済』佑学社、1974年

第2章
顧客関係へのアプローチ

　企業集団における結合の契機として取引を重視することは、個別企業の立場からは、顧客関係を重視することである。この点について、以下理論的検討を加える。

I　顧客関係の重視と理論的アプローチ

1　長期継続取引の認知
　売手と買手の間の顧客関係が両当事者にとって重要であることが確認されるためには、彼らの取引が一回限りのバラバラのものとしてではなく、長期継続的なものとして存在するという認識が必要である。しかしこういう認識はこれまで産業財の分野においてさえ十分でなかった（但しわが国の実際のビジネスにおいては別である）。そしてこれは、企業の取引が原則として、個別の取引ごとの意思決定のうえに行われなければならないという考え方が支配していたことにひとつの原因がある。
　企業間の取引（この場合産業財）がどの程度継続的であるかということを正確に把握するのは必ずしも容易ではないが、1986〜1987年に公正取引委員会が行った「大企業の取引実態に関する調査」において、わが国の企業は継続取引の比率が極めて高いと回答しただけでなく、継続取引の理由としては、価格が安いとか品質がよいという、いわば市場的といえる要因（個々の財に即して明

確化され易い要因）のほかに、供給が安定しているとか、長い取引関係に伴う信頼関係といった非市場的要因をあげたものがかなり多かった[1]。

　そしてこのことが果たして日本企業に特有の独特の考え方であるのかどうかが問題になったが、並行して行われた欧米での取引慣行の調査において、継続取引の実態は不明であるものの、企業の購買態度はわが国の場合とかなり違うという認識が示された[2]。

　ただ公取調査では見逃されていたが、産業財の市場においては、供給業者と顧客との間に長期継続的な取引関係があることをヨーロッパの学者が指摘していた。これは以下本章においてしばしば言及することになるIMP（International Marketing and Purchasing）グループ[3]の調査によって明らかになったもので、調査対象企業の国内企業との平均の取引年数はイギリスでは30年に達し、比較的短い西ドイツでも15年、長期の取引はシェアからいっても相互に無視できない大きさになっているという[4]。

　他方アメリカの場合も、一般に10％以上の値差がなければ、従来からの仕入先からの購入を続けることができるとされており、このことは事実上多くの取引を継続的なものとさせる要因になっているが、しかしこのことは他方では10％以上安い新規のサプライヤーからの取引申入れがあれば、それを断れない要因ともなっている[5]。ただこのようなかたちで一回ごとの取引条件を審査する行き方をやめて、はじめから継続取引を原則にとりいれる動きも生じてきた[6]。

　レヴィット（Levitt, T.）は、近年顧客関係が重要になってきた理由として、取引される商品の性質、あるいは取引の形態が、売手と買手の関係を長期化させる要因を含むようになったという[7]。すなわち長期間使用される設備機器などの場合、売買が成立したあと使用者（購入者）に対して長期間の保証がつけられ、またメーカーの手による維持（メンテナンス）が行われることが多い。消費財の場合でも、消費者からの製品使用上の問い合せにメーカーが応じたり、メーカーから消費者に使用上の注意を促したりすることによって消費者との結びつきを維持する必要が生じている。つまり「販売が終ってから」（After the

Sale is over)[8] 売手と買手の関係という問題が始まる。商品やサービスの販売に伴って必然的に、ある期間売手と買手とは相互に離れられない存在になる。これがレヴィットの主張であるが、「そのような傾向は将来ますます強くなり、売手と買手とは相互依存関係を強めていく」と彼はいう。

以上長期継続的な取引関係という点からいくつかの事例や要因を挙げてみたのであるが、一般的に売手の側からすれば長期継続的な取引が有利で望ましいことはいうまでもない。しかしそれだけで長期継続的な取引が実現し、あるいは容認されるかといえば、そうはならない。そこにはふたつの問題がある。

ひとつは買手の利益はどうかということである。一般的にいえば、特定の取引先が常にベストの条件で買手の求めるものを供給してくれるとは限らないから、長期継続取引という方針をはじめから決めてしまうことは危険である。他のサプライヤーがもっと安くて良いものを供給してくれるかもしれないし[9]、また技術的要素の強い製品の場合は、特定の相手だけに依存していると買手が売手に引きずられて技術の進歩に乗り遅れてしまうかもしれない[10]。だから、売手側が取引を長期継続的なものにしようとして行う、売手への依存度を高めさせるような（取引先変更コストを高めさせるような）行動には警戒せよということもそれなりに理由がある。つまり買手は常に選択の自由をもつべきだというのである[11]。こういう見方は日本よりアメリカで強いとみられるものの、日本企業もこのような側面を忘れているわけではなかろう。ただ長期的な関係のなかで生まれる信頼関係のメリットがより大きいことがあるという考え方が日本に強いことは確かである。

もうひとつは売手間の競争に関連する問題である。もし特定の売手にとって、また買手にとっても、長期継続的な取引が有利であると感じられたとしても、そのような取引関係が支配的となれば、この売手と競争関係にある別の供給業者にとっては取引の機会が閉ざされる。そうなったのでは、買手が本当に継続取引から利益を得ているのかどうか実証することができないので、第三者たる供給業者は不当に差別されることになりかねない。長期継続取引は、以上のように、競争秩序という面からみて問題があるので、独禁法上の観点からすれば、

なるべくオープンなかたちで取引が行われることが望ましい[12]。そして企業内部の購買管理という面からも、取引先選定がいわゆるガラス張りのなかで行われることが好ましい。このようにして、とくにアメリカでは、一回ごとの取引が公開的な手続きのもとに行われるような制度がつくられたといえる[13]。

以上のような事情により長期継続的取引というものは、とくにアメリカでは、理論上、あるいは制度上認知されにくかったといってよい。そこでこれを認知するためには、それが実際に買手を含めて当事者の利益になるのだという実務家の見解が表明されるだけでなく[14]、理論的にこれを正当化する手続きが必要だったといえる。

コモンズ（Commons, J. R.）は市場における取引が取引当事者の利害の対立を含みつつ、パワーと機会のバランスをベースに遂行されること、そのさい取引の交渉は一回限りの勝負としてではなく、将来にわたる影響が考慮されることを説いた先駆者であった[15]。そしてコモンズの影響を受けつつ、新古典派のモデルを補完するかたちで取引コスト説を唱えてきたウイリアムソン（Williamson, O. E.）によって、各種の標準的でない契約（"nonstandard" contracting）が新たな理論的解明の対象とされた。その著書 *The Economic Institutions of Capitalism*（1985）は、Firms, Markets, Relational Contracting という副題をもっており、そこでは、従来独禁法上問題とされることの多かった垂直統合をはじめとする各種の企業間の長期的な取り決めが、必ずしも独占的な性質をもたず、むしろ効率性の見地から合理性をもつ場合が多いことが主張されている[16]。関係的契約はそのような文脈のなかで、正当化されることになったが、これは顧客関係のような企業間取引の見方に大きな影響を与えることになった。次にマーケティング論により近い領域での動きをとりあげるが、これらに対してウイリアムソンの説は深いかかわりをもっている[17]。

2 関係的交換と契約からのアプローチ

マーケティング論の見地から企業間の長期的な関係に注目したノルウェーのアーント（Arndt, J.）は、比較的早くから継続的な顧客関係というものを視野

に収めていたといえるが、その「囲い込まれた市場」(Domesticated Market)という概念においては、今日の経済情況のもとで市場が事前的な計画に基づいて動かされていることが強調されている[18]。同時に企業内にも市場的関係が認められることから企業の内と外の区別が不分明になっていることが指摘され、そのような認識のうえにつくられたマーケティングの分析モデルは政治経済学モデルというかたちをとることになった。その結果分析の対象は単に売手・買手という取引当事者間にとどまらず、企業の内外に拡散することになった[19]。

これに対し、アーントの指摘を引き継ぎながら、売手・買手間の関係に問題を集中してひとつの分析モデルをつくる試みが、ドワイヤ (Dwyer, F. R.) らによって行われている。ここでは顧客関係は市場のなかの計画的なメカニズムという面からではなく、売手と買手という当事者間の交換における重要な類型として捉えられる[20]。

マーケティング理論において、かつてはメーカーの一方的な行動に焦点が向けられていたのに対し、近年売手と買手の間の交換に注目する見方が次第に有力になってきてはいるが[21]、そこでは多くの場合交換というものが一回限りの個別的な出来事として捉えられてきた。しかし現実の取引は、一回ずつの個別的 (discrete) なものでなく、関係的 (relational) なものが多い。このふたつの類型は理念的な区別であるが、前者の捉え方がこれまで基本的なものとみなされてきたことが問題である、とドワイヤらはいうのである。なおドワイヤらの以下の所説は、契約について個別的契約 (discrete contract) と関係的契約 (relational contract) を区別するマクネイル (Macneil, I. R.)[22] に依拠しており、この考え方は、ウイリアムソンにも支持されている。

ドワイヤらは個別的取引 (discrete transaction) と関係的な交換 (relational exchange) を区別する。前者は開始時点が明確で、その事が達成されれば短期間ではっきり終るのに対し、後者は以前からの取り決めに従って生じた、長期的に継続するひとつの過程である。

当事者は個別的取引では2者だけだが、関係的交換においては3者以上が関係することがよくある。そこに生ずる義務は、個別的取引では単純な内容で標

準化されており、これに外的な力（確信、習慣）が作用しているのに対し、関係的交換では関係そのもののなかで、義務が関係者間の特別のものとして詳細に規定され、これを習慣や法律が支えている。個別的取引では当事者の利害は対立しているが、取引は代金の支払いによって完結し、将来にトラブルは残らないのに対し、関係的交換では利害の対立は信頼関係や共同の利益によって中和される。

　以上のような性質を反映して、個別的契約では多くのことが市場ベースで、定式化されたかたちで進行するのに対し、関係的交換では、さまざまな人間的、社会的要素を絡ませつつ、相互依存的な関係のなかで、当事者の交渉を通じてことが進んでいく。

　それでは関係的交換に当る諸関係が認められるのはどういう場合かというと、アーントは産業財や諸団体（institutions）のマーケットがそうであるほか、消費財ではイギリスやスカンジナビアにおける消費者の生活協同組合、書籍やレコードの愛好者クラブ、スポーツや芸能の定期入場券、新聞や雑誌の予約購読、そしてクレジット・カードなどがこれに当たると言っていたのであるが[23]、ドワイヤらは、もっと沢山の消費者の行動に同様の性質のものがあるという。すなわち交通機関等の常時利用者の優遇、教会や専門職業人の会員制クラブ、弁護士・理容師・医者など特定の個人サービスについて行きつけ、かかりつけをもつことなどである。更にはいわゆる銘柄忠誠においても消費者は見えない結び付きをもっているはずだとされる[24]。

　このようにドワイヤらにおいて売手・買手関係が広く解されているのは、何らかの結び付きに基づいて取引が繰り返し行われることを関係の形成とみているからで、これはわれわれが顧客関係というときに、取引の相手を個々に認知することを条件にしているのと比べると範囲が広くなるが、ここに示された関係的交換の概念が顧客関係の分析にとって有益であることは疑いない。

3　産業財と相互作用アプローチ

　長期継続取引の存在を重視する立場から顧客関係の意義を明らかにするため

のひとつの説明は相互作用（interaction）アプローチによって与えられる[25]。すなわち産業財マーケットが消費財マーケットと違って安定的継続的な取引を中心に構成されているのは、一方で限られた数のサプライヤー・ユーザーの間で取引が行われていることによるが、同時にここでは買手の力が強いことが重要である。消費財ではサプライヤーの力が消費者の力を大きく上回っているのに対して、産業財の場合は売手と買手の力が相対的により拮抗している。このことから、供給業者と顧客の間にパワーと依存の関係を通じて相互作用が働いていることが何より重要だとされる[26]。

このアプローチが一般の消費財の場合と異なっていることは次の点に最も明確に現われている。というのは産業財の販売・購入の過程において、供給者・顧客双方の企業の複数の職能部門の多段階の階層に属する人々の間での相互的な行為がみられることである[27]。そこでこのようなかたちで遂行される相互作用の重要性を認識し、これを対顧客相互作用（supplier/customer interaction）と名づけて、その内容を分析しようとするのが相互作用アプローチである。

相互作用アプローチは従来のマーケティング論以外に組織間関係論や新制度派経済理論などをとりいれているが、ここでは売手・買手の双方が顧客関係の積極的な担い手であること、また両者の短期的な社会的交換と長期の関係の両方に眼を向けるべきであること、従ってその過程が動態的で且つ段階ごとに変化していくことが認識されている[28]。なおこのアプローチはホカンソン（Håkansson）によって分析枠組が与えられ[29]、彼がとりまとめを行ったIMPグループの調査において実際のケースに適用された[30]。

さて上記分析枠組みにおいて相互作用とこれをめぐる諸要因がどのように分類されているかをみておきたい。それは四つに分けられる[31]。

(1) 相互作用の要素：これは更に四つのエピソード（テーマ）に分けられる。すなわち製品、情報、財務及び社交である。これらについては後で説明する。
(2) 当事者企業の特性：両者の技術面、規模、組織、能力、経験、目標など。
(3) 環境：相互作用に影響する外的な諸条件すなわちマクロ経済、競争状況、文化的・物理的距離など。

(4) 雰囲気：個々のエピソードに即して、あるいは両者の長期的な関係のなかで生まれた力関係や対立・協力の程度、両者の相手に対する態度・認識など。

以上のような諸要因が企業間の相互作用をめぐってどのように関連し合い、またいずれがより基本的な、あるいは構造的な要因となり、それが他の要因にどのように影響するかといった点については、ある程度まで実証的な分析が行われている[32]。

4 取引のネットワークと競争上の地位

相互作用アプローチは、企業間の売買が相互作用のなかで行われていることに注目しているが、これに対して相互作用を通じて形成された顧客関係そのものの競争優位性への貢献を捉え、これを企業間関係のネットワークとして評価する立場がある。

ネットワークの意味や、産業ネットワーク論については次章で詳しくみていくが、わが国でも、「市場にまたがりそれと組織を結びつける第三のものとして『連鎖型組織』を捉え、それが生む効果」を概念化しようとする動き[33]のなかで、「連鎖型組織」としてのネットワークが脚光を浴びた。

ネットワークの見方が企業の戦略ないしマーケティングにとって重要なのは、企業がこのネットワークとの関係において、ミクロ的には他の企業との関係、マクロ的にはネットワーク全体のなかでの地位というかたちで、自らの経済的地位を規定されているからである。そしてここでの企業の地位（ポジション）というのは、ミクロ的には取引の相手方との取引依存度を中心とする関係、マクロ的には産業のなかでの独占度や競争状況、垂直統合の度合などを意味していて[34]、これはポーター（Porter, M.）における戦略的地位（競争上のポジション）の議論に通じている[35]。

他方ここでのネットワーク・モデルは、企業が内部に保有する経営資源には限界があるから、外部の資源を利用するために、顧客関係に投資することが有効だという立場をとっている。これは組織間関係論における"資源依存パースペクティブ"に他ならない[36]。

ところでわれわれは、顧客関係を、組織間関係一般に解消させるような方向での分析に進むつもりはなく、またネットワークという概念に関しても、これを客観的に把握するための工夫がいると考えており、そこでは、わが国の金融取引におけるメインバンクとか協調融資といったような制度化された取引関係がひとつの参考になると考えるが、いまここでいえることは、ネットワークとか相互依存という概念を媒介として、顧客関係というものの、企業戦略に占める重要性が明らかになってくるはずだということである。

　そこで次に顧客関係形成行動の内容についてもう少し突っ込んで検討してみたい。

II　顧客関係行動と企業の戦略

1　産業財マーケティングの進め方

　産業財マーケティングの見地から顧客関係形成のポイントをウエブスターは次のように述べている[37]。

　第1は計画の策定である。これは売上や利益、標的とするマーケット、製品、流通、コミュニケーションなど通常のマーケティング活動と同様の諸要素から成っているが、産業財の場合これら諸要素のもつ意味は相互に密接に関連している。したがって計画は斉合性をもった総合的なものであることが求められる。そしてこの計画は、市場ないし顧客側の諸条件に対してトップから現場まで、これに責任をもつ者が共同して的確に対応することができるような内容でなければならない。

　第2は販売の組織づくりと管理である。これはセールスマンを製品、地域そして取引先別の担当をはっきりさせるかたちで配置すること、そのうえで顧客との関係を維持、促進し、且つその成果を評価することである。重要な取引先に対しては、地域担当のセールス・マネージャーも自ら相手を訪問する必要がある。この場合直接の売り込みの目先の成果よりも、販売組織を挙げて長期的な責任を果たすことが大切である。

第3は顧客との関係形成行為の実行である。これはセールスマンが顧客の購買担当者と接触し、売り込みを図るという一般的な販売活動が基本となるが、セールスマンの相手に対する働きかけが成功するかどうかは、その企業の評判、広告の影響等複雑な要因に左右される。ただ関係形成という観点からみると、相手に対する働きかけ方のタイプとして、話し合いによって売手、買手双方の利益の増進を図るという方式が最も望ましい。大切な質問は、「どうしたら買ってくれるか」ということではなく、「貴社のニーズは何で、それに対して当社は長期的にみてどういうサービスができるか」「どうすれば当社とそのオファーを魅力的なものにすることができるか」ということである。

　第4は顧客に対する協力である。これは第3の関係形成行為の一環をなしているが、概ね三つに分かれる。その1は互恵取引である。これは販売しようとする相手の製品を購入することであり、合理性をもった互恵取引は許容できるが、これが強制的な押しつけ的なものになると独禁法上の問題を生む。その2は顧客の製品の販売に協力することである。ただこれは自社の別の顧客との間に競争を生んだり、従来からの流通経路を混乱させたりする危険もあるが、慎重に行われるならば絶大な効果がある。その3は顧客に対する種々のサービスである。これは技術面での協力やサービス、補修や部品供給のサービス、納期の正確さなどからなり、これらによって、製品本体では達成できない、より大きな差別的優位性を得ることができる。

　以上は顧客関係形成の見地から重視されるべき行為の規範的な記述であるが、このような行動の実態を以下でとりあげる。

2　対顧客相互作用の内容

　産業財を対象に、売手と買手の関係をヨーロッパ各国の企業について調査しているIMPグループ（前出）の調査の一部を紹介したい。

　第1に、供給業者と顧客との相互作用の担い手は人である。顧客関係が進むにつれて人の交流は単に販売部門の間だけでなく、デザイン、品質管理、などの担当者相互間に及んでくる。従って両者の関係の深さは、ある程度まで、そ

第 2 章　顧客関係へのアプローチ　　61

れぞれの顧客関係に投入されるスタッフの数によって知ることができる。フランスの45社を対象に行われた調査において、フランスの顧客（44社）との間で相手企業とのコンタクトをもつスタッフの数は、供給業者側で平均20人であった。この人数は取引の規模や複雑さにもよるので数だけで一概に関係の強弱を評価できないが、中規模以上の企業になると相互に多数の人による接触があることがわかる[38]。

　右のフランス企業45社の顧客（フランス以外の顧客を含む）の相手企業とのコンタクトが相互にどの部門によって行われているかということを、コンタクトの総数のなかの分布状況によってみると、売手としては販売・マーケティング部門が過半を占めるが、買手側では購買部門は全体の2割前後を占めるに過ぎない。これに対し買手の研究開発や製造部門の占めるウェイトの方が高く、これは買手において、これらの部門が顧客関係のなかで重要な役割を果たしていること、そして売手側ではマーケティング部門のスタッフが買手との技術的な交渉にも当たっていることを意味する。また数は少ないが、買手側のマーケティング部門のスタッフが顔を出すこともある。これは顧客関係というものが、買手にとって単なる購買というだけに止まらない広がりをもっていることを示す。そして多くの場合に、双方のトップマネージメントがこの接触に加わっていることも興味深い[39]。

　第2にこれらのスタッフのコンタクトがどのような目的で行われるかということであるが、これを社会的交換という見地からみたときに四つの目的があるとされる。その1は製品、サービスの交換である。これは中心のテーマで売買の対象となる製品やサービスの価格、品質、規模、納期等の諸問題に加え、より幅広い技術的な問題が含まれる。その2は情報の交換である。これは製品、サービスに関連したものと、より一般的なものとを含む。その3は財務関係で、支払条件、融資問題、また国際的関係が絡めば外貨関連のテーマが含まれる。その4は社交的なものである。これはいわゆる接待や表敬訪問で相手をよりよく理解するうえで不可欠とされる[40]。

　これらのなかで、業務上当然行われるコンタクトは特に機会をつくらなくて

も行われるが、情報交換についてはそれだけの目的のために会合を設ける例も多い。これはコンタクトの方式という面での種々のパターンがあることを意味する。

　第3に、顧客関係の中核といってもよい重要性をもつ企業行動として、相手企業に対する適応という問題がある。ここでいう適応（adaptation）とは、内容的には相手の要求、ニーズに対応して、政策的に配慮した何らかの特別の措置をとることを意味する。いちばん単純なのは値段を下げるとか、納期を早めるとか、支払条件を緩和するといったことであるが、長期的な顧客関係との関連においてとりあげられるのは、もう少し永続性があり、あるいは制度化された措置である。これには相手企業のために特別の製品を開発したり、定期的に情報を提供すること、総合的な企業戦略について打ち合わせること、などが含まれる。買手側からの同様な措置の例としてヨーロッパ企業の場合、売手側の生産計画を尊重して、買手が十分な在庫をもつことがあげられている[41]。

　さて顧客関係のなかでの売手、買手の相互作用を通じて、両者の間にどのような成果が生まれるであろうか。ここで期待されているのは取引が拡大し、取引関係が持続し、親近感が増すことである。そこで取引の依存度、継続年数、相手企業に対する親近感などの相互関係について調査が行われたが、これらのさまざまな変数相互間の関係については、それらを統一的に説明することが難しいという結果が示された。そこには恐らくふたつの大きな問題が絡んでいる。ひとつは顧客関係の内容が年と共に変化することである。長期間続いていることは必ずしも良好な関係にあることを意味せず、問題が生まれている場合もある。もうひとつの問題はいわゆる貸しと借り、あるいは力関係のバランスについて企業が相手と異なった考え方をもっていることである。

　西ドイツの企業（供給者）について調べた結果によると、顧客側がいくつかの仕入れソースから平均した買い付けを行っている場合（売手のシェアが20％〜79％のとき）には、取引年数の長期化に応じてシェアが上がる傾向があるが、取引年数5年までは顧客との関係は安定しない。また1社への依存度が80％以上の高さにあるときはオール・オア・ナッシングの選択が行われ、サプライ

ヤーを変える可能性があるので、サプライヤー側の努力なしにはこの関係は持続できないという。つぎに、顧客についての知識は当然のことながら、取引年数が長い方が深くなるが、それが、16年以上というように極めて長いものについては、双方の企業の関係は形式張ったものとなり、むしろ親近感が薄くなっているという[42]。

3　顧客関係への投資とその戦略的意義

　売手と買手の相互依存関係の発展プロセスを概念化したひとつのモデルによると依存関係には五つの段階があるというが、売手と買手の間の関係が十分に発展した状況において、その段階を特徴づけているのは、コミットメント（誓約あるいは自己拘束）である。コミットメントという段階においては、両当事者が関係の継続に対して、明示的ないし暗黙の誓約を行っており、そのことを客観的に示す要素は、①その関係に対して何らかの資源の投入が行われていること、②関係が継続していること、及び③資源投入が一貫した方針のもとに行われていることだとされる。そしてこの関係の継続に対しては、積極、消極両方向からさまざまの力が作用するが、関係そのものから利益が得られるなら、それによって関係をおびやかす危機が乗り越えられるとされる[43]。

　コミットメントの中核を形成する経営資源の投入は、いろいろなかたちで考えることができるが、その重要な要素として前述の相手企業に対する適応（adaptation）がある。これは譲歩、サービス、手直しといった意味を含み、製品、価格、支払い条件など、種々のレベルで相手企業の要求にどのように対応するかという問題として現れる。

　ところで企業の適応行動は、顧客関係というものに対する一種の投資とみることができる。企業の市場への参入行動は見方によればすべて投資であって、投資対象は、人的資本、物的施設、市場に関する知識、情報などの無形資産など多くのものが含まれるが、顧客関係という点からみて重要なのは、目的を特定の顧客に限定した投資である。例えば特定のA社向け製品のために特別の金型を用意し、A社への輸送を専門に行うトラックを購入し、A社への納入品を

収納する倉庫をA社の工場に隣接してつくるといったことである。

　このような投資は、いずれも企業にとって費用の負担を伴う。したがってこれをどこまで行うかは供給側の戦略と深くかかわってくる。これらを直接の関係者の判断に委ねた場合には、消極的対応や企業内の部門間の利害の対立を生みかねない。適応という行動は、とくに戦略的な意味をもつものと意識されないうちに、無意識に行われることがあるが、その場合には、例えば製品の手直しといった顧客の要求は、生産現場でラインの流れを妨げ、生産効率を下げるために、拒否的な反応を生むことが多い[44]。従って、これらを顧客関係という大きな戦略的視点に立って評価し直す必要が起こる。顧客関係というものを企業レベルからとりあげようとする場合には、まず顧客関係を通じて自分が何を達成しようとしているかという目的を明確にし、そのうえに立って特定の顧客の重要性を評価してみなければならない。

　以上を言い換えると、顧客関係への投資というものはふたつの側面からみることができる。すなわちひとつには、顧客関係における発展段階との関連においてである。投資は上述のように、関係に対するコミットメントの中核的な表現である。すなわち特定の取引先との関係における投資は顧客関係の進展に対応してある特定の段階に達すると経営戦略的見地から意識的に行われるようになる。ただその場合でもこれは1回限りのものではなく、顧客関係の発展と呼応しつつ次第に大きなものとなり、累積的に効果を高めていくという側面がある。

　しかし他面において、顧客関係の強さは無限に高まっていくわけではない。一定の段階において安定的な関係が続き、これは相互作用の様式において一種のルーティン化、日常化をもたらす。そうしたなかで、顧客関係が良好な状態を持続するとは限らない。但し厳しい相手の要求に応ずることが、長期的にみれば良好な関係を持続させる結果となることもある[45]。また顧客関係に対する投資には投資―安定―動揺（questioning）―投資という短いサイクルがあり、これを乗り越えながら、より長期の関係が維持されるという見方もある[46]。

　もうひとつは、顧客関係への投資は、投資する企業にとって、より広い各種の投資の一部を形成していることである。すなわちそれはマーケティングへの

投資の一部であり、マーケティングへの投資は更に全体の投資の一部である。例えば販売部門に配置されたセールスマンは、マーケティングのための投資だといってよいが、そのすべてが顧客関係と結びつくわけではない、また広告費は顧客関係に対し側面的に影響することはあっても基本的には顧客関係への直接的な投資ではない。これに対して顧客との打合せのための通信費や出張旅費、接待費などは顧客関係プロパーへの投資であることが多い。もし顧客の要求によって、固定投資面で何らかの配慮を行ったときには、これは顧客関係への投資となる。わが国の企業の場合この点できわめて重要な意味をもつものとして、顧客である企業の発行株式の取得（いわゆる安定株主になること）があげられよう。そしていわゆる株式持ち合いは、文字通り顧客関係におけるコミットメントを端的に表現するものと言ってよい[47]。

その場合に、顧客関係そのものの現在の重要性と投資の規模とが必ずしもマッチしていないことに留意する必要がある。これはひとつには顧客関係と所要投資額とのバランスが、製品の種類や競争状態によって違ったものになることを意味するが、他方では少ない投資に止まっていると他社の攻撃を受け易いとか、将来の布石としては現在の取引規模に比し相対的に大きな投資を行った方がよいなどといった問題がある。これらの観点から顧客関係への投資をどうするかの決定はまさに企業戦略として行われなければならない[48]。

顧客関係というものを企業戦略のレベルからとりあげようとするときに大きな問題になるのは特定の顧客の重要性をどう評価するかということである。すなわち潜在的な顧客を含めた顧客のポートフォリオを管理の対象とする必要がある[49]。このような管理手法と結びついたとき、顧客関係への投資は、企業の競争上の地位を左右する中核的な経営戦略の手段として位置づけられることになるはずである。

III 顧客関係に対する評価

最後に顧客関係重視のマーケティングの問題点等これに対する評価上の若干

のポイントに触れておく。

　第1に、顧客関係重視や顧客関係形成を目的とするマーケティングというものが、これまでのいわゆるマーケティング・ミックス中心のマーケティングの理論や実践にどこまでとってかわるのか、という点では、両者は補完関係にあるといえる。関係的交換と個別的取引を対比して分析してみせたドワイヤらにおいてもそのことははっきりしている[50]。高度に発展した商品経済としての資本主義において、一般的意味での価格メカニズムの力を忘れることは許されないのである。

　第2に、上記のことにも拘わらず、顧客関係とか関係形成行動というものの通用する領域が、ごく狭い、または特殊な部面だけだと考えることは当たっていない。本章で主としてとりあげた産業財マーケティングは、それ自体広大な分野であるが[51]、顧客関係重視の考え方はそれだけではなく、顧客それぞれの重要性いかんによって、常に大きなテーマとなりうる。

　第3に、上記と関連するが、顧客関係はチャネル関係と複雑に絡み合っている。顧客関係を売手と買手の2者の関係を中心にモデル化してしまうと、そこではメーカーとユーザーとの直接的な接触が当然必要で且つ望ましいような印象が与えられるが現実はさほど単純ではない。顧客関係の仲介者として、流通業者が一定の役割を果たす余地があり、そのような意味でのチャネル選択論が不可欠であることはIMPグループの報告からも明らかである[52]。

　そこで、顧客関係とチャネル関係の本質について大きな研究テーマが残されているように思われる。流通チャネルを、チャネル関係として捉えるということは、それを組織とは違う交渉過程を含むものとして捉えることである。この点で先駆的役割を果たした風呂[53]は、そこにおいて経済的な諸力の作用をかなり強く意識しつつ、チャネルメンバー間の交渉というものに注目したことによって、社会システムとしての側面に焦点を当てる方向をとった。

　他方チャネル関係の社会的側面（メーカーが流通業者に対して加える統制力が、市場取引と異なった影響力をもつこと）に注目してチャネル関係を分析する試みはアメリカで多くの業績を生んだが、チャネル関係における対立の制御

という点からみて、満足できる結論に達したとは言い難い。そこでチャネルそのもののあり方を環境との関係で捉える必要が生じ、さまざまの試みを生んだ。[54] しかし、チャネル関係には自立と依存、対立と協調が併存していて単純ではない。

一方で顧客関係は、企業間の関係に影響する要素として取引先特定的な投資と結びつき、それ自体が企業の資産と化している。そして、顧客関係はチャネル関係を含んでいたり、これと重なっていたりする。そこでチャネル関係の分析の枠組みが顧客関係に応用可能だったり、逆にチャネル分析の対象を顧客関係に拡大する必要が生じてくるように思われる。ある程度独立性をもった流通業者はメーカーにとってチャネルであると同時に顧客であり、また流通業者は独自に顧客関係という資産をもっていると考えることもできるのである。これは大きな拡がりをもつテーマであり、ここではこれ以上進むことは避けたいが、例えばドワイヤらの意識の中では顧客関係とチャネル関係は重なっている[55]。

第4にいわゆる関係的マーケティングという把握においては、日本企業のなかに顧客関係をベースに、生産体制までも動かす（そこでの適応を促す）要素、つまり企業内部の経営管理における「関係的管理」が存在することが注目されている。つまり「企業内相互作用」が、企業間相互作用と並んで、関係的マーケティングの大きな要素とされているのである。このことは、企業間相互作用が相手に対する「適応」を含むことから当然導き出されることではあるが、適応力の高さはとくに日本企業の特徴とされている[56]。そしてこのふたつの相互作用の局面を関連づけてみることは、顧客関係重視の企業行動において「適応」が重要な地位を占めているだけに、欠くことのできない重要な視点だと思われる。

第5に、顧客関係への投資、あるいは関係形成型マーケティングは、その参入障壁性のゆえに批判される余地がある。この点はすでにウイリアムソンをはじめとする諸研究によって一般的には批判を免れる可能性が生じたとはいうものの、個々のケースによっては、経済的厚生の見地、競争政策との関連等から問題を指摘されることがありえよう[57]。

第6に、上記とも関連するが、日米経済摩擦のなかで問題が再び表面化し、いわゆる構造協議の対象となっている系列取引や流通をめぐるテーマは、本章のテーマとかなりの程度かかわりをもっている。本章はそのことを直接意識して書かれたものではないが、かかる問題に対しては、何らかの共通の理論的枠組をもって現実を分析する必要があると考えているものとして、このようなアプローチがそのための試みのひとつにはなりうると思っている。本章は大半が海外の論者の見解の紹介であるが、それは「日本的」といわれる企業行動へのアプローチを意図してこのようにまとめられたのであって、それは私にとっては、総合商社の「商権」というものを、顧客関係への投資の資産化行動として位置づけるうえでの予備的な検討でもある。

注
1) この公正取引委員会の調査については拙稿「貿易摩擦と取引慣行」(1987)において紹介している。
2) 同上拙稿参照。
3) IMPグループはInternational Marketing and Purchasing (IMP) Projectの名のもとに、産業財の国際的マーケティング（貿易取引）の実情調査を行ってきたヨーロッパの流通学者たちのグループである．そのメンバーは、フランス、西ドイツ、イタリー、スウェーデン、イギリスの5ケ国からの12名によって構成され、その報告は1981年と82年にまとめられたあと、更にそのデータが分析・利用されている。
4) Hallèn. L. (1986), p.245以下。
5) 取引先を変更させるには経験的に10%の値差が要ることは、Parkinson, S. T. and Barker, M. J. (1986)、p.190に示されているが、これはかなり一般的な通念のようで、前記公取の報告書でも触れている．またこの10%という値は、上記のParkinsonらの書物のCase Historyの項で3〜6%というかたちでその意味するところがくわしく説明されており、これについては前記拙稿 (1987) において解説を加えている。
6) 拙稿 (1988) 247頁以下。
7) Levitt. T. (1986), Chap.6.
8) 上記の章 (Relationship Management) は、*Harvard Business Review*, October '83にLevittが寄稿した論文を再録したものだが、この論文の原タイトルは"After the Sale is over"であった。
9) これはいわゆる機会費用一般の問題だがDwyer, F. R. et al. (1987) はこの意味での長期契約のリスクにふれている。
10) Jackson, B. B.(1985) はこの点を、相互依存的な関係に立つ売手と買手のさまざまなリスク（exposureすなわち危険にさらされている状態）のひとつとして指摘している。すなわちこれはperformance exposureというべきもので、例えば特定のコンピューターに依存したユーザーが、そのコンピューターに関してハード、ソフト両面で満足できなくなるような例があげられている。pp.54-56参照。
11) この点はPorter, M. E. (1980)、訳書175頁がくわしく述べている。

12) アメリカの独禁法（連邦法）は近年、条文及び運用の両面からかなり緩和されたが、州法を含めた全体的な規制状況において、競争の公正さを求める基本的な考え方はさほど変化したとはいえないように思われる。そして競争の公正という要求は、売手と買手がタテに結びつくことに対し、警戒的である。それはヨコの競争に対してマイナスの影響を与えることが多いと考えられているのである。
13) アメリカ企業の購買手続の公開性と、そこにおける価格尊重の考え方については、拙稿（1987）において、日本と対比して述べている。
14) 実際の購買担当者は、供給業者と緊密な関係をもつことの利点を知っていたが、そのことを文献の上で示すことができなかった。そしてこれは購買業務が往々にして、単なる事務的なあるいは手続的な仕事とみなされてきたこととも関係があるとの見方もある。Parkinson et al., *op. cit.*, p.192. ただ近年、売手と買手の密接な関係はプラスに作用するという見解は広まりつつある。
15) この点については第1章注63）参照。なお、新制度派といわれ、自らコモンズの影響下にあることを明言しているのがつぎにあらわれるWilliamson, O. E.である。
16) 原論文としてはWilliamson, O. E. (1979)がある。なおこれは彼が同年に発表した論文のひとつにすぎないが、本書ではこれだけを掲げておく。
17) この点は本書でしばしば引用するヨーロッパのIMPグループの場合も例外ではない。
18) Arndt, J. (1979).
19) Arndt, J. (1983).
20) Dwyer, F. R. et al., (1987).
21) これはDwyerらが指摘していることである．そしてわが国においても交換関係に着目している論者は少なくない。清水猛（1988）はその一例である。それはアメリカからの影響によると共に、わが国の流通実態の影響もあろう。なおマーケティング論における交換パラダイムについては、それが社会交換という「脱経済事象」へと関心を移動させていることを以て、「マーケティング論が一方で相変らずいたずらなる素朴技術論の段階に停滞しながら、他方では驚くべき観念論的抽象体系を志向し、その内容分裂をますます加速しつつあることを象徴しているとも解せられよう」といわれていることは注目に値する。荒川祐吉（1978）、296頁。われわれは観念的抽象化それ自体を目的とするのでなく、現実分析の手がかりを求めていることを忘れてはなるまい。
22) Macneil, L R, (1980). なおMacneilの所説については北山修悟（1989）のなかに、かなり詳細な解説があり参考になる。
23) Arndt, J. (1979).
24) Dwyer, F. R. et al. op. cit.
25) 相互作用という概念は社会学分野ではきわめて一般的なものであるが、ここでは以下のように比較的限定された意味で用いられている。
26) Turnbull, P. W. and Valla J. P. (eds.) (1986), pp.2-3.
27) *Ibid.*
28) *Ibid.*, pp.3-4.
29) *Ibid.*, p.3.
30) Håkansson. H. (ed.) (1982) 参照。
31) Turnbull, P. W. and Valla J.-P. (eds.), *op. cit.* p.6.
32) Arnaud, J.M.et al., (1986)はIMPグループの調査データをもとに変数間の関係を捉えようとした試みである。
33) 宮沢健一（1988）、69頁。
34) Johanson, J. et al. (1988), p.293.
35) 企業の競争上のポジション、あるいは戦略的地位というものが、市場構造を能動的に形成する企業の戦略的行動との関連において、産業組織論上どのような意味をもつかにつ

いては、次のサーベイ論文が大変参考になる。西田稔（1986）。
36) 資源依存パースペクティブの簡明な説明として山倉健嗣（1988）がある．
37) 以下第1から第4までの説明はWebster, F. E. Jr. (1979) の第11章、9章及び3章に依存している。なおここにいう第3の項目は、もとは「影響力を及ぼすプロセス」（Influence Process) としてまとめられ、第4の項目に含められた互恵取引以下の3項目はそれぞれ独立して記載されているが、筆者の立場からこのようにまとめ変えている。
38) Valla, J. P. (1986).
39) Arnaud, J. M. et al. (1986), pp. 293-294.
40) Håkansson(ed.)(1982), pp.16-17.
41) *Ibid.*, p.18.
42) Turnbull et al., *op. cit.*, pp.104-111.
43) Dwyer et al., op. cit., p.19.
44) Håkansson. *op. cit.*, p.18.
45) Turnbull et al., *op. cit.*, p.249.
46) *Ibid.*, p.59.
47) 青木ほか（1986）につぎのような記述があるのは、まさに株式持ち合いがコミットメントにはかならないことを示す。
　小池—……ある種の長期の関係は、銀行と企業の場合にもかなり認められるのでしょうか。青木—必ずしも金融関係でなくても……そういう関係を今後とも続けますよという約束として株を持ち合う。ロドニー・クラークという人が……日本の企業間の株の持ち合いというのは、アメリカのように関係そのものではなくて、「関係の表現」だということを言っているのですけれども、そういう長期のお付合いの一つの表現としてあったという意味が多いのじゃないでしょうか。同書126頁。
48) Turnbull et al., *op. cit.*, pp.279-280.
49) *Ibid.*, pp. 258-260.
50) すべての取引が何らかの意味で関係的であるとはいっても、多くの交換を「実際上個別的なもの」として捉えることは意味がある。また関係的な交換では両者間のコストと利益がセットになっているので、長期的な連合が常に望ましいとは限らない、とドワイヤらは警告している。Dwyer et al., *op. cit.*, p.25.
51) 例えば貿易においては世界貿易の半分以上が産業財によって占められている。
52) Håkansson, *op. cit.*, pp. 337-339.
53) 風呂勉（1968）参照。
54) 石井淳蔵（1983）はそのことを示すと共に、自らも分析の試みを行っている。またGaski (1984) はこの問題についての包括的なサーベイを含んでいる。更にAchrol et al. (1983) はこの問題に大きな示唆を与えている。
55) 言及されている事例、文献共にチャネル関係のものを多く含んでいる。
56) 拙著（1988）250頁以下参照。
57) 顧客関係への投資が参入障壁となるのは、それが「のれん」としての性質をもつからであり、この点ではブランドなどへの投資と共通の性格をもつ。そこでかかる無形の財産に権利を認めることの意味を問わなければ参入障壁の問題は解明できない。この点はDemsetz (1982) が参考になる。また関係的マーケティングの競争政策上の問題点（それは価格、品質等本来製品レベルで行われるべき競争を歪めることにならないかという問題）に対しては、Crosby et. al (1987). が、限られたかたちではあるが検討を行い、批判が必ずしも妥当しないとの結論を示している。

（文献リストは第1部末尾に示す）

第3章
産業ネットワーク論とその射程

　前章では、顧客関係の分析から取引ネットワークをも視野に収めているが、それは企業間関係の全体像からみればひとつの側面をみているにすぎない。そこで企業間関係の原論あるいは総論を求めて、産業ネットワーク論を検討してみたい。

I　産業ネットワークへのアプローチ

1　社会的ネットワークと産業ネットワーク

　まず産業のネットワークとは何かということをはっきりさせるべきであろうが、そのことこそが産業ネットワーク論の実体をなしているのだから、はじめにその定義を与えることは適当ではない。ただ、これは社会的ネットワークのひとつの形態とみなされることによって新しい意義を見出すことになったといえる。

　それでは社会的ネットワークとは何か。これまた答えは容易ではない。社会的ネットワークとは要するに社会的な繋りのことであるから、それは社会のなかにいくらでも見出せるからである。しかもそうした繋りはすでに、何らかの結合要素に即して既成の名称をもつことが多い。例えば、政党とか家族、顧客などはすべて社会的ネットワークのひとつの形態だといえる。そこで問題はなぜこれらを新しく社会的ネットワークと呼ぶ必要があるのかということである。

言い換えれば、社会の構造あるいは社会的な諸関係を分析する場合に社会的ネットワークという側面からこれをみるということの意味が問われねばならない。

　社会的ネットワークという概念を用いることの意義は、大まかにいってふたつの面をもっている。第1は結合関係の広がりが意識されることである。ネットワークを採り上げることによって個別の行為者の行動、あるいはその行動の目標となっている直接の相手との間の関係をこえて、より広いネットワーク全体を意識するようになる。第2は、既成の制度などに影響された理解の仕方にとらわれず結合の内容を客観的に分析しようとする態度が求められることである。そこから例えば結合の強さやネットワークの範囲を客観的に測定する試みが行われる[1]。

　さて産業ネットワークは広義の社会的ネットワークに含まれるが、社会と経済を区別する立場からすれば、これは経済の分野に属する。そこで行為の主体となるものは、個人にせよ企業にせよ最終的には経済的利害によって動かされている。さまざまな社会的関係のなかで個人は、きわめて複雑で捉え難い行動様式をとる可能性があるのに対して、経済主体としての利害はより単純であるとみてよい[2]。但しこのことは、ここでの利害をミクロ経済学が想定するような、市場競争モデルのなかの経済主体と同じものと想定してよいということではない。反対である。行為者は歴史的な経緯に影響され、それぞれが相互に異質な資源をコントロールする主体として現れる。言い換えれば産業ネットワーク論の視点は、社会的分業状況の分析と共通する面をもつ。以下本章が依拠する主要文献などについては注にゆずる[3]。

2　ネットワークとネットワーク・アプローチ

　ネットワークとは広がりをもった概念だが、その全貌を捉えることは難しい。何らかの制度化された仕組みをもつものはまだよいとして、取引のネットワークの全体となるととくに問題が大きい。そこで産業ネットワーク論にとっての大きな問題は、ネットワークを特定の時点、状況のもとでの客観的な実在とし

てみるのか、それとも産業・経済の分析の方法ないし視角として採用するのか、ということである。

　この点を解説してネットワークについてもう少し述べてみると、ネットワークを捉えるには次のようないくつもの視点があるとされる[4]。

　第1はネットワークを関係としてみるものである。そして関係には四つの側面があるという。ひとつは相互的な行動が行われることである。協力もそのひとつに入るが、それはここでの行為者がもともとの意図は別々でも多様なかたちで目標（対象）や行動を共通にする余地があることを意味する。ふたつめは相互依存である。但しこれは固定的なものとは限らない。三つめは結び付きをつくるための何らかの結合手段（bonds）があることである。但しこの内容は特定のものでなくてよいし、強さもいろいろと異なる。四つめは関係に対する投資である。ここで投資とは将来役に立つ資産をつくり、あるいは獲得するためにそこに資源を振り向けるプロセスを意味する。なお関係のもつひとつの性質としてそこには「雰囲気」という問題があるという。関係には協力と対立の緊張関係がつきものだからである。また取引に伴って関係が生まれるためには、交換（社会的交換）と適応というプロセスが不可欠で、適応は上述の「関係への投資」となる。

　ネットワークに対する第2の見方はこれを構造としてみるものである。産業システムのなかで相互依存関係にある複数の企業は、構造的に行動を制約されているはずで、それらは確率モデルのなかで動いているのではない。ネットワーク・モデルでは各企業は相互に異質なものとみられているのである。

　第3の見方として、ネットワークを地位（ポジション）という点からみるものがある。ここで地位というのは、ある組織の他の組織に対する役割である。企業をそのような観点からみるとき、そこには機会と制約条件というふたつの側面が現れるが、企業はこれらのバランスをとっていくことを求められる。企業はそのことを企業間の繋がりのなかで行っているといえる。このポジションの諸側面は、企業の戦略との関係において重要な意味をもつが、その点については後述する。

第4の見方はネットワークをプロセスとしてみるものである。それはネットワークは変化するものであり、そこにネットワークの本質が現れるという立場に立つ。産業システムの調整方式として市場、企業、ネットワークの三つを挙げる立場からみたとき、ネットワークを通ずる調整とはどういうものかが問題になるわけだが、それが市場とも企業とも違う独自のものだということは、ネットワークの変化のプロセスを分析することを通じて示される。ネットワークのなかでの企業間の競争と協力、あるいはネットワークのなかでの技術開発などが、ネットワークをプロセスとみる立場に基づいて分析可能となる。

以上で示したことは、ネットワークという視点が、産業システムの分析手法として極めて有用であることを予想させる。

3　ネットワークの定義

さてネットワークというものが、アプローチの手段として浮かび上がったものだとしても、その定義ができないわけではない。ただそれはアプローチの方法の視点と切り離すことができない。そのような前提でひとまずネットワークの定義をしておくと、次のようなものがある（I. N., pp. 242-43）。

(1)　ふたつまたはそれ以上の交換関係の結び付きのセット（Cook, K. S . and R. Emerson, 1978）
(2)　共通の目標を達成するために行動している諸組織のグループのなかにおける諸関係の全体的なパターン（Van De Ven, A. and D. L. Ferry, 1980）
(3)　結合手段あるいは社会的関係によってゆるやかに結び付いた多数の諸組織（Aldrich, H. E., 1979）

これらの定義にさほどの違いはないようにもみえるが、ネットワークとは組織間の結び付きだけなのか個人間のものも含むか、共通の目標をもつことが要件になるか、結合の要素を交換関係として捉えるかどうか（この交換には社会的交換を含む）などの問題が含まれている。そしてこの違いは、何よりも分析視点の違いを反映している。

例えば石油資源の入手のための石油企業の合弁形態による開発プロジェクト

があるとしよう。これはひとつのネットワークだろうが、ここでの企業間の結び付きの要因は何だろうか。目当てとする石油資源が結合要因だという見方もできるし、共同出資という制度的な形態だともいえるし、株主間での経営責任やリスクの分担の協定、さらには情報交換のような交換関係だということもできる。

　ただ、いずれにしてもこの開発会社への出資者というかたちで問題を捉えれば、その範囲ははっきりしている。しかし他方このプロジェクトの実現のための経済活動に実際に参加し、あるいはこれに影響を与えている企業や人びとのグループというものを別に想定することもできる。そしてその場合には、これがネットワークだとしてもそのメンバーの範囲を確定することは不可能に近い。このようにネットワークは多様な対象とさまざまな分析視点を含んだ概念として登場してくるが、そのことは分析用語をきわめて多彩なものとさせる結果となり、概念が過剰になりすぎるという弊害が生まれている。そこで以下なるべく明確な内容をもった言葉で記述を行っていきたいと考える。

　なお本論で重要な拠りどころとしているIMPグループ[5]は、ネットワークの定義として上記(1)を採用しているが、このグループに属するホカンソン(Håkansson H.)はこれと異なる定義をネットワークに与えている。すなわち「制度的にみたときには互いに独立した行為者のセットで、それらの行う活動あるいはそれらのコントロールする資源が何らかの意味で依存関係をもち、それらの依存関係について行為者間に少なくとも何らかの合意があるものがネットワークである」といっている（I. N., p. 135）。

II　産業ネットワーク論の新段階

　産業ネットワークをめぐる理論、あるいはその分析は質的に多様化し、量的にも飛躍的に増え、内容的に実り多いものになる可能性をもってきたように思われる。

1 産業ネットワーク論の系譜

　産業ネットワーク論の回顧・展望を本格的に行うことは私の手に余るが、予備的に若干これに触れておきたい。

　産業ネットワークを、社会的ネットワークの一部とみる見方からすれば、1969年のミッチェル（Mitchell, J. C.）の論文がひとつの先駆とみなされよう[6]。そしてイギリスのセイヤー（Sayer, A.）らによれば1972年にリチャードソンはエコノミック・ジャーナルの論文で「諸企業がそのもとで相互に関係し合っている協力と連携の濃密なネットワーク」を探求した（Richardson, G., 1972）。これは企業というものを「市場関係の海のなかで計画的な調整を行う島」として捉えていた彼のそれまでの長年の信念を断固拒否して、ネットワークや提携についての現在の見方に対して基準（touch-stone）を与えたものである。同じ年にブロワは完全な吸収合併でないゆるい提携を「準統合」と呼んで注目した（Blois, K., 1972）[7]。

　他方社会学の分野では1977－1978年のクックらの論文が、ネットワークの定義などの点で重要な意味をもっている（Cook, K. S., 1977およびCook, K. S. and R. Emerson,1978）。そして1978年にはマクネイルの関係的交換論が現われ（Macneil, I. 1978）、これはウィリアムソンにも影響を与えた（Williamson, O. E. 1985, p.32, pp.68-73ほか）。また1980年オオウチは組織理論のなかに文化人類学の研究成果を導入して市場と階層組織のほかにクラン（氏族）という組織形態を示した（Ouchi, W. 1980）。そしてこれに先立って、ウィリアムソンは取引費用説に基づいて「市場と階層組織」を分析し、大きな影響を与えることになった（1975年）。

　ところで産業ネットワーク論を、企業間の結合ないし関係についての理論ないし分析というように考えれば、その系譜はドイツの企業集中論やアメリカの産業組織論ないしそれに先立つトラスト批判などにまでさかのぼることができよう。それはわが国でも企業形態論として受け継がれた。また日本では財閥論や中小企業論あるいは商業論や流通機構論のなかにこれらのテーマに関連する種々の理論や分析がある[8]。

従って、分析の対象として、あるいは経済社会運営の担い手のひとつとして、企業の連合体を認めること、あるいは企業の結合関係の形成を企業行動の重要な一部とみることに関しては、産業ネットワーク論の系譜はきわめて豊かなものとなるはずである。そして日本ではその系譜のなかで広義のマルクス経済学が大きな影響を与えている。

日本の経済分析の伝統のなかで生まれ育った企業間結合に関する理論や実証を総括することは私の能力をこえているが、ひとつの問題はそこでの関心事ないしキーワードが経済社会に対する「支配」だったことである。かつてはそれが半封建的な支配であるか、あるいは近代的独占の支配であるかが争われた。また大企業の下請け支配や流通機構支配も大きくとりあげられてきた。

後述するように、産業ネットワークにも企業に対する支配の要素が含まれているが、それは相対的に弱い。そのために、支配面からのアプローチは、産業ネットワークを扱う上では障害になったように思われる。逆に「支配」を疑う近代経済学者のアプローチが、社会的分業論や取引形態論を媒介にして、産業ネットワーク論の一角を形成することになった。そしてわが国において企業間結合の支配力を認めない立場に立つ論者は、はじめのうちは、そこに市場メカニズムが作用していることを主張した。これに対して大企業やその連合体の支配力を認め、あるいは懸念する立場は、そこに独占の存在を予想していたといえる。これは、経済認識において市場力支配説と独占力支配説が対立する構図を生み出していたといってよい。

ところで大企業ないし独占体に対する警戒観は、日本だけに存在するものではなく、むしろアメリカの独占禁止政策にひとつの典型を見出すことができるが、そのアメリカは一面において、独占擁護の理論の構築においても多くの実績をもつ。

そのような意味を担った最も輝かしい業績はチャンドラーによる大企業組織の合理性の主張であった（Chandler, A. 1962, 1977）。この主張はやや遅れるかたちでウィリアムソンが取引費用説に基づいて、経済学的に裏付けた。その説の意味するところを単純化すれば、市場（Market）の失敗（欠陥）に対し

ては、階層組織（Hierarchy）が取って代わることが合理的だということである。そこでは市場（M）と階層組織（H）は二者択一的である。従ってこのような枠組みに従うならば、産業組織のあらゆる形態は、市場的であるか、あるいは組織的であるか、いずれかの基準によって合理化される可能性があるので、そうした方向での説明がかなり広く行われようとした（例えば流通に対する垂直的統合や多国籍企業を組織論的に合理化することが行われてきた）。しかしそれには限界があり、そこに産業ネットワーク論登場の余地が生まれたのだが、そこにもM&Hの二分論は大きな影響力をもっていた。

2 市場でもなく組織でもないもの

　それをネットワークと呼ぶかどうかは別として、産業組織のなかに純粋の市場でもなく、また強固な組織でもない中間領域を認める動きは1970年代頃から徐々に芽ばえ、1980年代以降一大流行をみせている（N. S. E., p.129）。もっともこうした流れは基本的に米英流の経済学とりわけ新古典派の世界に関係づけられて浮上したという一面をもっている。言い換えれば、それはいわゆる近代経済学の主流の近くに位置していたから、影響力が大きかったといえる。しかし理論面からみると新古典派経済学のなかにこの中間領域を位置付けることは困難な課題であった。この困難に対する突破口は取引費用の経済学によって与えられた。それはまず市場に対する組織の存在理由を明らかにした。しかし市場（M）と組織（H）の中間物を認める考え方は、ウィリアムソンの1975年の著作には現れておらず、ただ市場を利用するコストと組織内に生じうる非効率とのバランスのうえに、企業と市場との境界線が引かれると考えられていた。これに対して、日本の研究者で企業集団や下請け組織の存在を念頭に置いていた論者は、直ちにこれらの対象に取引費用説とM&Hの理論の応用を試みた。1975年にはすでに「中間組織」という概念規定が現れている[9]。

　ところで経済学の側から組織を扱うための理論に登場したのは取引であった。これは伝統的な組織理論が、組織の一般理論をつくるのに成功しなかった空白を埋める意味をもっていたが、他方ではこれによって、組織と呼ばれるものの

範囲がきわめて広くなった。そこでは取引のあり方を規定するものが組織だということになるからである。その意味において市場もまた経済組織のひとつである。

こうした考え方によって市場と階層組織が並列的に存在理由を示されるとき、中間的領域はどのように位置づけられるだろうか。市場に欠陥があるとき階層組織がこれにかわって登場するという単純な二分法によるならば、純粋な市場以外のものは階層組織としての性質をもつことになる。中間領域というのは、その一方の、例えば市場の性質がいくらか薄く、他方の性質が入っているようなものなのだろうか。これには逆方向からのアプローチもありえよう。こういう考え方が、市場と組織の相互浸透、準統合などという捉え方を生むことになったとみられるが[10]、この捉え方だけでは企業間の多様な取引関係や資本結合の特徴は捉えきれない。また従来企業間の関係を捉えるために用いられてきた理論的枠組みの意義が薄れたともいいきれない。ウィリアムソン自身も、継続取引における取引特定的投資や関係的な契約という考え方を導入して第3の領域に新たな意味を与えるようになった[11]。そこで、企業間の結合や統合には、支配に基づくものと契約によるものとがある、すなわち経済組織は市場と契約と階層組織という三分類になるともいわれる。ただここでは契約という概念に特殊な意味が与えられているので、これが混乱の原因になる可能性は否定できない[12]。

3 第三の形態としてのネットワーク

ネットワーク論は、以上のような背景のなかから、市場でもなく階層組織でもない第三の経済組織の形態を論ずるための枠組みとして登場した。しかもここでネットワークは単に市場と組織との中間領域として位置づけられるのではなく、独自の論理をもった組織形態として新しい意味を与えられつつある。そのためには市場（M）と組織（H）とネットワーク（N）という三分法ではない、別の捉え方が求められており、その試みも行われている。ただその場合でもM＆Hの理論的枠組みの力は強いのでM、H、Nの三分法でなくてもM、H、

Nを含む別個の分類が採用されるのがふつうである。

次にまず三分法による分析、その後で他の方式を紹介するが、いずれもこれらは取引費用説によるMとHの二分法をベースにするものではない。それによってはじめてネットワーク論として新たな段階を画するものとなったといえる。またこれらはいずれも産業ネットワークをおもな分析対象としている。

(1) 経済組織におけるM. H. N.

市場でもなく組織でもない取引のあり方を独自の経済組織の形態として認めるべきだという主張はパウエルの場合、現実の取引がMとHの中間領域として秩序づけられるような論理的構造をもっていないという認識から出発する。そしてそこにネットワークのようなものが多いとみる。その特徴は、ヨコ形ないし水平型の交換のパターン、相互依存的な資源の流れ、互恵的ないし双方的なコミュニケーションなどにあるという。Nにおけるこれらの特徴を経済組織の類型として、MとHに対比させたとき、表1のようなかたちの比較表ができる。なお、こうした形態的特徴は、現実には必ずしも純粋なかたちでは現われない。

表1 経済組織の分類（パウエルによる）

主要な特徴 ＼ 形態	市場	階層組織	ネットワーク
規範の基礎	契約―財産権	雇用関係	補完的な強さ
コミュニケーションの手段	価格	ルーティン	関係的
紛争解決の方法	自己主張―裁判での決着	行政管理的命令―監督	互恵原則―評判を重視
柔軟性の度合い	高	低	中間
関係者間のコミットメントの量	低	中ないし高	中ないし高
気風・風潮	正確さと懐疑	公式的・官僚的	自由加入・相互利益
行為者の好み・選択	独立	依存	相互依存
諸形態の混在度	反覆取引あり、上下関係を含む契約あり	非公式組織あり、利益センター、移転価格での市場的な性質あり	地位の上下あり、パートナーを多数もつことあり、公式のルールをもつことあり

出所：Powell, W. W. 1990による。

混合的な要素は三つのそれぞれに含まれていることが指摘できる（表の下の方を参照のこと）(Powell, W. W. 1990)[13]。

(2) 経済統治構造の分類とネットワーク

次に各種経済組織の形態は経済活動をgovernする統治の仕組みだと考えて、統治構造（governance structure）の分類の名のもとに、既存の組織形態論を整理し直そうとする試みがある[14]。ここでは単に売り手と買い手の2者間の取引だけでなく、業界団体の結成やリーダー企業による価格先導といった多数企業間の関係までを含んだ多様な企業行動が分析の対象とされ、それらの分類は、社会的コントロールのシステムをふたつの次元で分類するものだとしている。分類基準のひとつは公式の統合の程度の高低であり、その高いものは官僚的管理的組織、低いものははっきりした組織のないもの（市場）となる。もうひとつは相互作用の範囲である。これは2者間の双務的なものと多数者間の多元的なものに分れる。そして前者の統合度による分類において中間に位置するものがネットワークであり、そのうちの2者間のものは義務的ネットワーク、多数者間のものは促進的ネットワークと名づけられる（G. A. E, pp. 13-14, pp. 18-21, pp. 25-27など）。これらのネットワークに属する組織形態については表2を参照

表2 経済統治機構（ガバナンス・メカニズム）分類の一例

公式統合の度合い	相互作用の範囲	
	二者間	多数者間
低：別々の組織構造になっていない	市場	モニタリング（各自の利害を主にしつつ、他者を意識して行動する）
中間：自立しつつ相互に依存している行為者の結び付き	義務を伴うネットワーク 　兵器納入契約 　長期の下請け 　フランチャイズ契約 　内部請負い 　役員派遣 　合弁事業	促進的なネットワーク 　共同行動 　産官学の協力 　研究開発提携 　企業連合（coalitions） 　同族関係のような企業間結合
高：官僚的な上からの管理構造	階層組織	諸団体

出所：G. A. E. p.14により作成、但し一部を省略、一部に解説を加えている。

されたい。

 ところでこの分類では、統合度の高低という表現のもと、NとHの中間領域にNが位置する構図が描かれているが、上述の分類に基づく6つの組織形態は、それぞれ固有の原則ないしルールに基づいて動かされており、ルールを遵守させる手段も各組織類型ごとに違うという。そしてルールの違いは、経済統治の仕組みに対する政府の関与のあり方に関連してくる。この点はネットワーク論を政策面に応用する際に意味をもつことになる。

 次にIMPグループの産業ネットワーク論と経済統治構造論との関係に触れてみたい。IMPグループは、基本的に産業ネットワークを、ごく日常的、普遍的な存在とみているので[15]、M、H、Nの三つの統治構造を分けるという考え方にはややなじまない。しかしMとHは強い理論的基礎をもつモデルとして存在するので産業ネットワークをこれらと比較可能な存在とさせる理論が求められる。

 そこで統治構造論そのものを新たにつくり、M、HとNが連続的に存在するのではない見方を導入している（I. N., pp.240-42）。これはふたつの要素をそれぞれ2種類組み合わせたマトリックスによってつくられる。まず基本的にそれぞれの行為者に影響を与えている外的な力と内的な力があると考える。そして、外的な力はすべての行為者相互間で同じように働く一般的普遍的なものと、特定の当事者の間だけで作用する特定的なものとに分れる。次に内的な力としては、思うように自由に動いてよいのは利害、ある決まった方向だけに作用するのは規範（ノルム）と名付けられる。規範は誰か権限をもった者が定めるかまたは合意によってできる。これらを図示すると表3のようになる。左上の第1のケースは、内的にはノルム、外的には一般的な力によって支配されている。

表3 統治構造分類の新しい考え方

		内部の力として作用するもの	
		規範	利害
外的な力の性質	一般的	文化専門職（1）	市場競争（2）
	特定的	階層組織（3）	ネットワーク（4）

（出所）I. N., p.241による。

この構造は文化という概念に近く、文化は明示的でない規範の集合とみられることが多い。第1のケースにはもうひとつ規範として特定の専門的な振る舞いを約束した専門職業がある。

右上の第2のケースでは、活動は行為者の利害に基づいて行われ、かつ外的な力は特定の他の行為者のチャネルを経ないで作用する。これは市場競争モデルに当たる。

左下の第3のケースでは内部で規範が支配し、外的には特定のチャネルが作用している。これは階層組織に対応している。そこでは中央の権力が決定する共通の規範が支配し、種々の活動は特定のパターンによって相互に関連づけられている。

右下の第4のケースはネットワークである。多数の行為者の利害が活動を支配し、しかも行為者と他の特定の行為者の間で外的な力が特定のチャネルを通じて作用するようになっている。

以上の分類はまだ完成されたものではないが、これでみると、NはMとHの同一平面上の中間にあるのではなく、それ自体全く違ったユニークなものだということがわかる。そしてこれはネットワークが利用されるのに適した経済の構造あるいは課題というものを示唆している（後述Ⅵ-3参照）。

Ⅲ 産業ネットワーク分析の基礎
　　―IMPグループの研究を中心に―

産業ネットワーク論が今日注目すべき段階に入ったと私が考えるのは、単にネットワークの存在を認知し、合理化するだけでなく、それらを客観的に分析するための枠組みがつくられつつあるからである。その作業においてIMPグループは先駆的役割を果たしているとみられるので、その研究によりつつ、産業ネットワーク分析の基礎的な考え方を紹介してみたい。

1　ネットワークとその構成要素

　ネットワークの構成要素としては三つのものがあげられる。第1は行為者、第2は活動、第3は資源である。行為者とは活動を行い、資源をコントロールする主体であり、個人、個人のグループ、企業、企業の一部、企業のグループなどがいずれも行為者になりうる。活動とは行為者が資源に対して行う働きかけを意味する。それは資源の変換と移転に大別される。資源とは行為者によってコントロールされ、変換と移転の対象とされるものである（I. N. pp.28-33）。以上のような分析枠組みは、きわめて一般的なかたちで考えられているが、行為者を企業とすれば、活動は生産や販売である。企業の眼からみた資源としては、原材料、技術、製品、金融の諸手段、人的資源、さまざまな関係のネットワークへのアクセスなどがある（I. N., p.140）。

　これらの諸要素をネットワークとの関連においてみたとき重要なことは、これらが直接的なコントロールの範囲をこえて相互に関連し合っていることである。ある企業がコントロールしている資源（例えば技術）が、他の企業にとっても重要な関心の対象であったり、ある企業の活動（例えば新製品の開発）が他の企業の活動内容に影響を及ぼすというように、これらの要素相互間の関連がネットワークに影響する。

　このような関連の下で行為者の行動原理を予め想定することは適当ではなく、むしろ具体的に行為者の行動をみていくための分析枠組みをもつことが課題とされる。その場合ネットワークの三つの構成要素は相互に関係し合いつつ全体のネットワークのなかに組み込まれている。そしてこれらの要素の動きに影響を与える要因としては次のようなものがあるとされる（I. N., p. 34）。

(1)　機能的相互依存：資源はそれぞれ異質であり、需要も異質である。それらを結びつけるために三つの要素は相互に依存しつつ、ひとつのシステムをつくっている。
(2)　パワーの構造：行為者間にパワーの違いに基づく諸関係が存在する。
(3)　知識の構造：行為者の過去からの体験や知識が活動や資源利用の仕方に影響する。

(4) 歴史的につくられた依存関係：ネットワークはさまざま歴史の積み重ねのうえにつくられている。従って変化は少しずつしか起こらない（I. N., p.35以下参照）。

2　関係の諸側面

　ネットワーク論におけるひとつの問題は、ネットワークの範囲をどう規定するかということであるが、ネットワーク分析を単純化するには2者間ないし小集団における直接的な結び付きを採り上げてみる方が都合がよい。そこでこれらにおいてどのようなタイプの関係が含まれているかを検討する。

(1) 取引関係

　企業が取引を通じてどのように結びついているかということを調査し、そこにおける企業間の関係（供給業者と顧客との関係、単に顧客関係といってもよい）を分析するためのひとつの枠組みは、次のようなものだ。すなわち各行為者について、それぞれ供給業者あるいは顧客ないし中間業者としての役割を固定したうえで、その取引先との関係（依存関係）がどのようにつくられ、あるいは変更されるかということを、関係そのものが、プラス（positive）かマイナス（negative）かという指標によって分析するのである。ここでは、とくにA、B、Cという三者関係を意識したときに、AとBの関係がプラスならAとCの関係はマイナスになりうる（BとCが競争関係にあるとき）というようにみていく。もうひとつ上記の役割の固定性を外して、より戦略的に取引関係が選択されていく状況を分析する方法も提案されている。そこではひとつの関係形成によって別の企業間の関係が断たれたり、飛び越されたりするなどの種々のケースが示される。われわれはこうしたケースに該当するさまざまな事例を、日本の流通面の動向のなかに無数に見出すことができる。そしてそれらを分析する枠組みも、これまで自然につくられてきたといえる。ただ取引関係を客観的に分析するためには、その関係のもつ性質を整理してみることが望まれる。そのためのひとつの提案がここに含まれているといえよう。

86　　第Ⅰ部　　日本の企業間関係

　取引関係分析においてさらに基礎的でかつ重要なテーマは、ここに非経済的交換の要素を組み入れることが可能であり、かつ必要でもあるということである。それは交換関係というものは、そこに厳密な意味での経済的な内容が含まれていなくても成り立つという考え方による。すなわち長期的な観点からみて相互に利益になるような要素であって、それ自体は経済的とはいえないような結合手段がある。例えば技術、知識、事業計画、あるいは社会的な関係ないし法律的な結び付きなどが経済的な結び付きに伴ってネットワークのなかに入り込んでくる（I. N., p. 66）。

　交換関係において重要なのは相互性であり、これと対比されるのが競争であるが、これらとの関連においてネットワークの状況を表す概念として「雰囲気」というものがとりあげられる（I. N., p.69以下）。「雰囲気」を構成する要素は四つに分けられる。第1はパワーつまり行為者のもっている資源や能力など、第2は行為者間の距離(依存度)、第3は相互の期待、第4は行為者相互の関係が協力的か対立的かあるいは共存関係にあるかということ。これらの要素はある程度客観的に把握できよう。ネットワークの「雰囲気」を図で示す試みも行われている[16]（図1参照）。

(2)　協調関係

　企業が相互に取引関係をもたないか、ないしは本来もつ必要がない場合で

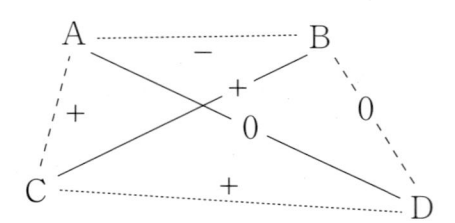

図1　小規模なネットの雰囲気の分析例

```
      A ·········· − ·········· B
       \ +      +    /
        \    ×     / 0
       + \  /  \  / 0
          \/    \/
          /\    /\
         /  \  /  \
        C ········ + ········ D
```

(注) 協力は＋、対立は−、共存は0で示す。実線は取引関係、線の長短は関係の近さを示す。点線は同業者関係、破線は取引の可能性を示す。
(出所) I. N., p.82による、但し一部を説明によって補っている。

あって、しかも協力関係がある場合を協調関係と呼んでおく。言い換えれば、競争者ないし潜在的競争者間の協力である。ここで協力とは当事者が共通の目標となる対象をもち、それに依存していることである（I. N., p.76）。なお売り手と買い手の関係は経済的意味では対立関係を含んでいる（ゼロサム的でありうる）が、他の面で協力的になりうる（例えば技術開発）というように、広い意味では協調関係をもちうるが、ここでは除かれる（前記取引関係になる）。

　競争関係にある当事者間の結び付きで、協調関係といわれるもののひとつには例えば共通のプロジェクトのなかで一方は市場確保を求め、もう一方は技術の向上を目ざすというようにそれぞれ異なった目標を追求している場合、ほかには例えば業界団体を通じて同業者が共通の利益のために陳情する場合などが含まれる。

　競争者による協調は（独禁法上の問題を別にして）形態面では次のように分類される（I. N., p.77）。

　A　公式のもの
　　Aa（二者関係）株式所有、役員兼任、公式の諸交換関係、下請け制、互恵取引
　　Ab（共同活動）生産、調達、研究開発、（販売）促進活動、出資などを共同で行うこと
　　Ac（第三者への投資）合弁事業、業界団体
　B　非公式のもの
　　Ba　人びとの交流
　　Bb　情報交換
　　Bc　社会的な諸規範に従うこと

　こうした諸形態を通じて協調関係をもつことは、競争関係にない当事者間でも可能だが、取引関係によって結び付いていれば、これらの形態を用いるまでもなく自然発生的に協調関係はできるはずだから、これらのかたちをつくることの意味は薄いだろうと考えることができる（但し日本では取引関係と上記の形態が併存していることが多い）。

(3) ネットワークの広がりと進化

　ネットワークという概念は多数の当事者の結び付きを予想させる。従って単に少数者間の関係ではなく、より広いネットワークの総体をどう捉えるかということが問題である。しかももうひとつ重要なことは、特定の行為者の特定の行動というものが、単にあるひとつのネットワークに属しているだけでなく、多数のネットワークに関係しているということである。ある企業が生産量を増加させるという決定は、原料の手当、設備の増強、販売政策など多くのネットワークのなかでの活動に依存することになる。

　このネットワーク観は、取引関係を中心に、そこでの相互依存関係を意識してつくられているが、ネットワークには、これとは異なったものがありうることは、前述の協調関係の例からも明らかである。その場合には、メンバーの範囲が明確な、制度化された集団もありうる。また取引関係に基づいて、その関係を強固にしようとして制度化が図られることもあろう。そして結合関係を強める動きは一般に統合と呼ぶことができ、ネットワークと統合の関係は組織形態に即して論じられることが多い。

　ネットワークがその内部の行為者の行動によって変化するパターンは、ふたつの異なった様相を示す。ひとつは構造化と階層化であり、もうひとつは異質化と脱出である（I. N., pp.136-39）。

　ネットワークの結びつきなかでパワーの集中化が生じてくると、パワーを失いかねない行為者は既存のネットワークを離脱しようとする。そしてこれらを背後で動かすのは次に述べるように経済活動を調整し、資源を動員するプロセスだといえる。

IV　産業ネットワークの形態と機能

　産業ネットワークは特定の形態や機能をもつだろうか。これは論者によって意見を異にするテーマである。

1 ネットワーク組織の形態論と限界

　ネットワークとは、それ自体としては独立の行為者が、対等の立場でルーズなかたちで結び付いたもので、それらの結び付きを支配しているのは、信頼と協力の関係である、というような理解がかなり一般的に行われているが、組織としての結合の強弱、組織の形態は多様である。ネットワーク的な結び付きの例としては、日本のいわゆる下請けなどを含む外注先との取引関係や、生産委託、共同生産などの企業間提携があげられる。またこれとは別に情報ネットワークの見地から、メーカーと卸・小売業者との間のコンピューターを使った受発注システムがネットワーク組織の具体例としてあげられることも多い[17]。これらではいずれも企業間の結び付きを契約その他の面からひとつの組織形態として捉えることが可能である。さきに紹介した経済統治機構の分類（表2参照）においても、義務を伴うネットワークとは何らかの契約ないし協定に基づくものとみられている。

　国際経営論や流通機構論はネットワーク形態の研究に満ちている。また特定の形態のネットワークを選んで分析の対象とする試みもある。例えば役員兼任（interlocking）の研究はその例である[18]。ただこれらの研究を、より広い視野のもと、より客観的な文脈のなかに置いてみるためには、特定の形態にこだわらないかたちの検討がまず求められるといえよう。IMPグループは，ネットワークというものが、広くどこにでもあるものとみている。

2 産業組織におけるネットワークの意義

　ネットワークアプローチのもとでは、産業組織はその産業をリードする複数の企業のネットワークからできているとされる。産業ネットワークは、そのなかの企業間の相互作用を通じて経済活動を調整し、同時にその支配下にある資源を動員しながら変化を遂げている。それが経済発展の現実である。そしてこの調整と動員とは統合という方法を通じて行われる。調整と動員という作用は統合という過程のなかで具体化されていくと言ってもよい。ここで統合というのは「ひとつにする」すなわち一体性を与えるということである。ネットワー

クは，企業の内部組織のような階層的なかたちを示さないままで，経済活動の方向付けに関わっているといえる。

　さて産業組織の中で、市場は分権的でバラバラの経済主体からなるとされる。その経済が見えざる手によって導かれるというのは、競争とインセンティブの仕組みが働いていることを意味するが、方向付けはみえない。他方ヒト、カネ、モノを組織の中に統合して目的を達する仕組みをもっているのが企業である。企業はいわゆる見える手によって経済を動かす。前出の表2において公式統合の度合いの低いものが市場、高いものが階層組織であるとされることは、産業組織の中に統合度の点で対照的な2つの存在があることを示しているが、両者の関係はここには示されない。そして、われわれが市場でも組織でもないものとしてネットワークが存在すると主張してきたのは、まさに上記のように、階層組織とはいえない関係に注目するからである。

　その場合、ネットワーク・アプローチを唱える論者が、公式の法的な統合の形式に余り重きを置かないことは、組織形態分類の面からいえば、分類の基準を曖昧にするという欠点をもつが、ネットワークと統合の関係について、前提を置かずに客観的に分析するためにはあえて通らねばならない道だともいえる。例えば完全支配（ないし過半数支配）の子会社は、公式の統合という面からいえば階層組織に属する。しかし海外の企業を買収したような場合、被買収企業に経営上の自主性を与える例も多い。逆に何ら資本的支配を行っていない下請け先を執行面ではほぼ完全に統合していることもある。公式の組織（例えば所有関係）にはそれなりに重要な意味があるから、これを無視してはならないが、逆に、資本的支配がない場合は、相互の立場は完全に自由独立だとみるのは当たっていない。このことはネットワークの機能というテーマと関連している。

3　ネットワークの機能

　産業ネットワークの機能を論ずることは難しい。後に述べるように、ネットワーク型の産業組織がすぐれたパフォーマンスを示したという評価はかなり一般的であり、規模の経済性や範囲の経済性に対して連結の経済性を主張する立

場もある[19]。そしてネットワークを特定の組織形態としてみるにせよ、より日常的な企業間の繋がりとみるにせよ、それらが経済活動の仕組みのなかに組み込まれており、経済活動を現実にあるようなかたちで遂行させるうえで、何らかの働きをしていることは確かである。しかも企業は競争のなかに置かれれば、競争力の向上を目ざしてネットワークを利用するはずであるから、その意味でプラスの作用があるとみてよい。産業組織はネットワークのかたちをとった企業間の関係のなかで相互作用を通じて経済活動を調整し、また統合という手段を通じて調整力を高め、かつ各企業のもっている資源の動員を図っているという見方ができるから、その意味でネットワークは大きな働きをしているといえる。

　しかしIMPグループの論者は、ネットワークというものが客観的に何らかの機能を果たしているとみるのは正しくないという。

　それはネットワークの形態と作用が多様で一般論を用いえないことによるとともに、例えばそれが逆機能をもつことがありうるからだ。ネットワークにおける統合の動きについてみると、確かに効率化と有効なコントロールを求めて統合の範囲が拡大されるという一面がある。しかし拡大のプロセスが続けば、やがて組織としての複雑性や硬直化の問題に直面する可能性があることは、ネットワーク組織も階層組織も余り変らないといえるだろう。

　これに関連してネットワークにおける統合の効果に触れておきたい（I. N., pp.110-124参照）。ネットワークの特徴的な性質としては、統合が支配関係でなく信頼関係によって成立していること、およびそこに排他性があること、があげられている。

　そしてここにいう信頼とは道徳的な善悪とは別なもので、いわば短期的に不利な扱いを受けても長期的な利益を信じて関係を維持している状態であり、利害関係がベースになる。そこでネットワークのなかで統合が進むと、統合の内部の相手が優先され、その外部の相手との間に差別が生ずるなど、ネットワークの閉鎖性を高めることになるであろう。ただこのことは、いわば組織化に固有の性質であって、そのこと自体は統合のもとでは不可避である。ただネット

ワーク分析の立場からすれば、統合の効果が産業ネットワークのどの面にどのように及んでいるかを具体的にみることが産業ネットワークの参入障壁性を論ずる場合の重要なポイントとなる。

V 産業ネットワークと経営戦略

　産業ネットワーク論はさまざまな応用分野をもっているが、大別するとミクロ的には企業の経営戦略論に、マクロ的には各国経済の統治構造（広くは経済体制）の分析に有力な武器を与えている。以下本節で前者を、次節で後者を概観する。

1　企業の市場戦略とネットワーク

　産業ネットワークに対する本格的研究で先んじているのはスウェーデンだが、その端初となったのは国際マーケティングにおけるIMPグループの取り組みであった。外国市場への参入を果たすには、企業間の売買関係に入り込んで行く必要があるという認識から、顧客関係についての研究がはじまり、そのなかでネットワークを通ずる調整過程というものが認識されるようになったのである。
　そのことは不特定多数の消費者を相手とする従来の消費財マーケティング論における市場観と全く異なった市場観に道を拓くものであった。これは顔のない人びとからなる市場ではなく、顔をもった一人ひとりの相手との関係を意識することによってイメージされる市場である。
　しかし企業がネットワークのなかで活動しているという状況は、とくにアメリカでは、理論的に、あるいは政策的に認めたくないことだったのかもしれない[20]。とはいえ、アメリカの産業財マーケティング論やマーケティング・チャネル論においては、ネットワーク論とベースを共通にする問題意識があったのであるが、これらはやや特殊な領域のテーマとして扱われてきたといえる。またいわゆる情報ネットワーク論も、別の意味で企業戦略のなかのごく一部の現実を扱うに止まっていたのではなかろうか。

これに対して産業ネットワーク論は、企業活動の全体が種々のネットワークのなかに置かれ、そのなかの重要なものは、事業の根幹を支えているという認識に立ち、そのことを分析する手法と、それに基づく企業のビジョンを明らかにした。これによって企業のみている現実の市場観にきわめて近い現実的な企業間関係の分析方法が開拓され、戦略論もそれをベースに組み立てられるようになった。そしてこれがまずヨーロッパでおこり、日本では私が商社論に応用することになった。ヨーロッパと日本にはネットワークを重視させるような現実的背景があったといえるかもしれない。

2　戦略の出発点及び目標としてのネットワーク上の地位

　ネットワークのなかで各行為者はそれぞれの地位（ポジション）をもっている[21]。それは交換関係のなかで各行為者が置かれた立場を示している。ネットワークの構造のなかでの各行為者の地位は単に取引の直接の相手との関係によって規定されるにとどまらず、より間接的な関係によっても規定されている。そこで特定の行為者の地位は、自分自身及び直接の取引先、さらにはそれら以外の第三者の活動によって変化する。

　戦略的行為とはネットワークのなかの地位を変化させることである。地位はなぜ重要なのだろうか。ソレリは、地位とはネットワークをつくりだし、あるいはこれに影響を与えるパワーのあり方（location）のことだという（Thorelli, H. B., 1986）。そしてある特定のネットワークのなかで企業が占める地位が決まるのには少なくとも以下の三つの重要な要因が作用しているという。すなわちひとつはその企業の中心の事業（ドメイン）、これによって社会的分業のなかでの役割が示される。ふたつ目は焦点のネットワーク以外の種々のネットワークのなかでのその企業の地位。三つ目は焦点のネットワークのなかで他の参加者に対してその企業がもっているパワー。このように、地位はまさにパワーそのものと同様に、もともと関係的、相対論的な概念だとソレリはいう。ネットワークをめぐる企業の戦略目標は主要なネットワークにおいて地位を強化することにあるが、同時に少ない投資によって維持される弱い結び付き

のなかで情報を得るといった行動も戦略的意味をもつ。

3 戦略手段としての顧客関係への投資

　ネットワーク上の地位の変化を目的として企業が戦略的行動をとるとはどういうことか。このテーマには、ネットワーク、あるいは交換関係の内容に対する理解が欠かせない。ネットワークにおける依存関係は、行為者が支配する資源とりわけ物的資源の間にまず存在するが、これはいわば客観的な依存関係である。これに対してポジションが絡む相互関係のなかには、行為者の意図やその解釈のレベルでのいわば主観的なものがある。この主観的関係は、関係の長期化につれて重要性を増すであろう。

　関係がこのようなものであるならば、企業の戦略的行動はこの主観的要素を抜きにしてはありえない。その場合ネットワークにおける地位は第三者の行動によっても変化する可能性があるので、自分にとって好ましくない変化を阻むことも重要な戦略である。従って例えば新たな競争者の出現や競争者の新規投資によって、自己の地位が脅かされないようにするためには、客観的な対抗措置だけでなく、新たな状況に対する自分の側の方針を明らかにしてネットワーク内の理解を得ることにより、関係の維持、強化を図ることが何よりも必要になる。

　本章Ⅰ－2でみたように、関係が生まれるのには四つの要素があるとされる。第1は相互のオリエンテーションすなわち相手と関係をもつことへの準備や期待である。第2は相互依存、第3は何らかの結合手段（bonds）、そして第4に位置するのが関係に対する投資である。ヨハンソンらによればここでの「投資とは将来利用されうる諸資産を創造、建設または取得する目的で諸資源を、それに振り向ける過程である」（Johanson, J. and L. -G. Mattsson, 1986）。そしてここでの投資は特定の関係への投資である。その投資の見返りには、現在の取引の効果を高め、知識を豊富にし、他の関係者へのコントロールを可能にさせることなどが含まれる。この投資には特定の顧客向けの製品用の機械の購入といった通常の意味の投資（いわゆるハードな投資）はすべて入っているが、

より多くの場合において、ここでの資源とは、人びとやその時間のことである。それらを将来のために使うことによっていわばソフトな投資が行われる。それにはパートナーについての知識の習得や良好な社会的関係をつくるための時間も含まれる。ある意味では、現在の交換に直接必要なもの以上の資源を使うことはすべて投資だといえる。従って投資と繰り返し投入されるコストとを区別することは難しい（I. N., pp.13-14）。

　他方特定の関係に対する投資とそうでない投資とを区別することも容易ではない。しかも関係に対する投資として意味をもつのは、単に直接に特定の取引先に対する効果を狙った投資だけではない。間接的な効果もありうる。名声とか評判も、特定の相手に効果を発揮するかもしれない。たまたま特定の事業を共同して行った相手同士がそれぞれ相手の仕事ぶりを高く評価して以後関係強化に向かうといった例があるし、反対の例もありうる。

　このように関係に対する投資という概念には厳密な数字的分析を行うことが難しい面があるが、上記のような性質の支出は企業が日常的に行っており、しかも企業はこれらを単なるコスト（つまり現在の生産あるいは流通活動のための支出あるい空費）とはみていないはずである。

　さて以上のように把握された関係への投資はネットワーク上の地位の形成、変動と密接な関係をもってくる。つまりここでの地位は投資の目的としての資産に他ならない。交換関係は時間をかけてつくられていくものであり、そのプロセスは関係への投資のプロセスとみることができる。そしてネットワーク上の地位は投資によってもたらされたものである。その地位は交換関係を形成、維持、発展させるために資源の利用を積み重ねてはじめてできたのだ。そしてそれぞれのネットワーク上の地位の相互関係のなかで経済活動が営まれていき、その地位の状況が将来の企業活動のベースにもなるのであるが、交換関係の将来に向けての企業の資源利用こそが、関係への投資として、交換関係にインパクトを与えていくのである。

4 経営戦略論へのネットワーク論の適用例

　IMPグループの産業ネットワーク論は具体的適用例を国際マーケティング論に見出し、さらに企業の技術開発面にもうひとつの重要な適用例をもっている。前者は新たに取引ネットワークをつくり出すプロセスを対象にしてネットワーク論が現実分析に豊かな実りをもたらすことを実証しつつある。

　私はネットワーク論の分析手法を部分的に日本の商社の商権の分析に応用した。商権の形成、維持は、疑いもなくネットワークを意識して行われている。そして商権形成戦略はネットワーク上の地位を求める顧客関係への投資を通じて遂行されている[22]。

　ネットワーク論のビジョンがどれだけ現実への適用において有効であるかは、産業・企業をめぐる状況によって違うかもしれない。ただ、日本において、あるいは外国においても、企業がお互いにバラバラのかたちで一回ごとに競争的な市場で相手を選ぶという市場競争モデル、あるいは独占企業が圧倒的な支配力をもって市場を思うままに制圧するという独占資本主義のモデルなどの既存の枠組みが現実的とは思えない部面が多い。そうだとすると産業ネットワーク論は企業戦略論と、よりマクロ的な経済体制論とを繋ぐ役目を果たしうるのではなかろうか。次によりマクロ的な側面をみることにしたい。

VI 経済統治システムとしてのネットワーク型産業体制

1 注目されるネットワーク型産業組織

　産業ネットワークが注目されるようになった要因として日本の経済システムが内外の強い関心を集めたことがあげられる。前述のように日本の学者がいわゆる中間組織論を唱えたことは、その端緒となったが、より明確なかたちでネットワーク型産業組織の重要性を唱えたものとして今井賢一「ネットワーク型産業組織」（1984年）がある。このネットワーク論は、中間組織論や市場と組織の相互浸透という認識に基礎づけられており、また、ネットワークそのものの分析のための理論は情報ネットワーク論として示されている。それらは産

業ネットワークそのものの分析としては端緒的なものだが[23]、分析対象としてネットワーク型の産業組織というものをとりあげ、その重要性に眼を開かせたことは重要な意義がある。さらにそこから日本型の産業システムとアメリカ型との違いが指摘され、アメリカ型が普遍的、日本型が特殊というよくありがちな見方は誤っており、いわば両方共特殊だと主張されたことは注目に値する（今井賢一1986）。

ところでネットワーク型産業組織の存在が指摘される場合に、大別してふたつの側面がある。ひとつは多くの企業が相互に取引を中心とする依存関係をもっていることを重視すべきだという主張である。これは産業ネットワーク論の中核をなすもので、そういう見地からするとき、産業ネットワークはどの国についても認められる。ただその状況は国ごとに違いがある。関係のなかでの調整に、より大きな比重を置いて経済が運営されている場合にそれをネットワーク型産業組織と呼ぶことができる。もうひとつの主張は、ある場合に大企業が内部化した多数の部門のなかで行っていることを、別の国や地域では、専門化した中小企業が企業間の分業を通じて行っているというように、産業組織上の違いがあるという認識である。この後者のような専門化した多数の企業の協力による生産システムをネットワーク型と呼ぶのである。以上のふたつの側面は無関係ではないが、理論的な背景や関心の的が違っているので産業ネットワークに対する評価も違ったものとなる。

2　ポスト・フォーディズムの分業体制

日本のネットワーク型産業組織が脚光を浴びるようになったのは、それが伸縮的な分業体制として効率をあげているとの国際的認識が高まったことによる。確かに日本の行き方は高品質の多様な製品を、開発から製品化まで短期間に生産する多品種少量生産方式を可能にさせた。そして品質優位と製品の不断の変化を実現すべき新しい生産体制の必要性は、第2の産業分水嶺（ピオーレ／セーベル）などと呼ばれるが、そこではコンピューターの利用による伸縮的な多品種少量生産、そのもとでの専門化した中小企業の役割が注目された（サー

ド・イタリー、シリコンバレーなど)[24]。そのような海外での認識の流れのなかでレギュラシオン派は日本の生産体制に高い評価を与え、日本において従来のフォード主義的な大量生産方式に代わる新しいポスト・フォード主義が実現されたと評価されるようになったのである。

レギュラシオン・アプローチに基づく日本経済論は、マーチン・ケニーとリチャード・フロリダに受け継がれ、トヨティズムからフジツーイズムに至る一連の日本的生産・労働方式の現代的意義を高く評価する見解を生み出した[25]。これは1990年度の経済白書の記述と驚くほどよく似ているという。そしてとくにこれらの見解が注目されるのは、日本的な生産・労働体制が普遍性をもつゆえに海外への輸出が可能だとしていることである。

日本的経営さらには日本的な外注システム（JITシステム）の海外での適用については理論的、実証的研究が急速に増えており、これらをフォローすることは、それだけでも大きな仕事になるので、しばらくおくとして、ここでの課題は、企業内システムと企業間システムを区別して論じなければならないことである。これらは関連性をもってはいるが次元を異にしている。そして産業ネットワーク論はこの後者（企業間システム）の解明に有力な手がかりを与えてくれるはずである。

日本の自動車や電機企業の外注依存度が高く、しかも外注先に中小企業が多いことは、日本の分業体制の大きな特色となっているが、ここでの発注元（親企業）と外注先（広義の下請け企業）との関係が日本の効率的な生産システムの重要な要素となっている。ここには統合と自立をめぐる複雑なテーマが隠されているはずである。日本には最近アメリカの研究開発能力を見直す動きがあり、これと並行してシリコンバレーとかサード・イタリーといった特定の地域や産業内部での企業間の結び付きが注目されているわけであるが、企業のネットワークが全体としてまとまった力を発揮するためには、統合ないし動員のシステムが不可欠である。

フロリダ／ケニーはシリコンバレーにおいては、研究開発と製造のつながりが薄く、各企業がバラバラに短期利益重視の行動をしているので、いわば産業

の断片化（fragmentation）が生じているという（Florida, R. and M. Kenny. 1990）。これはネットワーク型の産業組織ができにくい要因がアメリカにあることを示すといえよう。ネットワークというものは、社会のなかに多かれ少なかれ存在するものではあるが、それがどのような役割を果たしているかは国ごとに、また時代によって変わってくるといえる。そしてこのようなネットワークの役割の違いは、これを実証的に示すことは容易でないにしても、理論的に概念化することが可能であり、必要でもあろう。

3　経済統治体制の状況適合性と変化の要因

　ネットワークの存在が普遍的なものだとすれば、その役割を経済システムの中でどう評価するかということはデリケートな問題になる。産業ネットワークの理論的検討を進めているIMPグループの論者は、ネットワークに特定の機能を認めない考え方が強いが、そのなかにもネットワーク組織を市場や階層組織と対比してガバナンス構造のタイプのひとつとして位置づける考え方があることは前述した（表3）。これとの関連において、それぞれのガバナンス構造の状況への適合性について検討がなされている。それによると市場メカニズムに委せることが適しているのは、行為者の活動に特定の相互依存関係が生まれる可能性がないときである。他方システム内の変化が小さいときや、きわめて少ない数の限られた特定の相互依存関係があるだけだというときには、規範によって動くシステムが良いであろう。

　これに対して、ネットワークは、活動の相互依存関係が強く同時にこの関係が特定的ではあるが変化する状況に適している。ネットワークの構造はダイナミックにかつ不断につくり変えられている。ネットワークは、市場や階層組織ほど安定していないが、以上のような意味で独自の存在理由をもつ。この見方は、ネットワークが普遍的にみられるなかでも、その存在が事業環境に対し適合的な状況を、より的確に示そうとするものである。このような問題意識に応えるかのように、キャンベルらの著書（G. A. E.）では次のような研究を行っている。すなわちガバナンス・メカニズムの組み合わせとしてのガバナン

ス・レジームをとりあげ、その変化を跡づけて、変化要因を明らかにすることである。ここでのガバナンス・メカニズムとしては多くのネットワーク的組織形態の存在を認めたうえで、それらが種々の産業のなかでどのように現れ、また変化したかが具体的に論じられている。

　ここでのネットワークは、IMPグループの場合ほど普遍的なものとしてでなく、特定の公式の形態をもったものだけが対象となっている。しかし行為者としての企業が特定のガバナンス・メカニズムを選んだ要因を検討することによって、しかもその場合単に売買の相手との2者関係だけでなく、多数者でつくっている組織にも注目することによって、多様な産業ネットワークへのアプローチが行われている。それではガバナンス・レジームの変化を起こす要因としてどのようなものが考えられるか。この研究では五つの要因をあげている。第1は経済的効率の追求、第2は技術の進歩、第3はパワー・コントロールの追求、第4は文化的要因、第5は国の政策である。(G. A. E., pp. 319-326)。

　この研究の詳細を紹介する余裕はないが、日本の場合を例にとってみると、日本のいわゆるネットワーク型分業はどのような要因によって生まれているかをこの五つの要因に基づいて検討してみることができよう。なおここでは経済的な与件の変化は第1の要因である。そして経済学者の多くが専らこの説によってガバナンス・レジームを説明しているが、それは経済要因の過大視だと批判される。また多くの経済学者の説において、効率の追求と技術の進歩は相互に結びついて両立させられているが実際には、パワーやコントロールを求める企業の行動とこれに対する国の政策（裁判所の判断を含む）、さらに文化的要因が絡んで特定のガバナンス・レジームがつくられていると主張される。なお文化的要因にウエイトを置きすぎることは避けなければならないとされているが、同様の状況下でも業界ごとに対応が異なるようなとき、文化とかイデオロギーの要因を考慮しないわけにはいかないという。

　そしてこの論者が重視しているのは国の政策の影響である。アメリカでは反トラスト政策が大きな力をもち、そのなかで企業はネットワーク型の統合でなくて、より強い統合を目ざすようになった。また市場というものは自然にでき

るというよりは、これも国の政策によってつくられていく面が強いという。こういう考え方は日本的システムをめぐっていわゆる系列問題を検討する場合にぜひとりいれていくべきであろう。

　以上の説に対してIMPグループの場合は、経済のなかに広くネットワークが存在するという見方を基準にしているので、経済効率の追求とか技術の進歩などはその下での事象として内生化され、文化や国の政策が環境とみなされよう。その場合企業はネットワークのなかでパワーとコントロールを求めるという行動様式をとると想定することになる。そしてこういう行動パターンが普遍的だとすると、市場と階層組織とネットワークは常に混在することになるので、前にみたような統治構造と環境との適合状況がどのようにして実現するのか、そのメカニズムを示すことは難しいかもしれない。ただ政策面あるいは文化面で、ある種のネットワーク組織の成長、拡大を阻む要因があれば、市場取引依存度がふえ、あるいは逆に強い統合力をもった組織のカバーする領域が広がることが考えられる。この考え方は経済組織の在り方とこれをめぐる状況をそれぞれ限定しながら具体的にそれらの関係を検討していくうえで、前述のキャンベルらの研究と併せて利用することができよう[26]。

　日本の産業システムの優位性をめぐっては種々議論が行われているが、そのなかでも企業間の関係について、またこれと政府の政策の関係については、これからの研究に委ねられるべきことが多い。産業ネットワーク論はその場合にひとつの有力な武器となろう。産業ネットワーク論は、まだ発展途上の理論であるが、応用範囲が広く、企業戦略、産業体制、その国際的比較などテーマに応じた多様な射程をもちうることからみて、豊かな将来性を約束されているように思われる。

注
1) 社会的ネットワークの概念、それを分析することの意義及び分析手法の概要はジョン・スコットらによるイギリス企業の取締役兼任状況の分析のための予備的検討のなかで与えられている（Scott, J. et al. 1984, 第1章第2節）。なお本論文のアプローチはスコットらのものとは違っている。
2) そのような意味において以下で述べる産業ネットワークの議論は、企業の立場からみて

身近で実際的な感じの強いものとなっている。これに対して、社会的ネットワーク論をストレートに応用しようとすると、例えばそもそものはじめからネットワークの存在を明らかにし、その特徴を捉えようとして、グラフ理論などに基づく客観的で数学的な測定にエネルギーを費やすといった努力がなされることになるが、その結果は、経済的にみて必ずしも納得のいくものとならないことがある。

3）産業ネットワーク論の対象はしばしば生産のシステムとして捉えられる、そのことは本論文が重視している3つの著書、すなわちAxelsson, B. and G. Easton eds. 1992（略称I. N.), Sayer, A. & R. Walker, 1992（略称N. S. E.）およびCampbell, J. L. et al. 1991（略称G. A. E.）に共通している。この点を例えばCampbellらの書物ではつぎのようにいう。「われわれは生産のシステムに関心をもち、従ってここでの（ガバナンス・メカニズムの）タイプ分けは、主として生産のプロセスの内部で行為者間に生まれる諸交換のタイプを記述することを目的としている。そこで以下の議論は完成品の生産者と一般消費者の間の関係には深く立ち入らない」（p.13)。なおここで示した書物のそれぞれについては注4、7、11参照。

4）以下第1から第4までのネットワークの見方はAxelsson, B and G, Easton, 1992. pp.8-25 によっている。この書物は以下しばしば引用するので、書名 *Industrial Netwarks* の頭文字をとってI. N.と略記する。

5）IMPについては前章注3）参照。

6）社会的ネットワーク分析の起源はもっと古くまでさかのぼることができるといわれる。これについてはScott, J. et al. 訳書 p.24参照。ミッチェルの論文 "The Concept and Use of Social Netwarks" は、Mitchell, J. C. 1969. に含まれている。

7）以上の説明及び以下の記述の一部についてもSayer,, A. . and R. . Walker, 1992. 参照。なおこの書物は以下 *The New Social Economy* の頭文字によりN. S. E.と略記する。

8）これらについてのサーベイを含む論文のごく一部の例として島田1985（本書第1章)、太田進一1992、石原武政1973、をあげておく。

9）この点は日本の産業システムに関する議論のレビューのなかで西田稔が指摘している（西田稔、片山誠一編、1991、p.234)。

10）日本の学者によるそのような見解の例としてImai, K. and H. Itami, 1989. やAoki, M. 1986. などが国際的に知られている。

11）この点は前述のように1985年の著作で行われた。そして、ウィリアムソンの説が広く受け入れられるようになったのは、この本で市場と階層組織に加えて種々のネットワークを含む多様な組織形態（ガバナンス構造）を分類し、かつそれらの成立要件を理論的に示したことによるとみられる。この点はCampbell, J. L. et al. 1991. が指摘している（P.13)。なおこのキャンベルらの書物 *Governance of the American Economy* は以下でその頭文字をとってG. A. E. と略記する。

12）「契約」をこのように（提携というような）限定的な意味で使う列は多国籍企業論や国際マーケティング論にしばしばみられる。例えばバックレーは国際的産業協力の新形態として、ライセンス供与や生産委託などの諸方式をあげ、それらは、多国籍企業の支配下にある資源を、契約を通じて手放させる試みである、と言っている。(Buckley, P. J. et al. 1985. p.52)。またルートは海外市場への参入方式として輸出によるもの、契約によるもの及び投資によるものをあげている（Root, F. R. 1982, 訳書 pp. 16-19)。

13）パウエルの説は企業間の提携を好んで取り上げる最近の風潮の代表例とされる（N. S. E., p.129)。なおパウエルの論文を収録した文献としてThompson, G. et al. eds. 1991. があるが、これはネットワーク論を集めたReadingsとして有益である。

14）ガバナンスというとらえ方がウィリアムソンによって取り入れられ、説明を与えられたことは前述の通りだが、ここでは彼の取引費用説とは違った枠組みのものを採り上げる。なお、ガバナンスという言葉自体は会社の所有と経営を一体的に捉える法律的な用

第 3 章　産業ネットワーク論とその射程　　　103

　語としてアメリカで用いられ、日本の法律家はこれをはじめ［運営］と訳していた（日本証券経済研究所『証券研究』71巻、1984及び88巻、1988参照）。そこで私の原論文では運営という訳語を用いたが、その後ひろく統治といわれるようになったので、本書では統治ということにした。
15) この点はSayer, A.らも同じ考え方をもっている。彼らは、現代の産業を構成する技術、情報、社会的分業などがバラバラの私有財産としてあるだけと考えることは、それらのつながりを無視する暴挙だという。実際には市場と大企業だけでは問題を解決できないので、どうしても企業間のネットワークが要る。ネットワークは「市場と企業の上にも下にも、回りにもある」という (N. S. E., P. 139)。
16) 雰囲気という概念は、はじめIMPグループが行った取引関係の分析のなかで、売り手と買い手の二者関係の状況を示すものとして採用されたが、ネットワーク分析のなかでは構造的な諸要因が分析的に示されるようになった。その結果雰囲気という主観的な用語はややそぐわなくなったようにも思われる。
17) そのような意味でのネットワーク組織を論じた文献は数多くある。吉田準三1989はそれらを紹介している。
18) 前出Scott, J. et al. 1984. はその例であるが、アメリカではMintz, B. and M. Schwarts, 1985. がこのテーマを扱っている。日本では菊池浩之、2006が注目される。
19) 連結の経済性を説明した文献としては宮沢健一1988bがある。この文献はネットワークを市場や組織と並ぶ第3の調整システムとみる点で本論文の立場と共通している。ただここでのネットワークは、情報ネットワークに重点があり、企業の取引ネットワークを正面から捉える面は弱いように思われる。
20) 「アメリカの知識階級にとってネットワークという言葉は、少なくともある時期まではマイナス・イメージで受けとられてきた」という。今井賢一・金子郁容、1988。
21) ポジションの分析は、社会学や社会心理学などにおけるパワー分析の業績に依存するところが大きい (I. N., PP. 189-91)。
22) 私は日本の総合商社が商権から成り立つこと、商権は取引上の地位ないしそれを含む取引として捉えられるが、その本質は顧客関係への投資が無形資産となったものである、とした。この考え方はIMPグループの文献に示唆されたものではあるが、ここに示したような体系的な産業ネットワーク論はまだ発表されておらず、その段階では、私の説が日本の読者の理解を得るには困難があった。本書第8章参照。
23) 今井賢一はネットワーク論の国際的展開についても十分関心をもってフォローしてきたとみられるが、その主な関心は情報ネットワークに向かったとみられる。他方IMPグループのネットワーク論は次第に注目されるようになってはいるが、まだ十分には知られていないのかもしれない。社会学者のグラノベッターらが編纂した最近のReadingsではネットワークが重視されてはいるが, IMPグループ関連の業績は含まれていない(Granovetter, M. and R. Swedburg, 1992)。
24) サード・イタリーやシリコンバレーについての文献は多いが、最近の主要なものはN. S. E. に紹介されている。日本でサード・イタリーを論じた文献として篠田武司1991がある。
25) ケニーとフロリダ (Kenny. M and R. Florida) は日米などの産業体制について、次々に論文を発表しているが、ここではひとまず1988年のものをとりあげる。これと日本の経済白書の共通性を指摘したものとして龍昇吉1992がある。
26) 産業ネットワーク論は日本の「系列論」にとって有用である。これに関する私の考え方については本書第5章参照。

第4章
系列の類型と功罪
―企業集団に関連して―

　本章の目的は、いわゆるタテ系列はその効率性のゆえに容認されるべきだが、企業集団はより強く批判されるべきだという趣旨の議論[1]に対し、別の視点から異を唱えることにあるが、その前に系列一般について検討する。

I　系列分析の前提

1　戦後日本経済を貫通する系列化

　日本の産業組織における「系列」問題は、日米構造問題協議に関連して内外で広くとりあげられるようになったが、その論議が時に混乱を免れないのは、「系列」という言葉の多義性、あるいは曖昧さも一因であろう。それは系列とか系列化という言葉が定義されるより前に勝手に歩きだしていたからだが、系列化は、日本企業の行動の本質にかかわる重要な側面を反映している。言い換えれば、「系列化」こそは、戦後の日本企業の経営戦略をリードする導きの糸だったのである。

　系列という用語は第二次大戦中に使われだしたというが、昭和20年代前半にはまださほど一般的ではなく、30年代以降内容的に意味が拡がってきた。はじめは鉄鋼や繊維で原料供給系列がとりあげられ、次に系列融資が注目されたように思われるが、企業系列というときには垂直統合一般を指していた[2]。昭和30年代以降加工組立メーカーの下請生産（生産系列）が拡大し、40年代には流

通系列化が盛んとなった。さらに産地の系列化、商社による問屋や中小メーカーの系列化、あるいは企業救済や業界再編成に伴う系列化が一貫して行われ、近年はいわゆる分社化というかたちで系列企業が無数に生み出されている。

このように、日本の産業組織は系列で埋まっている。だからこそ、現存の系列をわかりやすく図示した書物がベストセラーになり、大学に送られてくる求人票の会社紹介項目のなかに所属の「系列」を記入する欄が設けられることになる。

2 系列の諸類型

以上のような多様な系列を分類するため、ふたつの方向からの類型化が考えられる。第1は目的から、第2は形態からである。

目的からみた系列の第1の類型に含まれるのは、下請（生産系列）と流通系列である。ここでは系列企業（系列化された、あるいは系列下にある企業、以下同じ）は、親企業（系列企業を支配する企業、必ずしも資本上の親会社ではない）の与える具体的な目標（例えばコストの切下げ、納期の厳守、販売価格の維持、販売促進への協力など）に対する高度の協力を求められる。従ってこれらを目標同調型と呼ぶことができよう。そしてこれは最も典型的な系列である。

第2は原料系列、金融系列などで、原料や資金の供給元が供給先を系列化している。供給元の独占力が強いときはここから相手に対する支配力が生まれるが、より一般的にいえば相手は顧客であり、顧客確保のための行動の一部が系列化に発展する（例えば相手の発行株式を所有する）。これらは顧客確保型といえよう。なお商社やメーカーによる産地系列、あるいは商社による問屋系列などは右の第1と第2の中間に位置するが、オルガナイザーとしての商社やメーカーの支配が、系列企業のどのような側面に対して行われているか、またそれがどの程度個別具体的であるかによって、第1か第2に分けられよう。

第3は近年盛んになった分社化や新規子会社、合弁会社などの設立、あるいは古くからある企業救済型の系列化である。この系列化の相手は同業種のこと

もあるが、多くは異業種の企業を支配下に置くもので、同業種の場合でも事業分野の調整が行われるから、分業型と呼ぶことができる。

以上目的による分類に対して、もうひとつの分類は系列の形態面から行うことができる。資本系列（あるいは企業系列）というものがそのうちの最も明確なひとつのカテゴリーである。ただここで注意しなければならないのは、資本系列というとき、それは上記三つの類型のすべてに亘って存在しうるものの、第3の分業型は完全にこれに重なること、そしてこれは見方によっては典型的な系列概念から外れるということだ。

日本で系列という場合に、そこには、自社の外部にある企業で何らかの結び付きをもつものという意味があるが、子会社や関係会社は自社と別のものなのかどうか。例えば多国籍企業というときに、その企業の一部として、外国にある子会社や合弁会社が含まれる。多くの文献はこれら全体をひとつの内部組織と考えて、それらが統一的に管理、運営されることを当然とみている。資本系列は、これとどこが違うのか。少なくともこれは見方によって、はっきりと内部組織に分類されるはずである。つまりそのとき、資本と組織は一体のものとみなされている。ところが日本で資本系列というカテゴリーが設けられているのは、資本と組織を別のものと見ていることを意味する。組織としては外部にあるが、資本面で結び付いているというのである。

奥村宏によれば、系列的支配の特質は、資本負担無しで（あるいは僅かな資本負担で）支配力を及ぼすことにあるという[3]。その場合には資本系列は系列の代表とはいえないのかもしれない。ただ、日本の実態として、子会社、関係会社が、組織面から、親会社とは違う外部の存在として位置づけられているところに、これをあえて系列と言わねばならぬ理由がある。そしてこのことは系列問題の核心をなしている。というのは、系列の本質は、企業（この場合親企業）が、系列企業を自己の外部に置きながら、そのことによって生ずるメリットを自分が直接的に吸収するシステムだということができるからである。このことは順次説明していくが、ここであらかじめ指摘しておく。

3 系列におけるタテとヨコ

　ところで近年「系列」問題が混乱してきたひとつの原因は、その対象のなかに六大企業集団が含まれていることにある。これはアメリカで使用例が多いが、その基をつくったのは日本側であった。戦後わが国でかつての財閥やコンツェルンという用語の代わりに、新たな大企業間の結合を系列と呼んだことがそのはじまりだといってよい。そこでは、現実の、あるいは財閥解体以前の資本系列の存在が意識されていたように思われる。そして今に至るまで、旧財閥系企業をメンバーとする企業集団は、取引関係や株式持ち合いによって結び付いているが、これは上記の系列の類型には当てはまらない。企業集団はヨコの結合である。ただこれらは関連がないとはいえない。

　戦後長い間、旧財閥企業は、銀行中心の融資グループとみられてきた。その場合、金融は単なる取引関係ではなく、相手への支配を可能にさせるものとみられていた。いわゆる系列融資である。そこでやがて「戦前の財閥に代って戦後は系列ができている」といった見方が生まれた[4]。宮崎義一の指摘によって注目されるようになった「系列ごとのワンセット主義」は、日本の企業行動を説明するきわめて重要な仮説となった。ワンセットというのは主要業種のすべてという意味であるから、ここでは系列のなかに多くの異業種企業が含まれていることはいうまでもない。

　ワンセット化を推進したのは銀行である。従って銀行を中心とする系列という見方が意味をもつ間は、企業集団を系列とみてもよかったかもしれない。しかし企業の資金調達ルートが多様化し、銀行の発言力が相対的に低下するにつれて、企業集団を銀行系列とみることに問題が出てきた。企業集団をヨコの結び付きとみて、これをタテの系列と区別すべきだというのは右のような状況に対応する主張である。その点からすると企業集団は系列ではない、というべきだろうが、ここではヨコ系列と呼ぶことにする。

　系列をタテの結合に限定し、ヨコの結合は企業集団と呼ぶべきだという意見[5]は明快である。しかし系列という用語を集団とある程度まで互換的に使う場合があることも事実である。例えばかつて下請制のなかで親企業の系列内

（直接の取引相手）企業と系列外企業を区別する見方があった。前者は選ばれた優秀な企業であり、後者はその選に洩れた企業である（これらも系列企業と取引することにより、間接的に親企業に対するサプライヤーになることはできる）。また旧財関系などの特定の企業集団のメンバーと他の集団のメンバーとの競争を系列間競争ということもある。これは競争の当事者が、単独の企業というよりは、集団の支持を受けていることを意味している。この場合集団というのは、個々の企業の所属関係を示す場合には適切な用語であるが、対抗関係の性質を示すためには適切ではない。これを集団間競争というと、集団が一体となって、集団を単位として競争するという意味になるから実態に合わない。系列とは何らかの繋りがあるということで、その繋りの範囲を示していないのに対し、集団という場合には、メンバーの範囲を示す反面メンバー相互の繋りを必ずしも意識していない。このことが右のような複雑な問題を生み出しているといえる[6]。

II　タテ系列における支配と効率

1　タテ系列の本質

　系列とは本来タテ系列を意味するといってよいが、その本質はどこにあるか。この点を解くためのキーワードは企業にとっての内部化・外部化という組織面の区別と内外企業間の支配・被支配あるいは依存度の関係にある。典型的なタテ系列は、親企業の事業の一部が外部化され、これに対して親企業が一定の影響力を行使する（支配する）ことによって成立する。つまり親企業と系列企業の関係は対等ではなく、親企業による管理が行われている[7]。

　そこでまず、外部化・内部化について検討する。先にもみたように、資本系列に属する企業は、見方によっては内部化されている（企業論やこれをベースにした多国籍企業論で内部化といえば、資本の面から統合することである。それがかたちのうえで別会社であることは、内部化と何ら矛盾しない）。

　しかしわが国では、たとえ完全所有の子会社であっても、それを親会社と一

体のものとみないことがほとんどである。これは組織として別のものだということを主眼に置いているからだ。その場合、形式的に異なった組織であるとか、意識のうえでウチとソトの区別にこだわるといったことに止まらず、より実体的に外部組織と内部組織を区別する要素は何であろうか。

　宮本光晴によれば、組織はそのなかのメンバーに異質性や階層性を含んでいても、それが一個の共同世界をなす以上、メンバーに対し何らかの普遍的な平等性を与えることを要請されている。日本企業ではその意味での平等性の要請が、終身雇用や年功序列として制度化されているという[8]。

　つまりわれわれが外部化というのは、親企業と系列企業の間に、たとえ資本としての一体性があったとしても、それらの従業員全体を通ずる共通の平等性は存在しないことを意味している。

　かつて日本の企業グループを論じて、そこに四つの類型があるとした今井賢一らは、そのひとつを「系列的グループ」と呼び、トヨタ・グループとか新日鉄グループといった大企業を中心とする資本系列がこれに当るとしている[9]。このような意味での企業グループ（子会社、関係会社と親会社の総体）は、外国にも珍しくないはずだが、これをグループとみることは、そこにすでにひとつの見方（理論、パラダイム）が含まれている。今井らの場合のそれは中間組織論であり、これは市場と組織の中間を意味する。この場合組織は、指揮命令によって動く階層組織という面から捉えられている。そうだとすると、資本系列というものは、ほとんどそのまま内部組織だといってもよい。それを系列的な企業グループと呼んだのは、日本的な内外差別意識がいつの間にか影響していたのではなかろうか。

　このように、内部化と外部化をめぐっては複雑な問題があるが、外部ということがはっきりしているのは何ら資本関係がない企業である。そしてこういう企業でも系列関係があることが少なくない。そこでこれをより典型的な系列のモデルとして取り上げてみたい。この場合、外部化の問題は解決ずみであるから、タテの支配というものが議論の対象となる。

　さてここでタテ系列を定義し直すと、それは上下関係に基づく管理システム

をもった企業間の結合だということができる。上下関係とはパワー（権力）に差のある関係であり、ここでのパワーは経済にかかわるから、その要因を利害操作性に求めることができる。経済的な価値のあるものの与奪の決定を操作することによって権力現象が生まれる[10]。

系列関係において親企業が与奪の操作対象とするのは、自分との取引が可能だという取引上の地位である。その地位は、取引のなかで、親企業の一方的な決定に従うことを条件に与えられる。こうして系列関係が生まれるためには（ここでは資本的支配はない）何らかの契約（必ずしも明示的でなくてよい）が存在するとみてよいが、そのことはさして重要ではない。支配・従属関係においても被支配者の同意が必要なことはよく知られている。

問題は親企業と系列企業との間の上下関係を成立させている基本的な要因は何かということだ。これを一般化していえば、両者が所有する経営資源の格差であり、そのことが、系列企業側の親企業への依存を不可欠のものにさせているといえる。これを大企業と中小企業の格差というように表現することは（中小企業でも独立性の強いものが多いというかたちで）、強い反論を呼びそうだが、常識的にはさほど的外れとはいえない。

以上のように、タテ系列を系列の典型とみて、且つその本質が上下関係にあるとする見方に立つならば、系列の効率性はこの点を抜きにしては語れないことになる[11]。

2　系列企業による生産の効率性

タテ系列のなかでも、下請制を中心とする生産系列は、効率性の高さによって国際的に注目されるようになった。カンバン、JIT、あるいはリーン生産方式などの呼び方を各国の研究者が口にするようになってからすでにかなりの時間が経っている。

それではこのようなシステムはなぜ効率的であるのか。カンバンやJITは購買者としての企業が供給業者に要求する内容を表わし、リーン生産方式というのは親企業内部のシステムを含む広い範囲の生産のあり方を対象にしているか

ら、これらの呼び方の意味するものを一括して論ずべきではないかもしれないが、要するにこれらによって表わされているものは、広い意味での組織の効率性である。

　次にそれを系列に当てはめてみると、効率化に大いに役立っているのが外部化であることは多くの人が指摘している通りであろう。これは内製をやめて外部から部品やサービスを購入することだが、市場から購入するのではない。特定の相手が決まっている。そして外部化された下請企業が階層化されていて、親企業は比較的少数の一次下請を相手にすればよいということも、管理を容易にさせている[12]。

　つまり生産系列の効率性は、外部化と上下関係に基づく管理とによって説明できるのだが、後者を階層組織のもっている指揮命令のシステムと同一視すると、これはいわゆる中間組織一般の理論となる。すなわち、「外部化」の利益は、いわゆる大企業病の回避、あるいは「企業組織の限界」（ウィリアムソン）の打破を可能にさせる[13]と共に、専門化、分業などを通じて技能の蓄積や規模の利益の実現が図れるというものである。しかしこれだけでは、系列といった特殊な関係のもつ意味は明らかでない。そこで同時に取引コスト説を援用して内部化の利益を説く。つまり系列とはこうして外部化と内部化の両方の利益を実現するためのシステムだということになる。ただ取引コスト説に頼ることになると、継続的取引関係をもつ対等の企業間の取引と区別ができない。われわれはタテ系列に固有の要因に注目したい[14]。

　まずはじめに、生産系列が効率的であるためには、系列企業の生産そのものが効率的である必要がある。親企業が自分でつくるより安上がりの生産を系列企業は行わなければならない。そこには専門化の利益、大量生産の利益などが作用する余地があるが、やはり重要なのは人件費が安いことである。系列企業が必ずしも労働集約的な作業だけを担当しているわけではないにしても、輸送費や管理費を含め、安上がりの生産ができるという条件がなければ、外注する意味がない。他方技術水準や熟練において、系列企業側にすぐれた要素があるにしても、そのレベル自体は親企業が達成できないはずはない（外注に依存し

ているのは親企業自身の事業に属する部門に多い)。長年外注依存を続けた結果として、現実には親企業には、系列企業にとってかわるだけの十分な生産能力がない場合が多いだろうが、そのことから系列企業に依存している要素を量的補完であるとか、得意な部門ごとの分業だとかいうように捉えることは適切ではない。要するに安くできるから外注しているのである。そしてその基本的要因は人件費にある(職場環境をよくする費用も広い意味では人件費である)。

このようにいうことは、古めかしい二重構造論の再現で、時代遅れだといわれるかもしれない。そのことは一向かまわない(企業規模別人件費格差はいぜんとして存在する)が、親企業と系列企業の生産コストの違いを、より一般的に説明するとすれば、それは両者の負担する社会的コストの差に帰せられる。

ここでいう社会的コストの差は、各種産業を通じてみられる社会階層上の位置づけの違いを反映しているが、ひとつの製品が生産され、販売されるに至るまでの諸活動のなかで、同種の機能の遂行にコストの差が生まれるのは、それぞれの企業(各個別組織)の社会的地位あるいは責任の差を反映している。製品を自己の名において市場に供給する企業は機能の複雑性と社会的地位の高さに応じて従業員により良い待遇を与えねばならない。いわば大卒者あるいはエリート基準の処遇である。こうした処遇のもとに企業を運営することは、社会的評判(reputation)への投資を行っていることを意味し、それに対応するメリットがあるが、そのコストは必要な範囲に限定することが合理的である。もし賃金が職種別に定められていて、企業別格差が生じえないときには、日本におけるような意味での別会社化の誘因は少ないであろうが、日本では企業別に賃金が定められ、福利厚生面の格差も大きいから、親企業の事業活動を限定した方が効率的である。

他方系列企業は、上に述べたような意味での親企業的な社会的コストを負担しないことによってコストのメリットを受ける。もとよりそれによって獲得できる人材に差がつくが、特定の生産活動に特化するにはそれでも間に合う。欠けている面は親企業の支援を受けることも可能である。

3 上下関係に基づく管理

　以上により系列企業による生産のコスト的有利性は説明できたとして、それが親企業を含む生産システムとして効率的であるためには、親企業がメリットを吸収する仕組みがなければならない。

　われわれは先に、生産系列や流通系列の目的が、親企業のもつ目標への同調を得ることにあると言った。ここで求められているのは市場メカニズムを通じて得られる機能ではなく、より特殊な、あるいは特定された財やサービスである。従ってその供給者（ここでは系列企業）は、示された目標達成のため、何らかの投資（金銭や労力の支出）を行わなければならない。このようにして特定の企業間で相互依存的な関係をつくることは、対等の関係にある企業の間でも広く行われており、長期継続的な取引はここに成立する。そしてこれについては多くの研究者が関心を示し、理論化されている[15]。

　しかしタテ系列にそれらの理論を当てはめることは、企業間の上下関係を見失わせる恐れがある。上下関係だけからいえば、これは組織における階層的な関係に近い。ただ他方系列には、内部組織にあるはずのメンバーの平等性がないという特徴がある。このことが、系列における上下関係の管理に特有のシビアな印象を生み出したといえる。

　そこで系列に対しては、不等価交換[16]、支配従属[17]というような形容が与えられている。

　確かに系列関係においては、コスト引下げの方法（設備投資を含む）とその実行の指示、実施状況やコストの調査などが親企業によって行われることが多く、とくに価格は多くの場合一方的に決められるなど、系列企業の自由度が低い。製品（部品）の親企業以外への販売も管理される。そしてこのような管理がシビアであるというのは、系列企業が親企業との組織上の一体性をもたず（これは親企業内部なら通用する言い訳を排することになる）、さらに重要なことは、親企業が手に入れる独占レントの分け前を要求できないことによって、そういえる。

　系列企業が親企業に対して利潤の分け前を要求できないことは、系列企業間

の競争によって説明されるべきかもしれない。ただどのような説明をしようとも、親企業との関係が対等でないことは否定できない。しかも親企業と系列企業の取引は市場取引ではないのである。つまり上下関係に基づく管理システムが効率生産のメリットを親企業に帰属させているのである。

III タテ系列の矛盾

　タテ系列は効率的ではあっても、それぞれの系列類型には固有の組織上の問題がある。しかも他方日本国内では、このシステムを支える条件の持続性があやしくなってきている。

1　社会的格差の利用

　日本経済のなかでタテ系列が維持されてきたのは、それが効率的だからであるが、同時にその効率性は親企業と系列企業の間の社会的格差を利用することによって生じている。この格差は、とりわけそれぞれの従業員のレベルでみられる。

　ところで社会的格差の問題は、経済問題、とくに企業レベルの対応のなかで取扱うのには適さないという見方があるだろうが、それは当っていない[18]。社会的公正と格差の関係をめぐって、企業も重い課題をもっている[19]。そのなかでタテ系列が問題なのは、それが直接的に格差を利用していることによる。例えば、同一の職場で同じ仕事をしながら、親企業の従業員と系列企業の従業員とでは賃金に差がある。系列企業が従業員に対し、親企業より立派な社宅を与えようなどと考えれば、親企業から苦情が出る。それができるくらいなら値引きをしたらどうかなどといわれる。

　このようにしてタテ系列が社会的格差を利用することは、社会的公正の見地からみて問題があると多くの日本人が考えてきた。政策的な関心はいろいろの方向をとったとはいえ、日本で下請制や中小企業問題を扱う人たち（政策担当者や研究者）が、そう簡単にタテ系列礼賛論に走らなかったのは、格差の現実

をみていたからである。これに対して、タテ系列の効率性を高く評価する最近の論者は、格差問題への視点を欠くのがふつうである。すべての人、すべての企業が、与えられた資源ないし能力をもとに、自由な取引を通して最適の選択を行った結果として現在のシステムができているという前提（ないし幻想）に立っているから、格差の問題など眼に入らないのである。

しかし現実は自らの主張をもつ。タテ系列の底辺、というよりはむしろ基幹部分を支えてきた労働力が枯渇しはじめている。

日本の社会で戦後の経済成長期に、中小企業のブルーカラーを形成してきたのは、農民出身者あるいは農家の子弟であった[20]。また例えば80年代に入って、家電下請の就業者は女子化、中高年令化、パート化が進んでいる[21]。こうして労働力の供給源を拡大させながら、技術の高度化にも対応して、日本の生産システムは高品質、多品種少量生産といった難問に解答を与えてきたが、労働力の供給に限界がみえてきた。労働力の増加が少なくなっているのに加えて、高学歴化と経済のサービス化によって、生産現場は労働の場所として魅力を失っている。大企業でさえそうであるから、中小企業はなおさらだ。従業員の適応力に依存していた多品種少量生産は見直さざるをえなくなっている[22]。

2　企業の独立性との相克

社会的格差の利用が主として労働者レベルの問題であるのに対して、もうひとつの問題は企業ないし企業家レベルについて生ずる。タテ系列のもとにおける系列企業は条件が許せば親企業の支配から離れて自立しようとする。

今日下請企業はみじめで無力なものとはいえなくなった。下請制の底辺には生業的な零細企業が多いにしても、系列企業全体としては経営資源の蓄積が進み、資本としての意思をもつものが多くなった。

資本は本来利潤を求めて競争し、競争上の地位を高めるため組織としてのパワーを蓄積し、行使しようとする。親企業にとって、系列企業とは、こういう資本としての自立性を管理下に置いた企業である。系列企業がそういう立場に甘んずるのは（資本的支配がないとして）取引が確保され長期的な経営の安定

が期待できるからであろう。だがそれは、資本として本来の姿とはいえない。いわゆる中堅企業のモデルも、大企業業の支配から独立した企業として描かれている。

　これまで下請制を利用して生産を行ってきた日本のメーカーが、下請企業を協力企業と呼ぶ例が多くなったのは、単なる言い換えにすぎないことも多いが、下請企業のなかに自立化の方向を取るものが増えていることと関係があろう。ここで自立化とは、取引面での親企業への依存度を引下げ、取引条件や自社の投資の決定を、より自由に行うことを意味する。そして親企業としてもこうした動きを歓迎することがある。自社の経営資源に限りがある以上、管理コストやリスク負担を軽減しつつ相手を自立させることが有利になりうるからだ[23]。

　以上では生産系列（下請制）を念頭に置いて考えてきたが、親企業が系列企業の自立を認める程度と態様は、系列の目的によって影響される。例えば流通系列については、自立化の要因は乏しく、非系列販売店（例えば量販店）は系列とは対立しがちである。従って系列が漸次非系列に移行するとは考えにくい。反面顧客確保という目的は相手の自立と矛盾しないかたちで達成できよう。分業型（この場合資本系列）には種々の異なったケースが含まれる。

　資本系列における子会社の自立の可否は親会社の決定に委ねられている。しかもたとえ子会社の株式が公開され、親会社の持株比率が下っても、直ちに子会社が完全に自立するとは限らない。資本面からの支配は、親会社が過半数の株式をもたなくても維持できる。ただ子会社が経営資源を蓄積して自立することは親会社にとってプラスになりうる。従って日常業務面への支配は弱められていく場合が多い。

　もともとタテ系列における支配のうち最も典型的なものは、日常的な人的な支配である。それによって系列内取引が組織内の取引（いわゆるトランスファー・プライスが適用される）に準じたものとなる。これに対して、系列企業の自立化は取引関係を変化させるはずである（法律的にも、自立した取引先は平等に扱わないと差別扱いが問題になる）。これはタテ系列の変質に他ならない。

タテ系列のなかから自立化した資本が生まれることは、将来展望として、新たなヨコ型企業集団の誕生と、既存の企業集団メンバーの数の増加を予想させるが、実際にはこれに国際化の要素が加わってくる。

なお、自立的な企業の増加は、そのまま直ちに系列企業数の減少を生みだすわけではない。自立化する企業より以上の数の系列企業が生み出される可能性がある。とくに分社化や資本面からの買収、資本参加によって生まれる系列企業は増加していくであろう。ただ従来、労働者（ホワイトカラーを含む）が自営業主になるかたちで、企業数が増加していたものが、近年は新規に誕生する企業が減っていることが注目されている[24]。これはとくに生産系列にとっては問題であろう。

3　国際化の誘因と障害

タテ系列のなかでもとくに生産系列については日本国内での拡大に限界がみえはじめたのと並行して、国際化への動きがみられる。そのひとつは、日本国内の中小企業に外国人や日系人の就労が進んでいることだ。これは新たな格差問題を生み出しているが、雇用者側にはこれらの新しい労働力への根強い需要がある。だが彼らがどれだけの規模で割安な労働力の供給源になっていくかは未知数である。

もうひとつタテ系列が国際化していく動きとして日本企業の海外進出がある。既に海外日系企業の従業員数は約200万人に達したといわれる（東洋経済『業種別海外進出企業』1990年版による）。そのなかでとくにアジアを中心とする途上国に進出した企業は、現地の割安な労働力を利用することを目的にするものが多い。そのような目的で作られた現地の生産企業と、日本側の親企業との関係には、タテ系列に類似したメカニズムが働いている。とくに少数支配のもとでの現地経営への介入には日本企業独特の特徴がみられるという。

海外に進出した日本企業（大・中堅企業）のテクノクラートが所有と経営の関係について欧米企業と異なった感覚をもち、所有面からのバックアップが不十分なのに、日常的な管理を通じて現地企業の経営に介入してくることを藤森

英男は鋭く指摘している。それは本社からの派遣者を通ずる人的な側面からの管理であり、管理の対象となるのは原材料や部品の仕入れ、製品の販売、技術やノウハウなどである。これは経営の現地化を求める相手国の政策と対立する要因となる[25]。

　さらに現地進出企業は、地場企業からの部品などの調達について問題をかかえる。地場企業を日本の下請企業のように支配することができないことが、満足な調達ができない理由のひとつである。そこで日本から下請企業を呼び寄せることが解決策になりうるが、その場合にも、下請企業が同様の問題をもつかもしれない。

　それでは完全支配あるいは多数支配のかたちならよいのかといえば、確かに親子会社間の取引や業務管理の考え方はすっきりするが、こんどは内部での従業員の処遇についての親会社の責任が重くなる。現地法人における派遣者と現地雇用者の差別が問題になるケースが多い。またもし親会社が一方的に利益を本国に吸い上げようとすれば、税法上の問題が起こる。海外進出企業は、その取引や雇用について、日本国内の場合よりも厳しく公正さを問われることを覚悟しなげればならない。

　以上は主として日本的な生産系列の海外への拡張に伴う問題だが、ここに示されているのは、タテ型の支配を基礎に置く系列管理方式が、普遍妥当性をもつとはいえないということである。海外において、外注先との関係は、より平等な立場での取引関係になる[26]。日本国内でも、長期継続取引が対等の立場で続いている例は多く（例えばトヨタと新日鉄）、これは系列とはいわない。他方対等の関係のなかで、いわゆるヨコ系列（企業集団）がつくられていることがあるが、ここにはタテ系列とは全く違った論理が作用している（ヨコ系列とタテ系列は同じ相手との間では両立しえないが、何らかのタテ系列をもった企業がヨコ系列に加わるのはごくふつうである）。

IV ヨコ系列（企業集団）の機能と展開

1 ワンセット化と限界

　産業組織の目的は、効率と独占というふたつの方向をもつ（例えばウィリアムソン前掲書参照）が、近頃の議論の傾向として、タテ系列は効率を、ヨコ系列は独占を目的にしているというような単純化が進行しているような印象を受ける。

　しかし問題の本質は、タテ系列には個別企業の論理が支配し、ヨコ系列には集団の論理があるということだ。そして個別企業も独占的でありうる（タテ系列の効率は利潤として吸収される）し、集団も効率（競争）促進的でありうる。しかもタテ系列のなかの大企業が自立すると、ヨコ系列に近づく。トヨタ、日立、といった企業グループは、一般にタテ系列とされ、そこには中核企業からの管理メカニズムが作用しているという[27]が、全体の方向としては、よりゆるやかな結合に向っている。タテ系列は効率のゆえに生き残り、ヨコ系列は独占のゆえに解体する、またそうあるべきだ、という見方があるとすれば、それはこの現実を見誤まっている。

　但し、いまの独立企業系グループと六大企業集団とは、集団としての規模も構成も違うから、両者が直ちに肩を並べることはないだろう。とはいえ、金融の自由化、その他の規制緩和が進めば、状況は変化する。

　企業集団の形成要因としては、金融、商社を含む取引上のメリットが大きいが、これは異業種を多くもったいわゆるワンセット化によって相互的なものとなる。また多くの重要産業を含む大企業が、相互に結合関係をもつことは、競争政策上も、問題があるとみなされることになる。これはカルテルや談合とは違うが、独占や取引制限に繋っていく要素があるとされる[28]。

　こうして、ヨコ系列一般としてでなく、六大企業集団が問題になるのはワンセット主義とかかわりがある。独立企業グループは、ワンセット化の点で六大企業集団とは距離があるのである。

　そこで企業集団の機能の評価に当っては、ワンセット主義がもたらした日本

の産業の寡占体制を、経済システムとしてどうみるかが鍵となる。それには一方でこれがどの程度完結した内部市場をつくりうるのか、他方ではこれが新たな産業の創出や市場への参入にどういう役割を果たすかをみなければならない。

前者に関しては、日本の政策当局が推進してきた産業体制が、国家独占（鉄道、鉄鋼、通信など）や地域独占（電力、ガス、私鉄、陸運など）を重んじ、あるいは六大企業集団よりも少ない数の、より高度の集中をよしとするものであったことが指摘できる[29]。このことは、六大企業集団に属さない重要な企業を生みだしたり、一部とはいえ系列をこえる合併を実現させることになった。また系列から離れて独自に発展した企業もある。そこで、よくみるとワンセット主義は大きく崩れているのである。従ってたとえ企業集団内部が安定した市場であったとしても、その外部との接触面で競争が起きる。

もうひとつ重要なことは、日本企業の多くがそうであるように、企業集団のメンバー企業にとって、輸出や海外生産が大きな意味をもつようになってきたことである。海外にまで企業集団が拡がるかどうかはともかく、国内における集団メンバーの相互依存の意義は低下したといえる。

2 集団内市場と競争力

企業が集団内市場をあてにすることができれば、それによって新規参入が起こることが考えられる。三菱自動車はそのような例だったかもしれない。日本には光ファイバーのメーカーが多数（といっても寡占には違いないが）誕生した。このことは企業集団ごとのワンセット化の例であると同時に集団内市場の確保が期待されていたといえよう。

これらの例からみて、集団内市場をあてにしたワンセット主義は、競争者の数を増やすが、他方でそれは果たして効率的なのかという疑問が生じてくる。先端技術産業での研究開発が多数の企業によって行われるために規模の経済性が実現されないことと、寡占化により規模の経済性が実現されたとしても市場支配力が形成されるために価格が下らないこととの、トレード・オフの関係について土井教之は次のように述べている。「構造が寡占的であるにも拘わらず、

もし産業内部に競争促進要因が存在するならば、前述のトレード・オフ関係は弱まるか消失することになろう」と[30]。そこで、光ファイバー産業は寡占的だが企業集団が競争的に作用しているとみられている。ただ別の見方によればこの寡占は市場規模に対してかなり数の多い多占の状態なのかもしれない。この産業には国産保護の政策が採用されたとされるが、同時にメーカー側には、最初から海外に直接投資を行うなど強い海外志向がみられる[31]。

具体的な産業の行動の評価は慎重に行わなければならないが、日本の企業集団は、市場への参入を促し、退出を抑えるかたちでやや数の多い寡占をつくりつつ、競争的な環境を維持させる機能を果たしてきたのではなかろうか。なおここで退出抑制とは、競争力の相対的低下や技術変化などに対応して、転換の時間を稼ぎ、同種ないし関連の産業に生き残らせることを意味する。光ファイバーに進出した電線業界にもこの種の動きがあった[32]。

そこで、こうした生き残りや再生ないし転換には、企業集団をベースにもった、企業の保護と幼稚産業育成のメカニズムが作用しているのではないかと批判的にみられることがある。ロバート・ローレンスが批判したのも、そうしたものを意味していたと受取れる。またこれは、日本経済のいわゆる「追い付き型」の体質（コーゾー・ヤマムラ）[33]を反映するともいえよう。ただ、企業が生き残りを図ることは悪いとはいえない。もしこれが巨大企業内部で行われるときは善とされ、企業集団が介在するときは悪とされるということになれば、日本企業は合併して巨大化するかもしれない。いわゆる部門間助成（クロス・サブシダイゼーション）の問題にしても、同一企業内の方がやり易いはずである。

上記の批判とも関連して日本の企業や銀行のいわゆるもたれ合い体質が問題視されることがあるが、国際化、自由化という環境を与えられた日本企業は単純に保護を求めるわけにはいかなくなり、競争力を強化し、市場確保を図る戦略を探ってきた。タテ系列を通じて効率的な生産を行ったのも、そのひとつの側面であるが、企業集団は市場確保の戦略の一部に利用されたといえる。そしてそこでは、株式所有（必ずしも持ち合いでなくてもよい）というものも取引関係を固めるための手段だったのである。

株式所有は取引に伴って（私の理解によれば顧客関係への投資として）行われ、その範囲は企業集団の枠をはるかにこえている。例えば、住友軽金属の所有株式は大きい順に、富士写真フィルム、三協アルミ、北海製缶、三和シャッター、東洋アルミ、アサヒビール、東芝、東洋製缶、日本電装であり、住友ゴムは本田技研、トヨタ、日産以下ほぼ全自動車メーカーの株式をもっている[34]。この2社は住友グループの株式持ち合い関係のなかで役割を期待されていないためか、ほとんど非系列の取引先に持株を集中させているが、一般に企業の株式所有において、取引がベースにあることは明らかだ。こうした慣行が、独禁法上問題を含みうることを、公取は最近のガイドラインで示したが、この慣行は日本では普遍的である。従って株式をもって、相手と長期継続取引を行っていてもそれは系列とは限らないのである（株式所有側の力が格段に強いときにはタテ系列になり、特定のタイプのものがヨコ系列になる）。

そして株式所有を伴う取引が行われているのは、日本における顧客獲得競争と関連がある。このようにして顧客との結び付きがつくられることは、第三者にとっては参入障壁になっているかもしれないが、市場争奪をめぐる競争がこういう結果を生んだのである。そして企業間のいわゆる合従連衡の動きは既に国際的に多様な展開をみせつつある。海外市場への参入と競争の関係をみると、競争力を基礎に参入するというだけでなく、相手国の企業と結んで競争力をプラスしながら参入するということが不可欠になりつつある。企業集団が参入障壁だという議論は、競争の現実からみて、単純すぎる[35]。

3　国際的提携への展望

日本の寡占体制は国際的にみて多頭多軸というような特徴をもっている。かつてこれは過当競争により、外資への従属を生むと心配されたが、今日の状況はむしろ反対である。自動車、タイヤ、半導体、電機、シリコンウエハーその他、日本の多頭が生きて、世界の残りの企業と市場を分ける例が増えてきた。しかも外国の競争企業との間でさえも、企業提携を行うようになっている。

国際的企業間提携の具体的な内容は多様であるが、それは一般に外部の経営

資源を利用し合うかたちの企業間協力とみられており、同時にそれはグローバルな競争のそれぞれの局面における主要な競争相手に対抗する手段でもある。

国際的企業間提携における企業の結合関係は、日本の企業集団の場合ほど長期・固定的なものではないのがふつうだが、両者はかなりの程度まで相互に関連し合っている[36]。

ところで国際的な企業の結合は買収を含むので、日本からの投資は多いが、日本への直接投資が少ないことが問題にされ、これも系列のせいだとされる。ここでは安定株主工作の影響が明らかであるし、これは株式市場の公開性の要求からみて問題があるとの主張も強い。ただ企業がむやみに買収されるのが良いとはいえないし、日本企業は案外、多くの外資を受け入れている面もある[37]。

日本での銀行や企業による株式所有あるいは持ち合いは顧客関係との関連において理解されるべきだと私は考えているが、資本市場のあり方との関係で調整が求められるかもしれない。ともあれ国の内外で企業がどのような結合関係を選ぶことになるかは、それぞれの企業の戦略にかかってくる。その場合に日本のヨコ系列は、再評価されるか離脱あるいは無視されるか、さまざまの方向から、企業の検討の対象になるだろう。こうした企業のグローバルな戦略的行動というものは、競争政策の面からも大きな検討課題になるはずである[38]。

V 小 括

系列の問題は日米構造問題協議のなかでアメリカ側がとりあげてから、日本側の政策当局が腰を上げたかたちだが、日本の対応は及び腰である。確かに経済体質となったものを急に変えようとすることは非現実的であろう[39]。

しかし系列の実態を明らかにし、その可否を議論することは国民のために必要である。系列の功罪は、実態把握と論理を欠いては、明らかにできない。そのような立場からみて、系列というものを日本的生産方式（例えばリーン生産）と同一視し、これを讃美するのはかなり問題が多い。

日本人が系列と呼んでいるものは多様であり、なかには外国にいくらでもあ

るような企業間結合を系列と呼ぶこともある。他方、日本の系列のなかでもとくに日本的な要素（タテ社会とか集団主義といわれるもの）は、問題を含んでいる。それは日本社会のなかでも、国際的にも、通用しにくくなっていくであろう。内外の企業間結合の形態と機能を明らかにすることは、これから大きな研究課題になっていくべきものと思われる。

付記

本稿発表以降日本の労働市場および株式持ち合いなどに大きな変化があったが、本稿の基本的立場を変える必要は認められない。

注
1) 米ブルッキングス研究所のローレンスの論文がその代表例である（Robert Z. Lawrence 1991.）。同論文は輸入に対する系列の影響を産業ベースで論じている。しかし産業ごとの輸入浸透度は、素材では競争力により、消費財では多様な需要への対応いかんによりきまるというように、それ自体複雑な問題をもっている。ともあれ本稿はこの論文への直接の反論を目的とせず、系列そのものを見直すための問題提起を目的としている。
2)「（昭和）26年の秋頃から、急激に産業界の再編成、企業系列の編成が各事業に亘り各大事業会社別に取り上げられて来た。……企業系列は原料、副原料の入手、第二次製品の生産、販売、輸送、副製品加工、商事販売等のあらゆる産業内の関連部門を捉えて行く。この場合、中心となる巨大会社が関連会社の株式を取得し、子会社化して行く形の揚合には最も明瞭である。……しかし株式は全然有たなくても（系列化は）行われる。」（樋口弘『財閥の復活』1953年、内外経済社、258頁。）。なお同書では、大銀行と融資先との結合は、「系統」と呼んでいる。
3) 奥村宏、1991c、『週刊ダイヤモンド』。
4) 宮崎義一、1976年、第3部（これは旧著の文庫版である）。
5) 奥村宏はこの区別の必要性を1976年の著書（『日本の六大企業集団』ダイヤモンド社）以来主張している。
6) 一説によれば系列とは英語seriesの訳語である（諸橋轍次ほか『新漢和辞典』（三訂版）1967年、大修館）。他方「系」ないし「系列」はシステムの訳語として広く用いられている。吉田民人は集団をシステムとしてみる立場から「集団系」という概念を示している（同1990、45頁以下）。
7) これは系列についての奥村宏の見解そのものである。本稿は奥村の系列論ないし企業集団論に依存する所が大きい。但し基礎的な理論の枠組みと系列に対する評価の点では大きな違いがある。
8) 宮本光晴、1987年、171-73頁。
9) 今井賢一、後藤晃、1977年。
10) 吉田民人、前掲書、73-74頁、85-86頁参照。
11) 港徹雄は下請制を、ここに示したタテ系列と同様の意味をもつものと捉えているが、その経済的合理性の説明としては、「企業間生産性」の高さをあげる。その論文は同時に下請制における歴史的要因を強調するが、その説明が上下関係にある企業の結合の効率

性を原理的に且つストレートに説明することになるのかどうか疑問である。同1985。
12) 奥村宏、1991、a、290頁。
13) Williamson, O. E. 1985, Chapter6. 参照。
14) 系列問題を長期継続取引一般の問題として捉える見解がある。それはひとつのアプローチかもしれないが、そこにはタテ系列、ヨコ系列及び非系列（例えばトヨタ自動車と新日鉄の取引）の3つの取引が含まれているはずである。
15) 本書第2章、第3章はこれを扱っているとみてよい。
16) 今井賢一ほか、前出、における「系列的グループ」の説明にみられる。
17) 中村精の下請制の定義にみられる。同1982。なおこのような見方はわが国では一般的なものである。
18) 日本は社会的格差の小さい国だとされるうえ、経済論は競争重視の見地から、ミクロ的にはせいぜい「機会の平等」までの議論を重視すれば足りるという考え方があろう。しかし社会的公正が重視されだすとそれでは足りなくなる。田中成明によれば、ジョン・ロールズは正義の二原理を掲げて格差を論じ、「機会の平等」から「結果の平等」への平等論の現代的転換に哲学的正当化を行ったといわれる。ジョン・ロールズ著、田中編訳1979、12頁。
19) アメリカにおいて雇用平等化は企業倫理の重要な柱である。
20) 原純輔、1979、第6章。
21) 高田亮爾、1989、139頁。
22) 「かんばん捨てたトヨタ」『日経ビジネス』1991年7月29日号、及び「日本自動車産業を揺さぶるモノづくり格差」『週刊ダイヤモンド』1991年8月3日号参照。
23) 『中小企業白書』平成3年版、85-99頁参照。
24) 杉岡碩夫、1991。
25) 藤森英男編、1989、アジア経済研究所、44-46頁。
26) アメリカその他で日本的な調達方式（例えばJIT）を取り入れるための研究がさかんであるが、これらは対等の関係のもとで仕入先の協力を得るために、いかに多くの解決すべき問題があるかということを示している。そのなかのサプライヤーとの関係では、相手を公正に扱い、投資には相応の収益を与えつつ、長期の取引をコミットする、といったことの必要性が示唆されている。例えばModarres. A, 1990, pp.62-65参照。
27) 坂本和一、下谷政弘編、1987、参照。
28) 企業集団と独禁法の関係についての簡潔な説明は中島修三、1990年、第4章にみられる。もっともこれは、当然のことながら、企業側の主張とは大きく隔たっている。
29) 系列主義と日本の産業体制論との対立関係について、かつて意見を述べた。島田、1982年。
30) 土井教之、1987、252頁。
31) 同上236頁。
32) 同上242、3頁。
33) コーゾー・ヤマムラ、1990。
34) 『年報系列の研究、第一部上場企業編1991年』経済調査協会による。
35) こういうと、日本市場への参入には日本の系列（実は単に日本企業）の協力を得よ、と主張しているようにみえるかもしれないが、必ずしもそうではない。日本市場で成功した外国企業の参入方式は一様ではない。ただ寡占企業の競争戦略を十分に検討しないで成功することは難しい。
36) 三菱グループとダイムラー・ベンツ、トヨタとGMなどの提携の経過をどうみるかが、課題である。
37) そのことは、自動車産業における国際的提携関係の錯綜した地図を一目みただけでわかる。
38) 日本と欧米の企業戦略の視点を採用したものとして拙著1998がある。
39) コーゾー・ヤマムラ、前出論文参照。

第5章
制度・慣行問題と系列論

I 日米構造協議と系列問題の地位

　日本の系列に関する論議は日米構造協議によって浮上した。その意味で系列に対する構造協議の役割は特筆に値する。だが反面この頃から系列論は日米において批判論と擁護論が微妙に交錯し、ねじれ現象を起こした。

1 構造協議のテーマとその展開

　日米構造協議（SII）とは、1980年代の終りにはじまった日米間の経済問題に関する交渉で、最終報告書は1990年6月に出された。

　そもそもSIIの意義は、日米両国が相互の経済分野の問題なかで、個別商品分野ごとのテーマではなく、より一般的なかたちで両国の経済のあり方を特徴づけている構造的な問題をとりあげようとしたことにあるとされる。この場合構造的な問題というのは、いわば両国の経済体質ともいえるような特定の性質をさすが、同時にこれらの問題は制度や政策を通じて是正できると考えられていた。ここにSIIの一つの特徴が認められる。[1]

　両国が相手国の構造的問題として指摘した項目をみると、これらは経済におけるマクロとミクロの両面にまたがっている。例えばマクロ面で日本については貯蓄・投資が、アメリカについても貯蓄不足や財政赤字が問題とされていることは、考え方としては合理的である。従って両方が歩みよって、貿易収支の

不均衡を是正していこうという態度を示しているかのようである。そして日本は公共投資の拡大を約束し、これはその後の経済政策との関連で一定の意味をもっていたはずであるが、日本側のマクロ重視には、通産省を中心としてそれなりの意図があった。すなわち問題の焦点を国際収支に絞り、それと関係の薄い国内の経済システムの問題は交渉の対象から外していくことである。日本側ははじめのうち日本には構造的な問題はないという固い態度を崩さなかったという。

　他方アメリカにとって財政の問題は、議会の決定に依存するところが大きく且つ議会は民主党に牛耳られているから約束するのが難しかった。従ってアメリカがマクロ面を重視するというのは、ただ日本の市場がより速いスピードで拡大してくれればそれだけアメリカ企業の参入の余地が増えると考えていただけのことである。そのようなアメリカの立場からすれば日本の通産省は貿易収支にこだわりすぎているということになる。アメリカは対日赤字はマクロ問題だという点に賛成しているが、そうであればいっそう、SIIはこれだけではないと考えていた。ただ日本市場への参入に結び付く限りにおいてマクロを取り上げることにも意義を見出したといえるだろう。

　つぎにミクロの問題として、日本側にはもともとアメリカの輸入超過は、企業の輸出努力の不足、あるいは国際競争力の弱さに原因があるという考え方が強かったが、この考え方は次第にアメリカにも受け入れられるようになった。しかしアメリカ側で国際競争力強化策として打ち出された教育改革や企業の研究の共同化などは、もともと即効的な対策とはいえない。

　アメリカの要求によって実現した日本の制度改革のうちで大きな成果は、いわゆる大店法の改正とこれに基づく運用の改善だったとされるが、それには消費者や財界の賛成意見が反映され、且つこの改革は通産省の権限をむしろ強める効果があったことが重要な要因となっている。

　アメリカ側がSIIにおける対日要求の眼目のひとつと考えていたものは独禁法の改正ないし運用の強化であった。これは日本側の抵抗に遭いながらも、ある程度実現した。また内外価格差、企業集団の実態、企業の購買方式など日本

企業の行動の種々の側面に対して従来よりは突っ込んだ調査が行われるようになった。こうして日本経済のミクロ的な側面へのアプローチに多少とも前進がみられたことはSIIの成果だといえよう。

ただ他方SIIの最終報告から2年が経過し、1992年の7月末に行われたフォローアップ（事後点検）の会合では、報告書での新しい約束は概して小さい問題に限られ、あとは以前からの約束の確認や、これからの努力の方向といったものが多くを占めた。[2]

こうしてSIIは制度改革への端緒をつくりながらも、政府レベルの協議には限界があったが一方では日本国内に系列賛美論を生み出すなどの副作用が現れた。さらにアメリカ経済分析についても新しい流派の台頭を促した。次にそうした事情について考えてみたい。

2　制度・慣行問題と錯綜する系列論

貿易摩擦を背景に日本市場の開放を求める動きが、単に政府の貿易政策や公的な非関税障壁の撤廃に止まらず、より非公式の、あるいは民間企業内部の結合関係や取引慣行にまで及ぶようになったのは必ずしもさほど新しいことではない。ECは既に10年前にこれらを問題にしている。[3] ただSIIにおいてアメリカは日本の制度や慣行について、かなり周到な調査を行って、問題を洗い出し、具体的に改善を迫る方策をとった。そのために、日本側の文献が大幅に利用されたはずである。従ってそこには日本側での問題把握の状況が反映されることになる。

日本の制度・慣行問題がいわゆる民間の障壁といわれるような性質のものへと重点を移していくなかで、外国の側がそれらを広く「系列」と呼ぶようになったのはおそらく問題意識の正確さを反映している。日本側ではやたらに「ケイレツ」という呼び方が出てくることに反発する声が強かったが、その人たちは、日本の企業社会で「系列」という言葉がいかに日常的に多くの状況のなかで使われているかということを忘れている。[4] また日本企業の関係者の多くは、外国からの系列批判は誤解だと言うのだが、自分たちは系列について何

ら積極的な説明をしていない。まず正解が何であるかを示す必要があったといえる。しかし日本では日本の企業組織や取引の仕組みを正面からとりあげる試みがあまり行われていない。従って系列を正しく理解する手段は日本人にも与えられていないのが現実である。

　ここで重要なことは、日本の系列論の多くは多少なりとも体制批判的な立場から書かれてきたことである。そのために、それらの文献は外国が日本を批判するのに利用し易かったといえるだろう。同時にそのような議論は、日本には構造問題など一切存在しないという立場をとる当局からみれば、いわば敵に塩を送るというような意味をもつと受け取られた。こうした敵味方意識は学問にとっては有害無益だが、問題が国際的対立関係のなかに投げ込まれてしまったために、系列論のねじれ現象が起こった。しかもこれは日本側だけのことではない。海外ではどちらかというと反体制側の人たちが、系列賛美論によって欧米の経済システムを批判する動きを示し、それが再び日本に輸入されるという複雑な流れが生まれている。[5] そしてこの動きと並行して、系列論の論点が障壁論だけでなく競争力論を含むことになった。

　ここでもういちど日本市場の開放と系列問題の関係に戻ってみると、海外から問題にされてきたのは、日本の貿易制度面では輸入制限の撤廃、関税引き下げその他の措置によって目にみえる障壁が小さくなり、また為替レート面でも大幅な円高が進んだにも拘わらず、日本の製品輸入比率が他の先進国よりもかなり低いことである。このような製品輸入比率の低さは何らかの目にみえない障壁があるために生じているに違いないという考え方が海外に強く、それらを象徴的に示すものとして系列の存在が指摘されたのである。

　これに対して日本側は、そのような障壁は存在しない、製品輸入が少ないのは、外国企業の対日輸出努力の不足あるいは競争力の不足によるものだと反論してきた。こうした対立のなかで、実証的に問題の焦点を示す努力は、アメリカ側で進行し、例えば、タテ系列の効率性とヨコ系列の閉鎖性を対比して示す試みや[6] より多くの対日直接投資を行うことが日本市場への参入には必要だが、これには企業買収ができないなどの問題があるという指摘[7] などが行わ

れている。これらは、何らかの意味で日本市場の閉鎖性を問題にしてはいるが、同時に日本企業の競争力の強さを認めている。ただその競争力の強さがどこにあり、その要因として何をあげるか、またそれらを正当化できるかということが問題になる。競争力の強さの要因として、あるいは競争力の弱さを補うものとして（それぞれの国の産業がすべて同等の競争力をもつことはありえないから）不公正な要素がないかということが次の問題になるわけである。閉鎖性と競争力はこのような関連において結び付きうるものとなる。

およそすべての企業間結合は、何らかの意味で閉鎖的だといえるが、それが経済効率を促進するものならば政策的に許容してもよい、という立場もありえよう。日本側の系列賛美論はこうした立場に近寄りつつ、論点を閉鎖性から競争力へとシフトさせるのに与って力が強かったといえる。[8] 他方アメリカ側の日本批判は日本市場の閉鎖性を追及するだけで、自国産業の競争力について問うことが少ない（競争力が強いはずの産業でも日本市場に入れないのは閉鎖的だからだという論理になっている）。こういう態度に対して、アメリカ産業の競争力について、より根源的に問題提起する立場の論者が、日本の系列的なシステムに高い評価を与えている。

3　企業間取引と日本的システムの効率性

モデルとしての市場取引の原則からみると、系列といわれるような企業間の結び付きを前提として、それをベースに取引を行うという状況は、原則を逸脱している。そこで系列のようなオーソドックスでない取引に対し何らかの積極的意味付けをすることはほとんど考えられず、系列を閉鎖性のゆえに批判することはそれなりに意味があるはずであった。しかし系列が独占的なグループ化や力の弱い限界企業の救済を反映するがゆえに、効率に反するという見方は日本企業の実情からみて現実とかけ離れてしまった。そして逆に効率面からみた系列賛美論が現れるようになったのである。

このような系列論の推移は日本的経営論の場合とよく似ている。日本的経営論は、はじめは日本的経営の前近代性や反民主主義的性格を批判するかたちで

はじまり、やがて海外からの肯定的見解を取り入れて、逆に強い賛美論へと転化していった。そしてこの論調はその後微妙に変化したが、時によって日本的経営が外国企業にとって魅力をもつのと同様に、系列も高い評価を受けることがある。

　日本の生産システムをポスト・フォーディズムの典型として普遍的価値を認めるリチャード・フロリグとマーチン・ケニーはアメリカ側について構造的な問題を提起している。そしてアメリカの産業と技術の再構築のための処方として、第1に軍事技術重視から民間技術、商業ベースの経済重視に向かうこと、第2に労働者を「考える労働者」の地位に高めて経済の担い手に育てること、第3に研究開発と製造を再統合してシナジー効果をあげること、が必要だとしている。これは社会的公正や平等の強化という問題でもあるという。

　そして彼らはその方策のなかで企業のネットワークの構築が有効だという。それは技術と産業の強化のためには、とりわけハイテク企業が小規模なアメリカでは長期的関係のなかで相互的な経済的利得を得ることが必要だからだという。しかしそれはアメリカのように人びとの間に競争が激しく短期的な目標が優先する社会では実現が難しい。企業はいまだに、生産の全体の環が繋っていること、従ってその一部がうまく動かなければ全体にひびくことを認識していない。アメリカ企業は供給業者を破産に追い詰めることもしばしばだったから供給業者は手抜きをし、劣った製品を供給して自らの墓穴を掘るという悪循環に陥ったと彼らはいう。[9]

　企業間関係のあり方について国際比較を行うことは容易ではなく、上記のような総括がアメリカ全体にあてはまるかどうかは議論の余地があるだろうが、日本と比較して、アメリカあるいはイギリスの取引関係が当事者の自主独立性を重んずることの裏返しとして、よそよそしく、あるいは対立的なものになっているという指摘は今やごくふつうにみられるようになった。

II　系列論の混乱とその要因

　系列論は，以上述べたようにそれがSIIのテーマになったことと、系列そのものをめぐる現実の状況が複雑であることによって、混乱させられた。そして系列論の混乱は系列について語るときの用語（概念）の混乱とそのベースとなる理論や価値観に含まれる問題を反映している。

1　系列の概念と外部化・内部化の問題

　系列の定義については多くが語られているが、これが混乱のもとでもある。私自身は、系列とは支配関係を伴った、あるいは中心性をもった企業間の結合関係だと考えている。[10]

　系列とは本来いわゆるタテ系列を意味し、これは奥村宏がいうように企業活動の部分的外部化と、これに対する支配を意味する。ところが支配は、外部化とはなじまないとみて、別の理論をもってきて内部化という例が生まれた。[11] 外部の組織でもこれを支配するとき、内部化といってよいとされるのは、両者の活動が一定のシステムの内部で生じているとみるからである。

　他方ネットワーク的な関係の説明には、信頼とか協力という概念が用いられる例が増えてきた。これは関係における性質（例えば共通の目標がある、機会主義的行動を防ぐ、共通の規範があるなど）を示すものとして一定の意味があるが、信頼があっても支配がないとは限らないし、協力関係がすべて肯定されてよい訳でもない。例えば奴隷でも主人を信頼していることはある。カルテルの結成・維持に協力するという表現は間違っていないが、それによる市場支配は批判されねばならない。ところがともすれば支配関係は暗いのに対して信頼とか協力は道徳的な善を意味するかのように受け取られて、支配を伴う外部化を認めない風潮が強くなった。

2　長期継続取引の理論による系列の合理化

　上記の動きと並行して、系列とは長期継続取引のことだという解釈がかなり

行われている。[12] そしてアメリカ側にはそういう解釈を受け入れる素地があるかもしれない。しかし日本で系列と言ってきたのは長期継続取引と同じものではない。鉄鋼メーカーと自動車メーカーとの鋼材取引などは、長期継続取引だといってよいが、この両者の関係を系列と呼ぶことはまずない。それは両者の立場が対等であり、しかも企業集団のような関係も存在しないことが多いからである。アメリカがSIIで、日本における本来の系列をこえて、継続取引を問題にしてきたというのであれば、たとえアメリカがそれをケイレツと呼んだとしても、本来の系列とは違った次元でそれを論ずるべきであった。系列と継続取引を同一視したことによって問題は二重のかたちで生じている。すなわちまず継続取引を合理化する理論として日本での継続取引一般に対してあまり適合しているとはいえない新古典派からの派生理論が採用されたこと、そして次にそれを継続取引一般とは違う系列に適用したことである。

　系列であれ長期継続取引であれ、それらのテーマは近代経済学者による日本経済の分析において従来主流ではなかった。というのはもともと新古典派的な市場経済尊重論に依存する論者の多くは、市場メカニズム以外の非市場的取引が日本経済のなかで有力な地位を占めていることを認めようとしなかったからである。これはいわば系列不存在論であり、それは現実的ではないとしてもそれなりに割り切った見方であることは事実である。[13] ところが海外で市場万能論が反省され、市場の失敗に対しては別個の取引形態や組織構造（両者を含めてガバナンス構造といってもよい）によって対応する方が効率的だというコース／ウィリアムソンらの説などが有力になるにつれ、日本の学者もこれを採用して長期継続取引の効率性を主張するに至った。

　長期継続取引の合理性を主張する議論の多くは、それが一方で市場の欠陥（とくに取引コスト）を免れ、他方で階層組織の巨大化の非効率（X非効率性）を免れるという意味で効率的なのだという主張になっている。この議論は、独立の取引主体を前提にしているだけでなく、それぞれの当事者が短期的、利己的な動機で行動することをまず想定したうえでつくられているのだが、ともかくこれによって長期継続取引は効率的だといえそうだというので、ひとまず

系列とは長期継続取引のことだという説が広まった。しかし直観的判断として系列を100％肯定することはなかなかできない。そこで「良質のもの」は良いとか、「過度の」結び付きはいけないとか、「内部的」には良くても「外に対して」閉鎖的になってはいけない、などの限定が付けられる。しかし効率性一辺倒の議論からは、これらの限定的意見の根拠を示すことはできない。例えばもし閉鎖的であることがそれ自体として悪ならば、垂直統合を目的とする企業の合併は到底認められないはずだが、そうした合併が阻止されるケースはほとんど全くといってよいほど存在しないのである。言い換えればここでは系列のあり方に注文をつけるような限定的評価には論理上何らの実効性もないといえる。そのようにほとんど無意味であるにも拘わらず、系列評価に当たって条件を付けざるをえないのは、系列関係においては、企業間のパワーの違いや社会的な格差などの影響が避けられないことが分かっているからである。従ってこれを独立企業の対等な取引であるかのように勝手に想定して、継続取引一般のなかに埋没させることは理論上許されるはずがなかったのである。

ただこのことは従来の系列論の問題点とかかわっている。

III 系列とネットワーク理論の役割

1 系列論の問題性

わが国における系列の研究はこれまで多くもなく、十分でもなかったように思われる。それは「系列」という言葉がいわば俗語であって学術的に認知されていなかったこと、しかも日本独特の把握方法が含まれているために、輸入学問をベースにしていては適当な切り口が見出せなかったことなどによる、とみられる。もっともこれは、系列一般を対象とする理論化が後れていたことを意味するのであって、下請け関係や流通系列など個別分野についての研究は決して少なくなかった。ただ一般論が欠けていたために本質的な議論が進まなかったのである。[14]

そうした状況のなかで、取引関係の分析を通じて、日本の企業間関係の特徴

を明かにしようとする試みが進められ、浅沼萬里らの業績が注目されるようになった。親企業である大企業と下請け、外注先などの中小企業の関係を単に支配従属関係というような歪んだ、あるいは暗いものと受け取るべきではないという主張がここから急に力を増していった。これは確かにそれまで系列といわれていたものを含む取引関係論ではある。

　だがこれは本当の意味で「系列論」かといえばそうではない。そこでの事実認識が正しいとしても、それは「系列はここにはない」あるいは「系列関係はここでは弱い」という論である。その場合の「ここ」には特定の相手との特定の時期における諸条件が反映されている。それでは従来いわれていたような系列的関係はなくなったのか、といえばそうはいえない。不況のなかで下請けへのしわよせが云々される。従来外注していた作業を内製化するというなどの動きも親企業の都合によって行われている。親企業による系列的支配、景気変動に対するクッションなどという従来の下請け制の議論が死語となったわけでもなく、手垢にまみれているともいえない。[15]

　従って長期継続取引と系列とは区別しなければならないが、両者が全く別のものだというわけではない。ここにひとつの問題がある。言い換えれば取引の側からみたときには、長期継続取引のなかで系列的なものをはっきり分ける客観的な基準を示すことは難しいであろう。それは系列というものが、取引そのものよりも、企業間の関係に基づいて概念化されているからである。しかも他方では系列関係にとって取引は重要な意味をもつ。そこでこれまでもわが国で系列的な関係における取引に迫る試みは行われてきた。例えば奥村宏が市場取引と相対取引を対比させてきたのはその点を意識してのものであったろうが、これは長期継続取引と実質的には同じものを対象とすることになる。

2　長期継続取引の理論の地位

　もともと市場取引を重視する制度、慣行が強い状況下で、それを理論的に正当化してきた経済学のなかでは、外部の企業との取引において、長期的な関係をもつことは容易には正当化できない。従って取引形態の理論化において市場

と組織（内部取引）という二元論をこえることは難しかったはずである。

　1980年代に入ってウィリアムソンは経済のガバナンス構造（取引構造）のなかに、市場と組織のほかに、第三の形態としてルールに基づく継続的な関係を認めるようになったが、それは市場や組織ほどに安定したメカニズムをもつものとはみられていなかった。そこでの関係が依然として基本的には利害の対立する相手との間につくられた策略ベースのものであるからである。これに対して長期継続的な関係を維持するメカニズムを、より積極的に説明するものとして社会的交換の要素に注目し、取引を通じて信頼や協力が生まれるのだという考え方が採用されるようになった。ここで継続取引の理論は市場取引の理論とその理論的基礎が決定的に違ってくる。そこで関係的取引における信頼や協力はどこまで普遍性をもった概念なのかということが問題になり、日本の文化的特徴といった要素を加味するかどうかという議論がこれに関係してくることになる。[16] 他方経済学から継続取引の効率性を説明するためには情報共有のメリットといった情報論的説明が加えられるようになった。

　だが長期継続取引の成立要因のなかで何が実際に重要な要素であるのかということは、具体的に検討する必要がある。理論的な仮説をそのまま適用してよいとは限らない。そしてとくに系列関係については、そこにおけるパワーの問題を忘れるわけにはいかない。

　系列本来の意味からすれば、その多くはむしろウィリアムソンをはじめとする垂直統合の理論によって合理化できたはずである。[17] 言い換えれば、系列とは垂直統合ないしこれに準ずるものであるといえばよかったはずのものが、その方向を取らずに、継続取引の論理に頼ろうとしたことが、問題を複雑にさせたといえる。系列を垂直統合といえなかったのは、系列における相手が、法的、制度的に外部の企業として存在しているからであろう。他方企業集団のようないわゆるヨコ系列を系列に含めて論ずるために、系列は垂直統合だといえなかったのかもしれない。これは系列という用語の範囲の問題であるが、これらの点が絡むといっても、日本側で継続取引一般と系列を同一視することは余りにも非現実的である。そしてこの点は長期継続取引のなかでのパワーの問題を

見直すことによって明らかとなるが、それは系列と非系列を含む産業のネットワークを分析するなかで可能となろう。

3 新しいネットワーク論とその意義

　産業のネットワークに注目する議論のほとんどは、市場でもなく組織でもない第3の経済の統治構造をテーマとしている。ただその場合に、市場と組織をそれぞれ堅固な論理構造をもったものとみたうえで、それぞれの欠陥への対応手段として中間領域を想定するのか、それともネットワークを独自の存在として認めるかによってその意味は大きく違ってくる。

　後者の立場に立つ新しいネットワーク論（本書第3章）では、社会生活において、行為主体間にさまざまの繋りがあるのは当然で、それは日常的に且つ普遍的に存在するとみている。従ってネットワークは、経済活動が相互に影響を及ぼし合い、また調整されていく主要なルートとなっているのである。この場合ネットワークの状況はきわめて多様であり、その存在は一定の方法によって確認することができるが、その性質や機能をあらかじめモデル化して、いわば純粋のネットワークというようなものを考えることはできない。

　そうだとすると産業ネットワークといってみても、それはきわめて漠然としたもので、概念化できなくなるのかといえば、そうではない。まず産業ネットワークは社会的ネットワーク一般とは違って、行為者は経済活動を行っている。その場合の経済活動とは、市場経済のモデル、とくに完全競争モデルのなかの経済人のように純粋に財やサービスの価格と数量の関係によって動かされているわけではないが、行動のベースになっているのは広い意味での、あるいは長期的な観点も含めた経済的利害に基づく行動である。

　もうひとつ重要なことは、ネットワークのなかでは、特定の行為者間の相互依存関係やパワー・バランスが重要な意味をもってくることである。ただネットワークのなかの関係は、ある日突然できるのではなく、多分に歴史的、制度的な要因に規定されている。他方各行為者は、所有し、支配している資源が各時点において限られているので、それが各自の行動を制約している。従ってこ

の資源をどのように使い、何を生産ないし供給していくかということは短期的には社会的分業のなかで概ね決まっている。そのような状況下でネットワークのなかには、関係の安定化、固定化への動きと、逆にこれから離脱しようとする力が作用する。このようなネットワークの存在を意識してこれを経済行動の分析にとりいれる試みはネットワーク・アプローチと呼ぶことができる。系列を含む継続取引の特徴をネットワーク・アプローチによって検討してみよう。

　長期継続取引のメリットを唱える多くの議論は、市場取引に伴うコストを下げるために、あるいは情報の効率的な交換などを狙ってそれが行われているという考え方をとる。従って市場取引のメリットとされる要素は、長期継続取引のなかでも生きているという。例えば現実に価格、品質等の面ですぐれた企業が取引の相手に選ばれているし、競争排除も生じていないという。それは事実として認めてよいことかもしれない。しかしそれは日本の競争の状況から生まれたことであって、継続取引の論理と直接結び付くものではない。市場取引と継続的取引は理論上全く異なった仕組みのうえに成り立っている。市場取引では、複数の当事者が相互にあらかじめ示し合った取引条件に基づいて取引が行われなければならないのに、継続取引はそうなっていないからである。ここに作用しているのは関係的取引の論理である。

　日本の現実をみると、多くの商品の取引について価格後決めの慣行がある。これでは相手の示す価格が安いかどうかはわからぬままに商品の流れが先行しており、事前に取引相手の条件を客観的に判断しているとはいえない。このようにして取引の相手が概ね特定の企業（ひとつとは限らない）に限定され、これらの相互間での取引が繰り返されていく場合には、競争というものの意味が市場取引の場合とは違ってくる。

　市場取引では、競争は一回ごとの勝負である。売り手も買い手も多数あって、その間での取引形成の条件は誰がみてもはっきりしている。従ってその条件において有利な地位（安く売るか高く買うかできる能力）があればよい。ここでは無理に背伸びをすれば容易に取引が成立するが長続きしない。

　他方、関係的取引における競争は、長期的視点からの取引先獲得競争となる。

買い手が強く、しかも長期継続的取引が期待できれば、売り手は買い手のニーズを満足させるために、最大限の努力をするようになる。市場取引において成功するための努力と、関係的取引における取引先開拓・維持の努力とは、同じようにみえるが、後者の場合買い手の力が強ければ、売り手はぎりぎりの努力を求められる。関係的取引においては、買い手が売り手に長期間の市場を保証することになるから、買い手はそのメリットを武器にパワーを行使することが可能になる。[18]これは日本の下請けにおけるピラミッド型の取引構造を通じて下部に向けてしわよせが行われてきたメカニズムを説明してくれる。

以上ネットワーク論をベースにすることによって、競争を通ずるしわよせのメカニズムが説明できることを述べたのであるが、系列のなかで一方的なしわよせがおこるという見方は今日の日本の実態からみると現実的でないといわれるかもしれない。[19]ただそのときでもネットワークのなかでの企業間の取引において、力の差に基づくいくつもの異なった状況がありうることをあらかじめ想定しておくことは意義がある。その力の源泉、基礎などには種々のものがありうるが、力の差そのものは常に存在するのである。しかもそれは企業の経営戦略上きわめて重要な意味をもつ。

企業は日常的に産業ネットワークのなかで活動を行っているが、一方でネットワークを利用し、他方でネットワークから影響を受ける。そのような企業の立場はネットワークにおける地位ということができる。それぞれの企業にとってネットワークの数はその製品や取引先の数に応じてきわめて多数になる可能性があるが、それぞれのネットワークのなかでの自身の地位を高めることが企業にとって最重要の戦略となる。そしてネットワークのなかの地位はパワーと密接な関係がある。

系列化とはそのような企業の戦略的関心をベースにして、相対的に優位な立場に立った企業が支配の範囲を拡大していく過程に対して付けられた呼び名である。従ってそのような行動がなくならない以上、系列化も系列もなくなることはない。系列とはこのようにしてつくられた企業間関係に他ならない。

他方企業は自身が所有し支配する資源が限られているから、際限のない系列

化を行うことはできないし、支配にはリスクもあろう。他方他の企業によって系列化されないための防衛的な措置のためにパワーを行使することもある。例えば株式持ち合いはこのことに関係している。

　ネットワークという用語は支配関係を伴わない企業間の関係に対して用いられることがよくある。タテ系列に当たる組織をピラミッド型と呼び、これに対してネットワーク型という場合には並列的な組織をさすことがかなり一般化している。そこでは系列はピラミッド、非系列がネットワークということになる。この分類は実際に適用しようとすると問題が生じかねないが、イメージとしては理解できる。それと同時にこういうかたちで、系列以外の多様な組織形態あるいは企業間関係の存在に目を向けることができれば、それはひとつのメリットだといってよい。すなわち系列以外に対等な企業間の関係というものが分析の対象になりうるのである。私は商社の取引に関連して売り手と買い手の関係（顧客関係）を分析しようとしたが（第2部参照）、それは対等の企業間の関係としてであった。日本の企業の場合（日本だけとはいえないだろうが）ここにも密接な相互依存関係があることが多い。

　ところで対等な関係が成り立つ条件というものをどう考えたらよいか。ネットワーク論の立場から、取引関係をめぐる状況についてより深い検討ができるように思われる。その場合個別の商品分野での状況と多数の取引を統括する企業の本社の立場、あるいは業界内の企業の序列を反映する場合など、パワー・バランスはそれぞれ違うこともある。

　日本の鉄鋼メーカーと自動車メーカーの間には系列関係はないが、密接な取引関係がある。商社も関与している。価格は時に後決めとなる。こうした関係をみる場合に、特定の商品（例えば自動車用鋼板）の個別的な流れと、それに即した企業の立場だけを視野に置いていればよいのかどうか。例えばトヨタと新日鉄の取引には業界代表者としての立場が反映していることが多い。[20] これはネットワークの広がりを業界というヨコの繋がりのなかでも捉えていくべきことを示している。取引当事者の関係が対等となる状況を生む要素としてはこういう業界ベースの地位というものも考慮すべきであろう。下請企業の協力会

や協同組合も地位向上のための組織として位置づけられることがある。

IV　ガバナンス構造と系列

1　ネットワークと系列

　ガバナンス（統治）構造からみたネットワークの地位については第3章で論じているが、系列をそのなかでどう位置づけるかということがもうひとつの問題である。日本的な意味での系列を十分に検討したうえで、これをネットワークのなかに位置づけるという仕事は当然日本の研究者に残されている。このテーマの鍵を握るのは、外的な力によって影響を与え合う行為者としての企業の力関係のなかで、どのような統合のメカニズムが働くかという点の分析でなければならない。ネットワークというと、そこには平等のヨコの関係しかないと考えるのは間違っている。階層組織内のような指揮命令関係はないにしても、事実上いずれかの行為者が中心となってシステムを動かす仕組みがあるのはごくふつうのことである。

　ネットワークにあっては、階層組織を通して一体的運営を行う同一企業の内部とは異なった関係が存在するが、ネットワーク内でも階層的な秩序をつくろうとする動きが生じがちである。それはネットワーク内の行為者のコントロールする資源に限界があるために、専門化、特化を通ずる相互依存関係がつくられる一方で、それらの秩序立った関係づけを実現するためにパワーの集中化が求められるからである。

　こういう見方に立つと、系列とはネットワーク内に階層化ないしパワーの集中化を生み出し、それを維持していくためのシステムとして、存在することがはっきりしてくる。そのための組織形態のひとつは出資関係などを通ずる公式の、あるいは法的な支配関係、もうひとつは何らかの方法で意思決定の所在を集中しているもので、日本の場合役員兼任などのかたちで親企業の意思に優位性を与えるケースが多い。さらに業務面での依存度を高め、例えば専属的な取引を行っているようなとき、系列が認められる。

ところでネットワークのなかで統合が進むケースが生まれるのは日本だけのことではなく、ごく普遍的な現象である。その意味で系列は日本だけのものではない。ただアメリカなどの場合は、統合の進展が一定の法的措置と並行しているので、外からみても明確である。日本で系列化といわれるような実体があるときには、同時に公式組織上の一体化が実現していることが外国では多いとみられる。日本の系列というものの性格があいまいであるとか、あるいは法的な正統性をもたない支配が行われているといわれるのは、形式と実態の間のくい違いを反映している。そこでこのような日本的な特徴を系列先の外部化という面から検討してみよう。

2 系列と外部化の利益

経済のガバナンス体制の面から日本経済の特徴を分析しようとするとき忘れてならないのは、大企業の人員規模が相対的に小さく、多くの業務を外部企業に依存していることである。これは外注依存あるいは専業化などといわれる。そしてこのことは日本で効率的な生産が行われている要因のなかで重要な地位を占めるとされる。しかし外部化と内部化の概念をめぐって微妙な問題があることは前述の通りで、これが系列と密接に関連している。

日本の大企業の公式組織を基準にする限り、外部化の動きは近年ほぼ一貫した進展をみせている。しかしこれによって日本の大企業が購買あるいは外注を通じて手に入れる資材や部品あるいはサービスに対して一切支配力を及ぼさなくなったとみることは事実に反する。さらに日本企業が外国企業を買収するなどのかたちで、支配を拡大する動きが強いことは周知の通りである。外部化が相手から供給される財やサービスの専門化を推進し、さらにそのもとでの設備投資を通じて分業をさらに促進することはありうることで、そこに規模の利益や技能の蓄積が生まれるであろうということは否定できない。そのことはよく指摘されることである。しかしこれだけならば、それがいわゆる親企業の公式組織の内部で生じえないものかどうか疑わしい。従って外部化の利益は、それ以外にもあるか、またはそれ以外の要因がより大きいと考えられる。そのひと

つが日本において賃金格差の利用であることは周知の通りである。ただここでは問題の焦点を賃金格差に合わせていくつもりはない。日本企業にとっての外部と内部の違いは何かということがより基本的な問題だと思われる。そしてこの問題の鍵はネットワークと会社本位主義とを結びつけてみることによって与えられる。

　日本における会社本位主義の経済システムは、欧米の場合と違って会社がより強く法人実在説に沿った存在になっていることによって裏付けられている。これは法人資本主義の理論として提起されたものである。[21] このことはそれぞれの株式会社という法的形態に自立性を与えると共に、公式組織の境界をもって、人間の組織としての境界とする考え方を生んでいる。そこではそれぞれの公式組織（会社特に中核となる大企業）に属する人びとの一体感ないしそのもとになる平等の扱いが重要である反面、組織を異にする人びとは扱いを別にすることが許される。例えば賃金体系は会社が違えば異なるのは当たり前である。このように、公的組織を異にすることに、一定の重要な意味が与えられていること、さらに付け加えれば、これに規模や業種による横ならびの関係が作用していることが、日本において分社化、系列化などの動きをひき起こす大きな要因になっているといえよう。業務的には一体運営が必要な分野についてまでも日本では社外ネットワーク化が適用されているために、そのなかでの業務上の強い結合がみられるといえる。

V　系列の評価と批判のために

　系列に関しては、不存在論、批判論、賛美論などさまざまの評価あるいは認識が与えられてきた。しかし不存在論は非現実的であり、賛美論はその論拠となる効率性の評価が観念的である。系列評価の基準はどこに求められるべきだろうか。

　基準として有力なのは独占禁止政策からのものだが、これによって系列本来の問題点に迫りうるか疑問である。というのはもともと独禁法の前提としては、

第5章　制度・慣行問題と系列論　　145

独立の企業しか眼中にないからである。そのため例えば、親子関係にある企業の関係は初めから問題にならない。系列の定義からこれを除く見方さえある。[22]

　公正取引委員会は1991年7月に「流通・取引慣行における独占禁止法ガイドライン」を発表して系列への対応姿勢を明らかにしてた。そこでは特定の行為類型と市場閉鎖性を結びつけて、違法状態の存否を判断することにしているが、実際にはこれによって違法とされるような系列はほとんど見当たらないであろう。それは日本の系列というものが、独禁法の眼からではよくみえにくいか、あるいは許容しうるものであるからだ。そしてそのこと自体は仕方がないのである。[23]

　ただわれわれは独禁法をこえて、系列の日本社会における意味を問うべきである。企業が形式的には別の組織のかたちをもつ相手に対して、支配力を及ぼすという状況が何を意味し、何をもたらすかということをはっきり認識し、そのうえでこれを評価する立場を確立することが必要である。それはこれからの仕事であるが、そのための着眼点として少なくとも次のようなことがいえる。

　第1にネットワーク組織のなかで、系列的な関係はひとつの方向性をもった経営諸資源動員の作用をもつことである。これは単なる効率性という以上に、パワーの作用を含んでいる。

　第2に系列を通じて社会的な格差が利用されることである。格差はどの社会にもあるし、差別を合理化する考え方も珍しくない。しかし、われわれは系列における格差の利用のなかに、不公正さを認めないわけにはいかない。これを是正する道を探る必要がある。

　第3に系列関係のなかで中心的役割を果たす親企業は、系列を利用することによって責任の所在をあいまいにする傾向がある。例えばバブルの時代、銀行は系列ノンバンクを利用した。系列化された企業が親企業に奉仕するための手足の地位しか与えられないとき、そこでの経営の自主性は奪われ、しかも経営者側は親企業を含めて何の責任も負わないという状況が生まれ易い。

　日本では会社本位のシステムがつくられ、これが個人の尊厳をおびやかすこ

とになり易いが、会社の組織や企業間の関係が複雑に絡み合っているために、問題の根源が捉えにくくなっている。系列関係の将来に関しては、これを明確な同一企業内の関係か、対等な契約関係か、いずれかに近付けていくことが必要であろう。だが現実にはまさに「系列」的事態が根強く続いている。したがってその実態分析および理論的解明を推し進めていかなければならない。

注
1) 以上のようなSIIの性格を述べたものとしてリン・ウィリアムズ1992は有益である。以下においてもSIIについてはこれに依存するところが大きい。
2) 1992年7月末の日本の新聞各紙による。
3) 拙著1988、p.165以下参照。
4) 系列に対する一般の関心の強さは、これについての出版物の多さによって知られる。新聞の見出しをみても「系列」はよく出てくる。例えば銀行が「支店を系列に売却し賃借り」(92年9月6日、朝日)。「日産、部品系列の事業再編」(92年9月7日、日経) など。
5) この流れはフランスのレギュラシオン派やこれを受け継いだケニー／フロリグらの体制批判派にみられることが特徴的である (龍昇吉, 1992参照)。またアメリカでのケイレツ是認論には企業集団の資金動員力などを評価するもの (Ferguson, C. H., 1990) やケイレツの核心を長期的な企業間の協力関係にあるとするもの (例えば Blinder, A. S. によるBusiness Week のコラム"A Japanese buddy system that could benefit U. S. Business" (October 19, 1991) がある。
6) この主張は米ブルッキングス研究所の Lawrence, R. Z. が行った。前章注1) 参照。
7) これについては小堀深三が伊藤忠商事の月報のなかで右の書物を紹介している。エンカネーション著：RIVALS BEYOND TRADE (Cornll U. P.) 『GLOVAL SENSOR』1992 JUL.
8) 日本側での系列賛美論は政府筋や近代経済学者のなかに多くみられたが、これらは奥村宏によって批判されてきた。この論文はそれと共通するテーマを扱っているが、重複を避けるようにしている。
9) Florida, R. and M. Kenny, 1990, P.194, P.201
10) 系列の定義については前章を参照されたい。なおそこではいわゆるヨコ系列 (企業集団) も系列に含めている。ここで中心性をもった企業間の結合関係というのはこれを意味する。ただ以下の議論ではおもにタテ系列 (支配関係を伴うもの) について論ずる。
11) 本間正明は系列関係を内部市場と捉える。そして内部市場志向は外延拡大性向をもち、成長戦略優先のシェア競争を生むという (同『エコノミスト』1992年8月31日)。
12) 柳沼寿は「現実にA企業がB企業の系列であるといわれる場合、B企業がA企業の系列であるとは決していわない、という非対称性が存在している」としながら、それを特定大企業との取引を通ずる蜜接な関係の存在、というように捉え直している。しかも自動車部品メーカーと、医療機器など異業種との取引も「系列」取引と同様に長期間にわたり継続的に行われているという。そうだとすれば、これらふたつの長期継続取引の共通面はともかく、「系列」関係の非対称性こそが系列の本質であるはずだが、ここでは継続取引のなかでの売り手、買い手の関係を逆に対等のものとして捉え、それを系列にも適用していく方向で論が進められている。これではいったいなぜはじめに系列における企業間関係の非対称性を述べたのか全くわからなくなる。同「系列問題の理論的アプローチ」清成・下川編1992所収。

第5章　制度・慣行問題と系列論　　147

13) 三輪芳朗の業績の多くはそのようなものであった。
14) 下請け制研究においても、その議論は多岐に分裂し、「下請け制全体を位置づける枠組みのなさが、このような羅列や不整合を併存させる理由となっている」といわれる。渡辺幸男、1992。
15) 鶴田俊正は「系列」という言葉は、あまりにも手垢にまみれてしまい、企業間の関係を分析するための概念としては、もはや不適当だという印象が残る、それは系列よりは長期継続取引の方が普遍的だからであり、アメリカが問題にしているものもこの広義の取引関係だからだという（『エコノミスト』1991. 10. 29）。確かにアメリカの立場はそうかもしれないが、日本で系列といわれてきた関係には、独特の意味があり、そのことが日本社会の問題意識を反映していたはずである。その問題がなくなったのならいざ知らず、問題がある以上、系列という概念を抹殺するのはあまりにも恣意的である。
16) こうした事情については宮本光晴、1991. 第5章参照。
17) 系列を垂直統合として説明することはすでにある程度定着した行き方であった。例えば植草益1982における流通系列及び下請系列の説明をみよ。もっとも垂直統合一般の議論で系列を説明するだけでは日本的な事情を説明することにはならないが、こちらの方が論点は明確だし、より現実に近い。なお日米構造協議絡みの問題の焦点は、概念論をこえて、現実の取引内容の調査に進み、そこでは系列、非系列を含むさまざまの取引が対象となっている。
18) 鶴田俊正は長期継続取引のメリットを説明し、そこでは取引開設コストは大きいが取引管理コストは低くなり、取引先変更コストは高くなるという（前出『エコノミスト』）。だが取引開設に至るまでには売り手側が大きなコストを払い、しかも取引をしてもらえないことがありうる。長期継続取引を前提とすると、取引してもらうことに大きな資産価値が生まれるので、売り手側は買い手の無理をきくことになる。そうしたパワー関係が作用していることを見ないと、日本の取引関係を理解できないのではないか。しかも取引関係の実態をみると、例えばトヨタが長年川崎製鉄から自動車用鋼板を買わなかったというような事例がかなり広く存在する。これは取引関係の存否を左右する条件が、単に相手の製品そのものの属性や生産能力だけではなく、歴史的経緯や競争関係などに及ぶことを示している。それは信頼関係と表現してもよいだろうが、そのイニシアティブを握るのは多くの場合買い手であり、それは買い手のパワーを反映している。
19) 実際には下請けへのしわよせが少ないとは考えられない。下請け中小企業では、親企業の休日前発注・休日後納入が41.2％、終業時刻後発注・翌日納入が18.7％あるという(通産省・中小企業庁調査に対する15,000の事業者の回答、1992年2月27日付、朝日新聞)。
20) 例えばつぎを参照のこと。「鋼材値上げ、新日鉄が戦略一変、自動車業界への"隷属"脱皮なるか」『日経ビジネス』1991年4月15日号。
21) 法人資本主義論は奥村宏によって提唱され、岩井克人はこれを再解釈している。ここでの記述はそれらに示唆を受けている。岩井・奥村「転機に立つ会社本位主義」『窓』No.12。
22) 滝川敏明1991〜1992では、子会社は系列ではないという。
23) 系列よりカルテル規制を急げという村上政博の主張はその意味でひとつの見識を示している。同1992。

第6章

系列とフランチャイズ・システム
―企業間関係と経済的パワーの役割―

　日本の系列がアメリカから批判され、他方フランチャイズ・システムがアメリカから輸入されたという経緯から、人々は両者を別のものと考えるかもしれない。しかし、それはごく表面的な理解であって、両者は共通する性質をもつ。それどころか系列はもともとフランチャイズ・システムの一部と重なっていたのである。そこでフランチャイズ・システムの性質を分析すれば、系列の功罪や系列の将来について、新しい光を当てることができるだろう。ただそれには系列についても、フランチャイズについても、その本質に迫るための理論が必要である。われわれは既に、系列について産業ネットワークの面から検討しているが[1]、その枠組みの有効性を検証するうえでも、フランチャイズ・システムをとりあげて行くことが、大きな意味をもつと考える。

I　フランチャイズ・システムの意義と性質

1　フランチャイズ・システムとは何か
　われわれは系列とフランチャイズ・システム（以下単にフランチャイズという）とが本質的によく似ていると考えるからこそ、ここでとりあげているのだが、一般に系列というのはあいまいで多義的であるといわれるのに対して、フランチャイズはかなりはっきりした概念内容をもつ。それはフランチャイズ関係が事前の契約によってつくられ、その制度的な枠組みが明確だからである。

フランチャイズの定義としては次のようなものが標準的である[2]。すなわち「フランチャイズ・システムとは、フランチャイザー（本部）がフランチャイジー（加盟店）との間で契約を結び、自己の商号、商標等を使用させて、同一性のイメージのもとに事業を行う権利を与えるとともに、経営に関する指導を行い、場合によっては継続的にフランチャイジーに商品（サービス、原料を含む）を供給し、これらの対価としてフランチャイジーから加盟金、保証金、ロイヤリティ（本部への定期的な納入金）などを徴収するシステムである」と。なお以下では日本での慣例に従い、フランチャイザーをザー、フランチャイジーをジーと略記する。

　以上のようなザーとジーの関係形成に当たって特徴的なことは、ザーとジーの権利、義務を明記した契約が文書によって締結されることで、そこには次のような事項が盛り込まれるのがふつうである[3]。

(1)　フランチャイズの付与。ここでフランチャイズとは「許諾または販売の対象になる特権」のことで、これにはテリトリーを含めることも多い。
(2)　商標、サービス・マーク等の使用の許諾、ザーによるノウハウの提供などザー側の義務。
(3)　店のイメージ、サービスや商品の品質の維持などフランチャイズ運営上のジーの義務。同じく加盟金、ロイヤリティなどの支払い義務。
(4)　ジーの仕入れ面等に対しザーが加える規制。
(5)　契約の期間、更新、解約、譲渡等に関する規定。

　ところでフランチャイズにおいては、ザーもジーもともに事業者で、双方の権利、義務が契約上明記されていることから、両者の関係は一応対等であるが、契約内容はザーが一方的に決め、ジー側には内容を変更する交渉の余地がない。この点からこれは民法上の附合契約に当たるといわれており[4]、この点にザーとジーの地位の不平等をみる論者が少なくない。この点は後の議論と関連する。なおこうした定型化された契約を結ぶのは一般にビジネス・フォーマット型、すなわちビジネスのやり方を教えることを主眼とした、フランチャイズと呼ばれるもので、ファースト・フードやコンビニエンス・ストア（以下単にコンビ

ニという)その他サービス業によくみられる。日本では一般にこれをフランチャイズと呼んでいる。

これに対して製品販売ないしトレード・ネーム型といわれるフランチャイズがある。アメリカではコカコーラのボトラー、ガソリン・スタンドおよび自動車のディーラーが、その3大分野とされており、これは日本でいえば系列に他ならない。

ビジネス・フォーマット型と製品販売型とでは同じくフランチャイズといっても、契約内容やビジネスの運営方法にかなり違いがある[5]。しかしそこにおける企業間関係の本質にどれだけの違いがあるのか、またそれは日本の系列とどういう関係にあるのか。これがわれわれの研究テーマであるが、このテーマにアプローチするためには、フランチャイズの性質や成立要因などの一般論ないし通説を一通り検討しておく必要がある[6]。

2 フランチャイズ・システムの意義と役割

(1) フランチャイズのメリット

フランチャイズは商品販売やサービスの分野で急速に広がった。アメリカやヨーロッパの方が歴史が古く、日本では最近拡大している。ただしフランチャイズの古くからの形態として日本の「のれん分け」をあげる学者がいる[7]。ともあれ経験やノウハウをもち、またそれによって一定の社会的評価をえた企業(ザー)が、多数の、経験や名声の乏しい個人(ジー)に、事業への進出の機会を与えるという点にフランチャイズの役割、意義を認める見解が一般的である。

その場合のフランチャイズのメリットをザーとジーのそれぞれの立場からみると次のようなものがあるとされる[8]。すなわち、ザーにとっては比較的少ない資本で、急速に事業を拡大できるうえ、加盟金やロイヤリティなどの収入が確保でき、同時にチェーン店を組織してチェーン・オペレーションの効果があげられること、ジーにとっては経験がなくても事業ができ、本部の指導で効果

的な経営を実行することによって失敗の危険性が少ないことである。ただしこれにはそれぞれ反対の側面もあるわけで、ザーの収入はジーの負担となり、ジーの受ける指導のコストは差し当たりザーが負担しなければならない。ジーの必要とする資本が多いか少ないかは一概にいえない。

　フランチャイズに対してはもうひとつ、このような組織そのものの合理性に高い評価が与えられることが多い。これは重要な論点だが、後で検討する。

(2) フランチャイズと流通チャネル

　フランチャイズはまずアメリカで、自動車やガソリンの広範な販売網形成の方法として発展した。その意味で、典型的なマーケティング・チャネルの形態となった。これに対して、現代のフランチャイズはむしろコンビニやサービス業などでのビジネス・フォーマット型の事業に重点があり、とくに日本ではこれだけをフランチャイズと呼ぶようになっていることは前述の通りだが、それらも広い意味での流通チャネルに含めてみることができる。流通チャネル論のなかの組織形態論は、独立の卸・小売業からなる伝統的・在来型の組織に対して、垂直的な流通組織の特徴や利点を説くことに重点がおかれてきたが、一口に垂直的組織といっても、そこには多くの異なった組織形態が含まれている。その中でフランチャイズはどういう位置を占めているのだろうか。垂直的組織一般の特徴、流通組織としての目的、そのなかでのフランチャイズの意義、というように順序を追って問題をみていくことにする[9]。

　まず垂直的組織としては、ひとつの極に企業システム（企業内組織）がある。この場合子会社として法律上別の組織とされているものも含まれる。いわゆる販売会社のような、子会社もここでは企業内組織である。企業内組織の特徴は、いうまでもなく、内部の管理が上からの指揮命令を通じて計画的に行われることにある。これに対して、自己の企業の外部にまで管理の手を延ばすことを目的に、幾つかの垂直的組織がつくられた。そのなかで、契約的関係がはっきり規定されているものを契約システム、取引を通じて事実上管理が行われているものを管理システムと呼んでいる。

次に流通の垂直的組織の目的としては、企業活動の標準化、共同仕入れによる規模の利益の確保など効率追求の側面もあるが、多くの場合不特定多数の広範囲の消費者を相手に流通網を拡大し、それらの全体を通じて、同一の商品ないしサービスを供給することが主目的で、それには店舗やそこで提供される商品・サービスについて同一性のイメージを維持することが不可欠だと認識されている。

　そこでこの目的を達成するために、なぜフランチャイズが利用されるのか、という点に関しては、一方でこのための流通網全体を自己の企業内で賄うのはコストがかかりすぎること、他方在来型の流通組織では供給する商品・サービスの同一性が維持できないことが挙げられる。その場合普通管理システムと呼ばれる管理方法でも不十分なので、フランチャイズ契約によって一体性を強化することになる。なお流通における契約システムの一種として、ボランタリー・チェーンのような事業者の自発的な結合を挙げることがあるが、ここでは検討を省略する。

　さて流通機構としてのフランチャイズの役割を評価するためには、それが消費者にとってどういう意味があるかということを考えてみる必要があるであろう。その場合流通チャネルの形態だけの抽象的な議論をしてみてもあまり意味がない。商品やサービスの供給における大量生産、大量販売方式の普及という歴史的段階を前提としつつ、例えば自動車のような商品を個々別々の消費者に販売する場合、あるいはコンビニのように特定の地域の消費者の特定の需要に対応する場合などに、このシステムがどのように機能しているかをみていく必要がある。そのなかであえてフランチャイズという組織形態を採用する理由をあげれば、企業システムによらないで、供給される商品やサービスの品質と価格について、一定の知識あるいは信頼感を与えるという目的が挙げられる。そのような消費者側の受け取り方（パーセプション）は、それぞれのフランチャイズ・チェーン全体に対して与えられているもので、それを消費者の目からみて好ましいものにしておくことは、チェーン全体の利益になるはずだが、そのような方向で各店舗（ジー）を努力させること、また必要な研修などを実施す

ることは本部（ザー）の仕事である。

　このようにフランチャイズはその全体がひとつの組織として存在するという一面があるが、その構成メンバーは原則としてひとつのザーと多数のジーから成る[10]。そしてビジネス・フォーマット型のフランチャイズにおいては、ザーのもつブランドやノウハウが重要な資産として、ザーに収入をもたらす。従って外見的にはひとつのチェーン組織の内部に、ザーとジーという立場の違いが含まれている。このような組織としての一体性と内部の立場の違いは企業の内部にもみられるが、企業の労使間の関係においては、労働者は組織の内部に雇用されていて、経営側はそれに応じた責任を負っているのに対して、フランチャイズの場合は、ザーとジーとは表面上は対等の取引相手であることが、ここでの両者の関係を複雑なものにしている。

(3)　フランチャイズ・システムの功罪と政策

　フランチャイズはアメリカで1950年代後半から、60年代にかけてブームの時期を迎えた。フランチャイズが新しくビジネス・フォーマット型の展開をみせたことが大きい。こうして生まれたビジネスは、何よりも独立して新しくビジネスを始めたいという個人に、比較的容易に、また比較的少ないリスクで事業を始めることを可能にさせるものであった。そしてこのことはとりわけアメリカで、社会から歓迎された。というのはアメリカでは、独立して自ら事業主になることを望む個人がきわめて多いことと、既存の大企業組織のもとに垂直に統合された組織のかわりにフランチャイズを通じて新しいチェーンが続々生まれることは、市場における経済力の集中を防ぐ効果があるとみられたことによる。

　確かに新しい商品やノウハウを開発した企業は、フランチャイズを利用して急成長することが可能となり、それらが多数になれば、相互の競争が刺激されるから、その意味で競争政策の面からフランチャイズは歓迎されてよいはずであった。しかしアメリカではフランチャイズに関するビジネス慣行を手放しで放置することなく、ここに裁判所、政府、および議会がそれぞれ介入を試みた。

第6章　系列とフランチャイズ・システム　155

それはフランチャイズが競争政策上のマイナス面をもつとみたからである。フランチャイズに関してアメリカがどのような政策的関心をもっていたか、裁判所の判例を含む概略をみておく[11]。問題は大別して三つあるが、最初は反トラスト法プロパーの問題であり、これが三つに分けられる。

　第1にザーとジーの間の協力ないし協定のなかに、違法な共謀に当たるものがありうることが問題である。それは取引上の拘束の三つの形態を含んでいる。まず特定の商品の仕入れを義務づけることが問題となる。アメリカの裁判所では、有力な企業の製品を販売する特定の企業に対し、メーカーが指定する商品やサービスの抱き合わせ仕入れを強制することを違法とする判例がある反面、ソフト・アイスクリームのフランチャイズにおいて、品質維持のため、ザーがジーに対し、指定した原料の購入を要求することは合理性があると連邦取引委員会が決定した例もある。こういう不統一があるのは、それぞれの判断の当事者の見解の違いによるが、同時にそれぞれのケースにおけるザー側の独占度（現在ではいわゆる市場閉鎖性）の強弱の差を反映するとみられる。

　第2にテリトリーの制限の問題がある。これに関して有名なシュウィン事件では、同社がその自転車の卸売業者によるテリトリー外の小売業者への販売と、小売業者による他の小売（ここではディスカウント・ハウス）への販売を禁止したことを違法とした。もうひとつGMがフランチャイズのディーラーに課したフランチャイズ以外の（ディスカウントの）業者に対する販売制限も違法な共謀とされた。

　第3に価格維持の問題がある。アメリカでは再販売価格維持についての規制は強く、フランチャイズにおいても幾つもの事件がある。

　以上においてアメリカの独禁法は、フランチャイズにおけるザーとジーの関係を独立の企業間の関係とみて、特別の扱いをせず、その間に違法な反競争的協定がありうるとみるのだが、これとは違う次元で、契約内容の公正さの問題が発生する。それはフランチャイズ契約においては、ザーの特権を擁護する一方的な内容がみられるということである。この点は契約形態上日本民法の附合契約であることは既に述べたが、例えば些細な契約違反を理由に契約が解除さ

れうることなどが問題となる。このようなザーの地位の強さが公正を欠くという問題はアメリカの独禁法では直接とりあげられてはいないが、この問題との均衡を考えて上記のような拘束的取引の禁止があるとみることもできる。

3番目のカテゴリーの問題はフランチャイズへの加盟の勧誘ないし権利の販売においてザーが不正な方法を用いる場合があることである。アメリカでは、特定の商品の販売権そのものの売買が、手紙によってねずみ講のように広がったり、有名人の名前を利用した勧誘が行われたりしたので、政府が警告し、あるいは州によって立法措置を講ずるなどの動きがあった。またザーがジーの候補者に、ビジネスの収益見込みを誇大に示すという問題があり、連邦取引委員会が個別に対応して問題の拡大を防いだ。

フランチャイズについてこのように各種の問題点が明らかにされてきたことは、日本の政策にも影響を与え、公正取引委員会事務局は、昭和58年9月20日「フランチャイズ・システムに関する独占禁止法上の考え方について」を発表した。これは取引制限だけでなく、上記2番目の公正さの問題についても日本の独禁法の不公正取引の中の優越的地位の濫用禁止規定に該当することがありうるとし、また募集方法、開示の必要事項などについても詳細に述べている。日本ではこのほかに、中小小売商業振興法による助成と関連させたフランチャイズの登録・開示の制度もある。その結果主要な、あるいは一般的に社会で認知されたフランチャイズは、法律的にかなり洗練された制度的骨組みをもつようになっているといえる。

しかし表面上与えられたジー側の自由がどれだけの意味をもつかというと、現実にはほとんど機能する余地がない場合が多い。つまりジーがザーのいいなりになることは、多くの場合全く当然とされている。とはいえそれ自体の善悪を直ちに結論づけることは適当ではない。この問題はフランチャイズの本質に関わるものだからである。

II　フランチャイズ・システムの本質

1　フランチャイズ・システムの成立要因

　フランチャイズは独立の事業者の集団であるが、あたかも一個の企業体であるかのような、一体的な運営を目指している。そこで企業システムとフランチャイズの異同の議論から、フランチャイズの必要性ないし成立要因を捉えようとする試みがなされてきた。

　この場合、実際にフランチャイズと直営店による販売とを、使い分けた歴史をもつ企業に即して検討することが有効な方法となる。例えばシンガー・ミシンははじめ、機械式ミシンを知らない消費者に、各地方で宣伝しつつ販路を広げるのに、フランチャイズ方式を利用して成果をあげたが、やがて販売コミッションが大きすぎると考えて、直営に切り替えた[12]。このような場合にフランチャイズか直営かという選択は、販売のための資金負担ないし投資リスクの軽減面からまずフランチャイズが採用されたとみられているが、同時にここでは各地方のディーラーは、それぞれ地元で信用のある事業者で、はじめのうちかれらの販売力をメーカーが利用したともいえる。しかし商品がよく知られてくると、販売は容易になる。この段階では、メーカーの製品ないしブランドに有名品としての無形資産の価値が生まれる。そこでこのような有名品の販売は自身で行えばすべての独占レントが手に入るはずだ。シンガーの方針変更はこれを反映するが、ここでなおあえて、無名で販売ノウハウのない個人を販売に参加させるのが現代的なフランチャイズに他ならない。それは一体なぜか。ここにはそれ相応の理由付けが必要になる。そこで大企業組織の非効率（X非効率）とか、取引費用の理論が利用される。

　近年流行している取引費用説に機会主義を組み合わせた説明によると、大企業組織とくに地域的に分散した組織では、従業員が怠けないように監視するコストが大きくなるので、組織内部の従業員よりも独立の事業者であるフランチャイジーの方が管理コストが節約できるという説明がなされる。同時にこのときにジーの陥る誘惑は自身の行うサービスの品質を下げて利益を出すこと

（名声へのただ乗り）であるとみる。それを許すと、チェーン全体の信用が低下して全員の損になるから、ザーが仕入れ品目や販売価格をコントロールするのは合理的だという[13]。こうしてかつて違法とされたような、ザーによるジーの行動の規制が合理化され、現実に取引の実態はそうなっている例が多い。

さてこの説明（いわゆる新制度派による）は、うまくできているが、チェーン全体の評判がよくなり、チェーン全体の販売高が増えて、そこからますます多くの超過利潤（独占レント）が生じたとき、それがすべてザー側に帰属することになっても、それは当然なのだろうか。当然だと考えるのは実はジーを従業員と同様にみていることを意味する。しかし本来ジーは独立の事業者である。その行動特性がどういうものになるか、一概にはいえないが、ジーにとって限界コストは高くなる可能性がある。ザーとの契約以外は自由に行動できるとすれば、重労働は避けて適当に仕事を抑えるかもしれない。そうなると一層の売上拡大を望むザーとジーの利害は対立する。この場合にはザーが好ましくないと思うジーとの契約更新はしないことができる。実際にはこういう武器がザーにあるから、ジーは努力を強いられる。

もっともザーとジーは、たとえザー側が有利でも、利害は一致しているという面もある。というのはフランチャイズのザーとジーとの関係は、ザーのもつブランドなどの無形資産の使用をめぐる取引であるともいえるからだ。優良なフランチャイズ・チェーンに加わっていれば加盟業者は資産価値上昇のメリットを受けるから、ザーもジーも一体となって努力するはずだという説明ができる[14]。しかしフランチャイズのもとでこのような価値上昇を生み出す要因がもっぱらザー側にあるという理解がなされがちなのは問題である。実際に無形資産の価値が市場で評価される仕組みがあれば別だが、実際はそういうものはない。従って契約条件はザー側が一方的に決め、その状況を伴いつつ継続的な関係が維持されている。これはザーの支配下で、ジーの努力を引き出す仕組みが作用していることを意味する。ここにフランチャイズの経済的作用というテーマが重要な意味をもってくる。

2　フランチャイズ・システムの経済的作用

　フランチャイズの存在理由について普通行われる理論的説明は、そこでザーのもつ経験、ノウハウとジーの労働意欲とが、うまく結び付くということであるが、いつもプラスの面だけが作用するとは限らないはずだ。ただフランチャイズというかたちの経済組織が現に存在するのは、それが合理的だからだといえば、一応の理由付けにはなる。その場合経済学の判断によると、競争を阻害する要因がなければ、現実に存在する組織形態はそのときの条件のもとで効率的であるとされがちである。言い換えれば、もしそれが効率的でなければ生き残れないはずだという論理が存在する。

　しかし以上のような推論によれば、現にある経済組織はすべて効率的だということになる。組織そのものの効率性をどのように認定するのかという問題を避けて、組織として存在するから効率的だというのは、その組織形態に含まれる問題を不問にしてしまうと同時に、その組織のもとで生ずる経済的効果の発生の筋道をも隠してしまうことになる。例えば日本の生産系列の効率性を、いきなりこの組織の形態そのものから導き出すのは主観的であって、説明の対象となるべきことを前提に置くことになる。真の効率は生産現場における、労働の投入とその成果からはじめて明らかになるはずで、このことはフランチャイズについても全く同じである。

　フランチャイズの成立要因を捉えようとする場合に、つまずきの石となりかねないのは、ザーとジーとが法律的には平等の契約を結んでいることである。この表面上の対等性により、ザーの所有物であるブランドなどの無形資産の価値上昇の果実をザーが取るのは当然だという判断が生まれる。しかし無形資産の価値上昇はどのようにして起こるのだろうか。ここにフランチャイズの経済的作用に関する本質的な問題があり、これは問題にアプローチする理論的枠組みの問題に発展する。

　言い換えれば、これまでの説明のなかで紹介してきた新制度派などは、あくまでも対等の取引を前提にしているが、現実のフランチャイズにみられるザーとジーの力の不均衡を考慮に入れた検討が必要である。このような問題意識に

立って、新制度派にかわるものとして、パワーとコントロールのモデルを採用した論者があるので、その見解をみることにする[15]。これによればフランチャイズが成長したのは、企業体の内部組織を使わずに、ジーの自発的努力を利用して大きな成果が生まれたからだといってよいが、それは結局ジー自身または彼が雇用した加盟店の従業員がより多く働いた結果なのである。言い換えればフランチャイズという組織のもつ効率といわれるものは、技術的効率（投入に対する産出の増大）ではない。それにも拘わらず産出高は増加し、それによる収入増加の配分はザーの側に必要以上に大きく傾斜している。それはフランチャイズのなかでザーが相対的に強いパワーをもっているからである。つまりフランチャイズはジー側の長時間労働を引き出すことによって、ザーにより多くの利益をもたらしており、それが効率向上の実体なのではないかという問題がある。

このことはフランチャイズにおいては、ザーとジーとが法律上対等だという外観にも拘わらず、実際にはザーがジーを支配しており、ジーはザーに従属していることによって起こる。もともとザーとジーの利害は同じではないし、そのなかでザーの利益が優先する。それはジーのザーに対する依存関係の結果である。

このようなフランチャイズの構造を通じて、各種フランチャイズ・チェーンが成長し、そのなかで矛盾が爆発しないで推移してきたのは、ひとつはジーの供給源が豊富であること、つまり労働者でいるよりは独立のジーとして働きたいという個人が多いこと、もうひとつは実際に各種の対立紛争が起こったことから、ザー側の自制が求められ、また前述のように法律その他の規制が加えられたことによるとみられる。

3　フランチャイズと系列の比較

以上のように表面的な契約上の対等性にも拘わらず、フランチャイズにおいてザーの支配が一般的であるとすれば、フランチャイズと企業系列とは本質的に同じものだという主張が裏付けられる。もっとも流通系列というのは、製品

販売のフランチャイズのことであるから、あえてこのような議論をするまでもないともいえるが、我が国の通念のうえでフランチャイズと系列が区別されているのは、フランチャイズの場合には概念内容が一応明確であるのに対して、系列は内容がより漠然としていること、その結果としてフランチャイズというときはビジネス・フォーマット型のフランチャイズだけが対象とされることによる。

そこでフランチャイズと系列の比較というテーマはそもそも何と何を比較するのかという疑問が生じ得る。確かに業種も組織形態も違う多くの事業をひとまとめにして比較するということは問題であるかもしれない。しかしわれわれは、本質的なことを問題にしたい。実際にはフランチャイズといわれるものも、内容的には多様である。次第に多くの業種にフランチャイズが採用されている。また内容的にも、本来サービス中心で物品の販売は目的でないといわれるようなフランチャイズが、実際は物品の販売を主眼にすることが多い。またフランチャイズは契約内容が明確だといっても、フランチャイズの店舗と直営店が混在しているチェーンが多い。これらのことは、ザーとしての本部企業が、多数の中小企業を組織し、かつこれらを支配して、ある程度は共通の目的に向かって、全体の経営資源を動員し、かつ調整していることを示している。これはまさに系列の性質そのものだといえる。

それではフランチャイズと系列は同じものだということにどのような意味があるのか。それは単なる言葉の問題にすぎないといわれるかもしれない。しかしそれならばなぜ系列は日本的なもので、これを変化させることが必要だといわれ、また系列は崩壊するともいわれるのか。フランチャイズにはこれと反対のことがいわれているのである。本質的に同じものが、反対の動きをするとすればそれはなぜか。そこには対象業種そのものの成長力という問題があるかもしれないが、もともと系列というのは特定の業種にしばられた言葉ではない。したがって問題は、系列とフランチャイズを捉える論理そのもののなかにあるといえる。その場合系列には支配があり、フランチャイズはそうではないという理解もあろうし、両方から支配を消す見方もあろう。だがわれわれは両方に

支配があるという点から共通性を捉えている。そしてそれは多数の中小企業を組織して行く上で不可欠の性質だとみている。それと同時に現代の大企業間の競争が、関連中小企業を巻き込んで、そこに含まれるメンバーを特定の方向にかりたてるパワーを生み出していると考える。さらにそれらの構造の上に日本的特徴もみられるのではなかろうか。それらの点を以下で検討してみたい。

III 系列とネットワーク再論

1 企業間関係と系列

　系列をめぐる議論は、日米構造協議で議論されていた当時からみると、すっかり下火になったが、企業間関係の研究は、これからいっそう重要になるはずである。そのことは企業のネットワークに関心がもたれていることからみて明らかである。ところがこうしたテーマを取り扱う文献は、背景の理論と対象とする分野が余りにも多様で、混乱した印象を免れない[16]。例えば企業間関係とか企業のネットワークという言葉を使うとき、大規模な親企業を中心とする企業グループ内部の関係が含まれるかどうかはっきりしないし、ネットワークというときには情報ネットワーク中心のイメージで捉えられることがある。そのなかで系列という言葉も混乱の中におかれている。もともと日本で企業系列といえば、支配従属ないし地位の上下関係を含んでいたのだが、近年これを企業間の継続取引と同一視する傾向が生じたことが混乱のもとである。そうした混乱が生まれたのにはそれなりの理由があるが、混乱を理由に系列という言葉の使用を避けたり、系列から目をそらしたりすることは、日本の企業間関係の研究にとって不幸である。われわれは系列という言葉によって日本の企業間関係の特徴がよく捉えられるはずだと考えている。

　ところで系列を研究する場合に、研究対象をはっきりさせるためには、例えば生産系列（下請け構造）、流通系列というように、それぞれの企業間関係ないしその組織の機能に即して個別にみていくことが望ましい場合があるが、それだけでは日本の系列の本質がわからなくなる恐れもある。例えば自動車産業

をとってみると、そこには生産、流通の両面に系列が生まれたが、これらは決してばらばらの存在ではない。完成車メーカーが両者を統合している。したがって全体を通ずるタテの組織の総体をみる必要がある。しかもそのような組織が広く日本には存在し、それによって無数の中小企業が組織されている。このような日本の資本主義の特徴を明らかにするためには、系列に関する一般的な分析枠組み、ないしは理論が必要だと思われる。このことは日本の産業組織の特徴を、単に日本的なものとみるだけでなく、より一般的・国際的な産業組織の動向の特徴すなわちアメリカ的大企業組織の限界やネットワーク組織の台頭に関連させて議論する立場とも関連している。

　本書ではそのような問題意識に立って、産業ネットワークの一般論を取り入れ、これに基づいて系列を検討した[17]。その基本的な考え方は、ネットワーク化ないし組織化が進む際にはこれを推進する中核的なパワーがあるはずだということ、そしてそれによる管理、統合の作用の仕方のなかに日本の系列の特徴がみられるのではないかということである。ここでもう一度本書の議論の大まかな特徴を以下にまとめてみる。

2　系列の二側面

　われわれの考え方の骨組みとしては、系列を次のふたつの面から捉えようとしている。すなわちひとつは産業ネットワーク一般を議論することである。ここではひとまず系列を含むさまざまな企業のネットワークを広くとりあげることになるが、これによって、系列というものを、特定の機能をもつものとして（例えば生産系列）ではなく、より一般的に、また多様な結合形態（株式所有、役員派遣、技術供与など）をすべて含む幅広い企業間関係を視野にいれて検討することができる。そしてこのような多様な企業間関係のなかで系列を特徴づけているのは、そこにおける企業間の力関係である。われわれが採用する産業ネットワーク論は、このパワーの要因をとりあげることができ、これによって、大きなネットワーク組織の階層構造が分析できる。

　もうひとつは系列の日本的特徴に関する議論で、ここでは長期継続取引を利

用しながら、組織の内外の差別、多様な関係の操作、格差の利用などを通じて、支配を拡大し、そこに経営資源の動員と環境への適応、効率化を生み出すメカニズムをとりあげることができる。

そこでまず以上のうち産業ネットワーク一般論についてみると、ここでの対象は、主として取引関係によって結び付いた企業のネットワークであるが、これは社会的ネットワークや情報ネットワークの理論が対象とするものよりは複雑で、総合的であり、その分析視点の構成要素はかなりいろいろな理論の折衷である。それはIMPグループのアプローチを引き継いでいるが、以前は取引関係における相手先との二者間の相互作用に注目していたものが、ここでは意識的により広いネットワーク全体の状況を対象とするような枠組みをめざして理論が作られている[18]。

ところでネットワークの成立要因に関する経済組織的説明としては、取引費用説に基づく中間組織論が有力であるが、われわれがここで採用する見方はそれとは違う。その特徴は次のようにまとめられる。なおここではアメリカの制度派に属する一つの考え方もとりいれられている[19]。

・ネットワークを市場と組織の中間とはみない。
・ネットワークはGovernance（経済組織の構造、動かし方、調整方法）の一つの独立の形態である。
・ネットワークにおいては、そこに働くパワーの作用が重要である。というのはそれが、それぞれのネットワークの組織としての一体性を生み出しているからである。
・ネットワークにおける支配(パワーの作用)は、法的、公式的関係からだけでなく、取引における依存の実態からみていくべきである。
・取引における依存の内容は多様である（社会的交換）。
・Governanceは産業のレベルで概念化される（Corporate Governanceとは違う）。産業とは相互依存関係にある社会的交換のマトリックス。
そこにはさまざまな行為者とさまざまな取引が含まれる。行為者はそれぞれGovernanceの形を考え出す。

第6章　系列とフランチャイズ・システム

　以上のようなネットワーク論をベースにわれわれは、系列を産業ネットワークにおける特定の統合の状態につけられた呼び名だというようにみるわけであるが、系列には日本的特徴がある。そこで次に日本的特徴論の側面をみることにする。

　ここでは、系列の狙いは企業が相手の企業を自分の外に置いて支配することにあるという説（奥村宏）がベースだが、日本ではなぜそれらの部門あるいは作業を自社の内部に置かないのか、なぜ外に置いて支配できるのかということがここでの主要テーマである。その場合のポイントをあげる。

- 会社の内と外の区別（差別）の意味が重要だが、日本における内と外といった文化論一般からは距離を置く。個別の組織の内部での構成員に対する平等の扱い、あるいは管理者の責任の及ぶ範囲というものが、内外の区別の基準になる。
- 一般的枠組みで日本的特徴を分析する場合、出発点をどこにおくかが問題で、結局歴史的要因を入れてみることになる。従って文化をすべて否定することはできなくなるが、企業の外部依存の大きさからするネットワーク組織の広がりと、日本社会における企業間取引面での機会主義抑制作用を重視している。
- 上記はいわば合理的説明だが、批判的に現実をみるなら、企業はパワーをもつことによって有利になる。パワーは取引上の地位から生まれ、これを表現する。
- 企業は自己の外にある大きなネットワークを支配することによってパワーを強め、同時にネットワーク内部へのパワーの行使を効率的に行っていくために、例えば取引の前後のタテの諸段階を貫いて戦略的な株式所有（資本系列化）が行われる。
- パワーや地位を求める競争は市場競争と同じものかどうか問題だが、日本ではこうしたパワーの行使を制約する制度的要因が弱かったのではないか。
- 日本企業が親企業の内部を相対的に小さくし、外部依存を高めたのは、賃金の企業規模別格差も一因である。

　なおわれわれは日本的特徴をより具体的、個別的に捉えるためにさらに検討

すべき諸側面があることを否定しないが、今後の検討課題としたい[20]。

IV 企業間関係におけるパワーの作用

1 取引とパワー

　企業間関係においてパワーを重視するというわれわれの立場は、子会社など株式所有を通ずる企業グループ内部では受け入れられやすいが、自社の外の企業を支配するという視点は採用できないと考える論者がかなり多い。これは組織の理論において取引からの理由付けが行われた結果かもしれない。つまり取引面で支配が必要な相手は組織の内部にとりこまれているはずだと考えるわけである。そこで経済理論の面からは、系列のなかの支配従属関係に踏み込むことが難しく、例えば下請け取引の分析において、こうした視点を禁欲していたという論者がいる。それは取引というものを、財の交換を中心にみること、および独立の事業者の行動はそれぞれの自由意志に基づくもので、強制されたものではないという前提があること、さらにパワーの作用をシステムの機能の面だけからみて当事者間の力の不均衡をみないこと、などによってもたらされたといえるだろう。この場合取引関係にパワーを持ち込んでみることに抵抗があるのは、パワー論そのものの問題でもある。そこでこれを補強しておくことが必要である。

　取引関係におけるパワーと支配に注目する立場に対して示される疑問は、多くの場合、取引の相手に一定の取引条件を強制してはいないということから生まれている。つまり日本が自由経済だということが、系列的支配否定の論拠になりかねないのである。ここにはパワー（権力）、支配、依存、自由などの概念をめぐる微妙な問題がある[21]。ここではさしあたり次の諸点を指摘しておきたい。

　権力とは「社会関係のなかで、ある行為者が、抵抗を排除しても自己の意志を貫き通せるような地位にあるための蓋然性のことである」とマックス・ウェーバーは言ったが、ここでは権力を不均衡な関係として概念化しており、そこには統制、従属、不平等などの視点が含まれている。言い換えれば社会関

係をこれらの視点からみるために権力という概念が持ち出されてきたといえる。ところが権力についてはこのような不均衡という視点のほかに集合的権力観がある。この後者の見方では権力というものが、システム全体の目標を達成するための正当な権威によって基礎づけられる。仮に前者をミクロ的、後者をマクロ的権力観というとすれば、これまでマクロ権力観は、ミクロの不均衡を無視する傾向があった。その結果支配（Herrschaft, Domination）という概念が消されて、権威（Authority）に変化した。これは効果的な機能のために集合体を統合するという側面の方が重要だという考え方によるという。

　われわれは系列関係を通じて全体の経済活動が活力を高め、合理化や効率化を推進したという実績をみるうえで、マクロ的権力観を無視できないと考えるが、そのことのゆえにミクロのパワー関係における不均衡、不平等を忘れてはならないと思う。それは系列関係における公正さの問題を提起している。また支配を忘れることは支配者と被支配者の関係から目をそらすことになり、系列におけるいわゆる親企業の地位がわからなくなる。

　ただ支配における依存とパワー、パワーと自立性の関係については、これまで十分な説明をしないできたきらいがあるが、支配者が支配下にある行為者に影響を与えていくのは、相手の意志決定の自由を奪って、一方的に自分の決定した条件を押し付けるというかたちをとるとは限らない。この点で例えばマックス・ウェーバーは、契約相手に対する取引条件の言い渡しを通じて生み出される『市民社会』における経済的権力の行使について、「ただ商品や市場価値をもつ技能を所有しているというだけのことから影響力が派生してくる。これらの所有は、何らかの仕方で保証されており、支配される側にいる者の行動に対して作用するのであるが、にも拘わらず、支配される側にいる者たちも、形式的には自由であり、自己自身の利益の追求によってのみ動機付けられているにすぎないのである」と言った。

2　系列とフランチャイズの日本的側面

　以上のような支配とパワーに関するウェーバーの説は、われわれが産業ネッ

トワークにおけるパワーと支配の状況をみる場合の立場と同一であり、この立場はそのまま系列とフランチャイズに適用できる。そしてネットワークにおけるパワーに関してわれわれが重視しているのは、取引上の地位である。この地位は分業を反映すると同時に取引上の地位の上下関係を生み出している。地位の上下関係を生み出すパワーの源泉は、一般的には各企業がもっている経営資源、取引に即していえば相手に対する依存度にある。

これに対して市場的関係をベースにパワーを論ずるときは、独占がテーマになる。しかし系列はいわゆる仕切られた競争のなかでの関係である。これまで例えば下請け制での強圧的関係を経済論としてとりあげるのには買い手独占の理論が利用されてきたが、これは成功しているとはいえない。このことはフランチャイズにもあてはまる。

日本の系列で重要なのは、重層的な取引の構造であり、そのような組織構造が作られるのは、企業が市場取引では求められない効果を、タテの階層を通じて生み出そうとするからである。階層化は機能分担のための選別と育成の戦略によって生まれる。このことは系列においては比較的よく知られているが、フランチャイズにおいても地域本部の子会社化とか、ジーの法人化による複数の支店組織の採用などのかたちで階層化が進む例が少なくない。これは元来の本部のパワーを維持しつつ、効率的にかつ急速に支配を拡大するための方策となっている。

さて日本で系列が問題なのは、そのような組織が広い範囲にみられることと、そこでのパワーの行使に制約が少ないことによるであろう。これまでわれわれは、一般的に日本ではなぜ長期継続的で、パワーの上下関係を含む取引が行われ、これが大企業の内部に統合もされず、市場的なバラバラの関係にもならないのかということを問題にしてきた。つまり系列関係が日本に広くみられること自体がここでは日本的なのである。われわれはひとまずこの点を押さえておくことの重要性を強調したいが、これからはさらに個別の企業間関係の具体的内容とその成立要因のなかに、どのような日本の社会的、経済的特徴が反映されているかという議論をすべきであろう。例えばパワーの上下関係を通じて実

現される取引慣行の内容がどのような問題をもつかということは、ある程度検討されてきたが、それをとくに日本的な要因から説明してきたわけではない。例えば日本の親企業は下請けや外注先に対し、決算期毎に協力金などの名のもとに、実質的値引きをさせることがよくある。これが他の国にはない慣行だとはいえないようだが、それが今日日本でかなり一般的で、外資系企業にはみられないという事実があるとすれば、その慣行のどこが日本的なのかということを問題にすべきだろう。そこには法律の適用の違いがあるかもしれない。

これらに関連して例えば日本では契約観念が薄いという社会一般の行動上の特徴がみられ[22]、これが系列というあいまいな関係の成立要因になっているとか、またそのことが系列というものの多様性、あるいは系列という言葉の多義性を生み出しているといった見方がある。あるいはまた、日本社会では個人の自立性が弱く、そのために系列的支配が容易に受け入れられるといった見方をする論者もある。われわれはこういう見方を必ずしも否定しないし、それらはこれまでの系列だけでなく、フランチャイズにもあると思うが、ここでは深入りしない。

3 系列批判、系列崩壊論へのインプリケーション

日本の産業組織に系列的特徴が生まれた要因は歴史的なもののほか、法律とその運用、競争（国際的競争を含む）に対する社会の態度などがかなり大きな影響をもっていると考える。近年系列批判が行われ、系列崩壊論が唱えられているのにはいろいろな背景があり、簡単に論評することはできないが、系列とフランチャイズの本質的同一性と、フランチャイズの成長過程における、いくつかのパターンにみられる特徴から、フランチャイズはまさに系列的な成長をしているといわざるをえない。従ってわれわれは日本の系列が崩壊するとは思わない。この場合系列とフランチャイズを区別してみることは、あまり意味がないように思われる。フランチャイズに関する論点はさらに拙著でとりあげているが[23]、日本の企業間関係におけるパワーの問題にどう対処したらよいかということは、日本自身が考えていくべき重要な問題だといえる。

付記

2009年公取はコンビニ店での弁当の値引を制限するチェーン本部の行為は独禁法違反のおそれがあるとした。ひとつの前進である。

注

1) 本書第3章参照。
2) 流通システム開発センター編、1993。
3) 詳細は同上書61～67頁参照。ほかにFelstead, A., 1993, Chapt. 4.
4) 附合契約については小堺堅固, 1974, 44頁以下、フランチャイズ契約の不平等性についてはFelstead, A., *Ibid*.
5) 前出流通システム開発センター編、76頁。
6) 以下ではビジネス・フォーマット型と製品販売、トレード・ネーム型とを区別していない。なお前者を中心に、実例を分析したものとして島田、1995がある。
7) Felstead, A., *op. cit*, p.39. なおここではNorenkai systemとなっており、これを指摘したものとしてAbell, M., *The Franchise Option: A Legal Gide*, 1989, Waterlow: London. を挙げている。
8) 前出流通システム開発センター編、11頁以下。ただしここではジーが比較的少額の資本で事業ができることをそのメリットとしているが、日本ではジーの土地や既存店舗を改装して利用するなど、ザー側が資本節約を図る例が多いことからみて、一般的にはこのように言えないと考える。
9) 以下ではStern, L. W. and A. I. El-Ansary, 1988による所が大きい。
10) フランチャイズの本部がエリア・フランチャイズを与えるとザーが階層化する。またジーが法人化して支店をもつと、ジーが階層化する。フランチャイズが大規模になるとこの傾向が生まれるが、これはフランチャイズ本来の形態かどうか検討を要する。
11) Hunt S. D., 1972., Stelzer, I. M., 1986およびStern. El-Ansary, op. cit. による。
12) Felstead, A., *op. cit*. pp.40, 41.
13) 新制度派によるフランチャイズの仕組みの説明はFelstead, A., *op. cit*. が詳しくフォローしているが、ここでは中心の考え方だけを取り上げた。
14) このような側面からフランチャイズ契約の条件をザーが一方的に決めることは合理的だという主張が次にみられる。Williamson, O. E., 1985, p.180.
15) これが前出のFelstead, A., 1993である。その基本的立場はpower and controlモデルである。すなわち強制的方法によらなくても、パワーが働いているというもので、これは本書のもともとの立場と同じである。
16) 現代企業研究会編、1994は幾つかの異なった枠組みと対象を通じて日本の企業間関係を捉えている。
17) 本書第3章、第5章参照。
18) Axellsson, B. and G. Easton, eds., 1992がここでの主要な文献である。
19) Campbell, J. L., et al. 1991参照。
20) 例えばWhitley, R., ed., 1992はその場合の参考になる。そこでは各国の産業の分野別の歴史と経済のシステムの特徴が比較検討されている。
21) 以下の説明はLukes, S., 1978、訳書（伊藤公雄）に基づき解釈を加えている。
22) 田島義博編、1990、42～43頁にこの点についての記述がある。
23) 島田克美、1998、第5章。

第7章
「持ち合い解消」過程の法人資本主義

　本章は、日本企業において株式持ち合いの解消過程が進んでいるという見解に対して、その事実と評価の再検討を通じて現状を確認し、併せて法人資本主義の構造の変容の有無を問うものである。株式持ち合い解消の進行を事実に即して指摘する代表的な主張はニッセイ基礎研究所の資料にみられ、第51回証券経済学会全国大会で報告が行われたが、そこには持ち合い比率の低下が明らかにされてはいるものの、個別的には複雑な動きがある。そこで所有関係変動の実態と解釈、それと関連する持ち合いのコア（中核部分）の問題、このコアと企業集団との関係などを順次検討する。

I　法人所有に代わる機関所有は進んでいるか

1　過去における法人資本主義の深化とその後
　法人資本主義とは、法人がその利害に基づいて他の法人の株をもつことによって企業や銀行が相互に依存しあうという所有形態を意味するが、日本では銀行を中心とする金融機関への資金の集中と個人の株式所有比率の低さが、法人資本主義の構造を支えてきた。言い換えれば日本の金融構造が長期に亘っていわゆる間接金融中心だったことが日本の法人資本主義の背景に存在する。
　この問題をはじめて本格的に分析した奥村宏の『法人資本主義の構造』の刊

行年である1975年から以後、この構造はさらに深化した。すなわち75年の日本の上場企業の株主構成をみると、まだ32％を個人株主が占めていたが、これはその後減少傾向を強めた。他方銀行や事業法人の所有割合には変動があったが、現状（97年）において個人所有の比率はなお19％にすぎない。この間の推移を省略して所有者別の比率を75年と97年についてみると、銀行と事業法人の所有比率が減少し、機関投資家の比率が増加しているものの、最も増加率が高いのは外国人投資家である。すなわち機関投資家と銀行、事業法人の間に、ある程度の役割交代があったとはいえ、個人投資家の比率の減少にかわったのは主として外国人であった（表1参照）。

以上のような状況の実態を把握し、近年の変化についても、単に比率の数字の増減の動きに止まらず、その意味を捉えることが必要だと考えられる。

2 拓銀の旧融資先持ち株はどこへ移ったか

明らかな変化が想定される事例を求めてまず、倒産した旧拓銀がもっていた企業の株式がどこに移ったかを検討する。個別の動きは省き、拓銀が95年当時持株比率1.6％以上で10位以内の株主だった企業（倒産企業などを除く）61社の99年3月期の大株主について、かつて拓銀が占めていた地位の継承者に当たるものを調べた（日経会社情報による）。結果は①26社で中央信託、3社で北洋銀行が肩代わり②他の都銀が進出したのが6～7社、信託が2～3社、地銀2社、農中1社、以上合計41社で金融法人が継承している。つまり全体の約半分が営業譲渡先の銀行に移り、それ以外に20％が別の金融機関に移った。とくに注目されるのは、有力な企業の株式がいくつかの大手銀行に移ったことである。③以上の残り20社、約30％の継承先内訳はオーナー一族、親会社、関係会

表1　株式分布状況調査による所有比率の推移（％）

	個人	外国人	銀行	事業法人	機関投資家
1975年	32.1％	3.6	19.0	27.0	12.3
1999	19.0	13.4	14.8	24.6	16.1

出所：株式分布状況調査。ここでは51回全国大会におけるニッセイ基礎研究所資料を利用した。

社、取引先などが多く、持株会が買増したものが3社、他に外国人投資家に移ったとみられるもの2社、投資信託組み入れ増加が3社ある。全体として株式所有の基本的構造はほとんど変わっておらず、機関投資家の役割は小さい。

以上は、もと銀行所有株式の面だけをみたもので、相手企業との持ち合い関係の情報は少ないが、ひとつだけ小野薬品が新たに中央信託の7位の株主になったという新たな持ち合いの例がある。

3　横浜銀行の保有株全面売却という方針（97. 11. 7, 日経報道）は実行されたか

証券経済学会第51回大会の報告において、横浜銀行が持ち株全面売却を行うという報道が、持ち合い解消の事例とされていた。そこで、新聞記事から1年半経った99年3月の状況を、95年3月期と比較した（95年当時の横浜銀行の大口所有23銘柄——400万株以上——の99年3月期の状況の検討）。

結果をみると、2社（アマノ、シチズン時計）で10位以内の株主から横浜銀行が消え、これらは投資信託ないし外人投資家が埋めた。しかしそれ以外の企業では依然として10位以内の株主に横浜銀行の名があり、その順位は上昇が6、不変9、下落6（1社を除き所有株数不変）である。横浜銀行が一部の持ち株を売却したことは事実のようだが、主要なものについてこのような結果になっているのはなぜか。市場への悪影響懸念から持ち株売却を躊躇したのかもしれない。しかし、横浜銀行が有力企業の大株主であるとき、メインの大手都市銀行に次いでサブの地位にある場合がかなりある。このサブの地位に影響する恐れがあるとき、競争上持ち株は売れないのではなかろうか。

4　日本の主要企業の大株主に重要な変化はあったか

以上から、銀行の企業に対する持ち株関係は、構造としてほとんど変わっていないといえる。ただし上記ふたつの例はいわば周辺的なものに止まるとの批判がありうる。そこで日本企業の中心部について概括的な検討を行った。方法として株価指数日経300採用銘柄で、連結決算を発表している企業（具体的に

は『日経会社情報』99年夏号でひとつの会社に1ページを使っているもの）284社の株主、メインバンク、銀行持ち株などの現状をみる。その場合、企業集団に所属している企業、銀行などが111、ほかにこれに準ずる企業が8あるので、これらは一応そのことからする所有、融資関係への共通の了解があると考えて別にしておき、後でとりあげることにする。

　こうして残り165社をみると、その中には日本たばこ、NTT・JR各社などもある。それら全体を銀行との関係に焦点を当てて検討する。まず、もとからの民間企業でオーナー色が強いとみられる有力企業が9社前後ある。また興銀系とか、都市銀行のなかでもいわゆる6大銀行以外のものがメインである場合、あるいは6大銀行のなかの幾つかが共同メインになっているものもある。しかしこういうもの以外の多数の企業が、6大銀行をメインバンクとするグループ分けに入ってくる。ここでは企業名を挙げずに、銀行別にそれぞれがメインバンクになっている主要企業（上記の意味での）数のみを掲げる。

　　さくら　18　　東京三菱　18　　　住友　22
　　富士　11　　三和　2　　　第一勧銀　12

　すなわち企業集団に関係していない165社であっても、そのちょうど半分が6大銀行との密接な取引関係をもち、株式所有関係をもつことになる。なおここで、旧財閥系の銀行の場合は、社長会メンバーを絞っているので、ここに掲げられている企業数が多く、富士銀行以下は社長会のメンバーに入っているものが多いので、ここに挙げられている企業は少なくなる。またここでメインバンクというのは、原則として企業の取引銀行のなかで首位、株主としても銀行としては首位にあることを意味する。その持ち株比率は、必ずしも法的制限一杯の5％にはなっていないが、3％以上にはなっていることが多い。

　ところで以上銀行別の分類を行ったが、実際には主要企業の株主の一位は生保が占めていることが多い。そしてこれを機関投資家とみるか、取引先とみるか、持ち株の性格について議論の余地があるが、生保が企業集団メンバーでないときは機関投資家の色彩が強いとみてよかろう。そして最近の変化として、生保の持ち株比率は例えば6～7％から5～6％へというように、0.5ないし

1％ポイント程度減っている場合がかなりある。他方、銀行と事業法人は増と減のふたつの方向に分かれている。全体としては銀行は0.1％とか0.2％ポイント程度、生保に比べるとずっと少ない幅で減っていることが多いが、逆に持ち株を増加させている場合もある。経営がピンチの企業は、持ち株を売って含み益を出し、借入金を減らすなどの動きをみせた。その場合持ち合いになっていると、相手はこれに見合った持ち株の売却をすることもありうる。ただ反対に、そういうピンチの企業を助けるために、相手が株を売らず、あるいは買い増して支える場合もある。他方有望な企業に対しては持ち株を増やすこともある。すなわち持ち合い解消というひとつの方向だけに動いているわけではない。

II 「持ち合い解消」の数字にみられる傾向とその解釈

以上により、いわゆる持ち合い解消現象には、次のような意味があると思われる。

① 金融機関と事業法人の間の持ち合い部分の解消ないし一部削減。これはいわば周辺的部分において持ち合いが減少していることを意味する（周辺の内容は、コアの問題に関連する）。

② 事業法人相互の持ち合いにも、比率低下ないし、解消があるが、全体では比率はほとんど下がっていない。ここには企業グループ（事業法人のグループ）内部の持ち合いがある。

③ 金融機関と事業法人との間で持ち合い減少があるといっても、銀行のパートナーといえるような主要企業とは持ち合いが続いている。すなわち前記の銀行側による事業法人の株式所有だけでなく、事業法人が銀行の大株主になるという関係も基本的な構造として存在している。銀行は自己資本を機関投資家から集めれば足りるわけではなく、事業法人に投資してもらっているという関係がある。

III 持ち合いのコアをどう考えるか

　法人所有ないし持ち合いの構造に主要な変化はなく、現在持ち合い解消といわれている動きは周辺的な部分だという場合、残っていく持ち合い、すなわちコアになるのはどういうものか。それは必ずしも6大企業集団の構造と完全に合致するものではないと考える。企業集団に関しては後に回して、まず一般的に述べる。

1　持ち合いの形成に作用する集団的要因
　株式持ち合いの構造を検討するとき、まず二者関係に基づく持ち合いを想定するのは、持ち合いの性質を理解するひとつの方便にはなるが、持ち合いによって安定株主を確保するためには、個別の少数持ち株の持ち合いそれぞれには力の限界がある。言い換えれば、親企業による多数支配の場合は別として、普通の場合一定の数の株主が、それぞれ皆安定株主となるという共通の了解が必要である。この点で企業集団とか企業グループが意味をもってくるが、外にも取引先企業などの暗黙の了解によって同じ機能を果たしうる。なおこういうグループの存在は、フェアな取引を害するといわれることもあるが、取引先選定の自由との関係で微妙な問題であり、違法とはされない。もともと企業集団にはグループの結束を狙った持ち合いがみられたが、最近は事業法人の企業グループの一部に持ち合い強化の動きがある。また銀行の資本力強化のための増資払い込みなどにもグループ意識がみられる。

2　企業が必要とする安定株主比率（乗っ取りのリスク）をどうみるか
　安定株主を確保するのに必要な持ち株比率については、株主総会乗り切りのため法的に必要な比率などの点からいろいろの基準が考えられるが、一般的にいえば、規模が大きくて、業績の良い会社は、乗っ取りのリスクが少ないから、安定株主比率は低くてもよい。反対は反対である。
　そこで過去の日本の持ち合いは必要最小限の安定株主比率を達成するための

ものであったかというと、そうとは限らない。企業の時価発行などに絡んで、相手への協力という意味で増資に応じたりしたから、過剰に株をもち、また持ち合ったといえる。そこには戦略的な考慮が働いた（松村勝弘、1997参照）。そこで、状況が変われば、企業の業績改善などの目的で、持ち株を削減する余地はある。ただしこの削減をする場合にも、戦略的に必要でかつ許される範囲で行うのでないと、マイナス面が大きくなるはずである。そう考えると、持ち合い解消売りというものにも限界があることは明らかである。

3　持ち合いのコアとしての企業の世代的発展形態とその特徴

　持ち合いに関連して、企業の世代的発展について考えてみたい。日本の企業のバランスシートの資産に掲げられている会社の株式のなかで、関係会社のものはかなり多く、それは戦後日本の法人資本主義の歴史に関わっている。すなわち日本企業は買収でなくて、内部的成長をしたが、会社としては別法人によって新しい事業に進出した場合が多い。そして新規企業が成長すると、これらの企業たちが親企業との間でグループ関係をもつ。それは親会社を頂点とするひとつの事業持ち株会社を構成しているというよりはむしろこれを超えたグループになる。例としては、豊田自動織機、トヨタ自動車、デンソーや古河電工、富士電機、富士通、ファナックがある。同様のものとして、いずれも前記主要企業に入っている会社の中の世代的発展を下記する。積水化学→積水ハウス、日立製作所→日立化成、住友電工→住友ゴム、NEC→日本電気硝子、松下電器→松下電工→ナショナル住宅産業、三菱重工→三菱自動車、三井物産→日本ユニシス、イトーヨーカ堂→セブンイレブン・ジャパン、キヤノン→キヤノン販売、東京急行電鉄→東急車両・東急不動産、京セラ→DDI。

4　持ち合いのコアとしての銀行の株主構成における事業法人

　これは既述のとおり、銀行とそのパートナーとしての事業法人との間の持ち合いがコアになることを意味する。

IV 株式持ち合いと企業集団

1 企業集団におけるメンバーの構成の不統一

　持ち合いのコアとして、企業集団が大きな意味をもつことは事実である。ただ持ち合いのコアと企業集団が完全に重なるわけではない。もともと企業集団（社長会メンバー）の範囲は旧財閥系の場合は歴史的経緯によるので狭く、銀行系の場合は囲い込み効果を狙っているので広いから、不統一である。従って各集団の勢力をみるうえでも問題がある。

　いま企業集団のメンバーのなかで、金融機関を除く主要企業（日経300対象企業）だけをとりあげてみると、住友グループの場合11社に止まる。三井も15社でうち5社は他のグループとの重複加盟となっている。三菱は16社と多いが、業績面では必ずしも安泰ではない。企業集団のメンバーが、基本的に結成当時の企業の力を反映していて、その後多少メンバーの追加などはあったにしても、メンバーの構成が古くなりがちなことが、こうした状況を生んだ一因である。そこで、多少これを補うようなかたちで各企業集団の準直系企業をみると、例えば住友では主要企業のなかの4社（住友ゴム、日本電気硝子、アサヒビール、ダイキン）を加えてみる方がよいであろうし、商船三井も実質的には住友との関係が依然としてかなり強いことを忘れることはできない（なお、拙著1998で住友ゴムを白水会メンバーとする誤りを冒した。社長会とグループ企業の印象との違いによる誤りである）。

　次に企業集団を横に並べて比較するときの問題はさらに大きい。いわゆる銀行系の企業集団ならば当然メンバーになっている企業が旧財閥系社長会には入っていない。とくに住友の場合、銀行グループと旧本社グループの二重構造が顕著で、前者の最大のものは松下グループである。前記の住友銀行メイン企業22社には、松下電器、九州松下、松下電工、ナショナル住宅産業と、松下グループだけで4社がある。もうひとつ例えば芙蓉グループに入っているクボタは住友銀行とも関係が深い。同様の問題は程度の差はあれ他のグループにも存在するので、いわゆる社長会メンバーだけに注目する見方では実態把握が困難

である（表2参照）。

2　企業集団における持ち合いの動向とその意味

　企業集団の内部においても持ち合い比率の低下が起きていることが、持ち合い解消という議論に一定の力を与えている。この場合もともと三菱に次いで持ち合い比率が高かった住友グループにおける比率低下が注目されている（例えば鈴木健、1998）。しかしここでの持ち合い比率の低下が持ち合い関係の解消、すなわちコアの消滅に直結するのだろうか。事実は反対であろう。例えば住友重機械の株主構成において、住友グループの持ち株比率は低下気味だが、同社の有価証券報告書の所有株式リストにおいて住友系企業は最初に列挙されている。それは白水会メンバーだけではないが、それらこそが、持ち合いのコアとしての住友系企業であることは明らかである。また例えば第一勧銀グループの場合には、旧古河グループ企業が第一勧銀などとともに持ち合いのひとつのコアになっている。ここでは、全体的に従来の株主の持ち株比率低下の動きがあるなかで、依然として大株主の地位に止まる古河系企業の地位が相対的に上昇する例がある。持ち合いのコアは実態に即して、具体的にみることによって明らかになる。

V　結び

　以上を通じて、日本企業の株主構成は、基本的に法人資本主義の構造を全く変えていないといえる。いわゆる非系列の金融機関と業績悪化企業などが相互

表2　企業集団に関連する主要企業（日経300採用銘柄、金融・保険業を除く）の数

	三井	三菱	住友	芙蓉	三和	一勧
集団メンバー	15	16	11	16	26	26
うち重複	5	0	0	3	4	8
集団外準直系	3	1	4	0	0	1

出所：『日経会社情報』99年夏号をベースに、社長含メンバーとそれ以外を抽出した。

に持ち株を放出する動きがみられ、それらが投資信託、外国人などに買い取られる場合があるが、これは株主構成からみれば系列色を強めることになったといってよい。今後系列と提携をめぐる関係は複雑に動くであろうが、中核的な関係をもつ企業や銀行の力が強いときは、この強さを損なうような外部との提携をあえて行うことはないから、系列関係は変わらない。他方相対的に弱い立場の企業や銀行は、外資を含めた多様な提携のなかで、既存の系列関係から離れることがありうる。ただし日本の強い企業や銀行が、より強い外資の優位に屈し自身の系列グループを崩壊させていくような状況はみられない。なお全体として、国際的な提携のなかで外国企業との株式持ち合いが増えることは既に現実の動きとして観察される。

付記
1．本章は1999年11月28日に行われた証券経済学会第52回全国大会での報告をまとめたものである。文中の銀行や企業の名称は当時のもの。なお、本書第10章は、この報告より3年ほど前に、関連する領域のテーマを論じたものである。
2．日本企業の株式持ち合い、さらには法人企業の株式所有一般について、1998年の拙著『企業間システム』で取り上げたが、不十分なまま終わった。
3．近年の株式持ち合い動向については新田敬祐「持ち合い復活の構図」『ニッセイ基礎研REPORT』（09年11月号）がある。そこでは90年代終盤からの持ち合い解消が大規模だったこと、05年以降の持ち合い復活局面では事業会社同士の持ち合いネットワークが復活している反面、銀行は持ち合い復活に動いていないことから、株式持ち合いの主役は事業会社同士のものへとシフトしたとみられている。

第1部（2章以下） 参考文献

Achrol, R. S., T. Reve and L. W. Stern, 1983, "The Environment of Marketing Channel Dyads: A Framework for Comparative Analysis", *Journal of Marketing*, 47 (Fall), 55-67.
Aldrich, H. E., 1979, *Organizations and Environments*, Prentice-Hall, Englewood Cliffs, N. J.
Aoki, M., 1986, "Horizontal versus vertical information structure of the firm", *American Economic Review*, 76(5): 971-83.
Arnaud, J. M., R. Salle and J. -P. Valla, 1986, "The Components of the Complexity of International Supplier/Customer Relationships", in Turnbull P. W. and S. J. Paliwoda (eds.) *Research in International Marketing*, Kent GBR: Croom Helm.
Arndt, J., 1979, "Toward a Concept of Domesticated Markets", *Journal of Marketing*, 43 (Fall), 69-75.
Arndt, J., 1983, "The Political Economy Paradigm: Foundation for Theory Building in Marketing", *Journal of Marketing*, 47 (Fall), 44-54.
Axelsson, B. and G., Easton eds. 1992, *Industrial Networks*, A New View of Reality, Routledge, London.
Blois, K, 1972, "Vertial quasi-integration", *Journal of Industrial Economics*, 20(3): 253-72.
Buckly, P. J. and M. Casson, 1985, *The Economic Theory of the multinational Enterprise*, Macmillan, London.
Campbell, J. L., R. Hollingsworth and L. N. Lindberg, 1991, *Governance of the American Economy*, Cambridge U. P.
Chandler, A., 1962, *Strategy and Struture*. MIT Press, Cambridge, MA. USA.（三菱経済研究所訳、『経営戦略と組織』、1967、実業之日本社）。
Chandler, A., 1977, *The Visible Hand*. Harvard U. P., Cambridge, MA. USA.（鳥羽欽一郎・小林袈裟治訳『経営者の時代』、1979、東洋経済新報社）。
Cook, K. S. 1977, "Exchange and Power in Networks of Interoganizalional Relations", *Sociological Quarterly*, 18: 62-82.
Cook, K. S. and R. Emerson, 1978, "Power, Equity and Commitment in Exchange Networks", *American Sociological Review*, 43: pp.712-39.
Crosby, L. A. and N. Stephens, 1987, "Effects of Relationship Marketing on Satisfaction, Retention, and Prices in the Life Insurance Industry", *Journal of Marketing Research*, XXIV (November) 404-11
Demsetz, H., 1982, "Barriers to Entry", *American Economic Review*, Vol.72, No.1.
Dwyer, F. R., P. H. Schurr. and S. Oh, 1987, "Developing Buyer-Seller Relationships", *Journal of Marketing*, 51 (April). 11-27.
Felstead, A., 1993, *The Corporate Paradox*, Routledge.
Fergson, C. H., 1990, "Computers and the Coming of the U. S. Keiretsu", *Harvard Business Review*, Vol.68. No.4.
Florida, R and M. Kenny, 1990, *The Breakthrough Illusion*, Basic Books.
Gaski, J. F., 1984, "The Theory of Power and Conflict in Channels of Distribution", *Journal of Marketing*, 48 (summer), 9-29.
Granovettetr, M. and R. Swedberg eds., 1992, *The Sociolagy of Economic Life*, Westview Press, Boulder Colorado USA.
Håkansson, H.(ed.), 1982, *International Marketing and Purchasing of Industrial goods- An Interaction Approach*, New York, John Wiley.
Håkansson, H. and C. Ostberg 1975, "Industrial Marketing: An Organizational Problem", *Industrial Marketing Management*, 4, pp.113-23.

Hallén, L. 1986, "A Comparison of Strategic Marketing Approaches" in Turnbull, P. W. et al. eds.
Housden, J., 1984, *Franchising and other Business Relationships in Hotel and Catering Services*, Heineman.
Hunt, S. D., 1972, "The Socioeconomic Consequences of the Franchise System of Distribution", *Jounal of Marketing*, Vol.36, July, pp.32-38.
Imai, K. and H. Itami, 1984 "Interpenetration of organization and market: Japan's firm and market in comparison with the US," *International Jurnal of Industrial Organization*, 2: 285-310.
Izraeli, D., 1972, *Franchising and the Total Distribution System*, Longman.
Jackson, B. B. 1985, *Winning and Keeping Industrial Customers: The Dynamics of Customer Relationships*, Lexington, MA: D. C. Hearth and Company.
Johanson, J. and L. -G. Mattsson, 1986, Interorganizational Relations in Industiral Systens: A Network Approach compared with a Transaction Cost Approach, Working Paper, University of Uppsala, Sweden.
Johanson, J. and L. -G. Mattsson, 1988, "Internationalization in Industrial Systems—A Network Approach" in Hood, N. and J. -E. Vahlne eds. *Strategies in Global Competition*, Kent, BR: Croom Helm.
Kenny, M. and R. Florida, 1988, "Beyond Mass Production: Production and the Labor Process in Japan" *Politics and Society* 16(1): 121-58, (訳「大量生産を越えて」『窓』3号)。
Lawrence, R. Z., 1991, Efficient or Exclusionist? The Import Behavior of Japanese corporate Groups, March 26. the Brookings Institution. (効率的か排他的か？ 日本企業グループの輸入行動『公正取引』91年9月号)。
Levitt, T. 1986, *The Marketing Imagination*, New, Expanded Edition, New York, Free Press.
Lukes, S., 1987, "Power and Authority" in *A History of Sociological Analysis*, edited by T. Bottomore and R. Nisbet, Basic Books（伊藤公雄訳『権力と権威』アカデミア出版会、1989年)。
Macneil, I. R., 1978, "Contracts: Adjustments of Long-term Economic Relations under Classical, Neoclassical and Relational Contract Law", *Northwestern University Law Review*, 72: 854-905.
Macneil, I. R., 1980, *The New Social Contract, An Inquiry into Modern Contractual Relations*. New Haven, CT: Yale University Press.
Mintz, B, and M. Schwartz, 1985, *The Power Structare of American Business*. University of Chicago Press, Chicago.
Mitchell, J. C. 1969, *Social Networks in Urban Situations*, Manchester U. P. Manchester. (三雲正博ほか訳『社会的ネットワーク』、1983、国文社)
Modarres, A. 1990, *Just-In-Time Purchasing*, Free Press.
Ouchi, W. G. 1980, "Markets, bureaucracies, and clans", *Administrative Science Quarterly*, 25 (March): 120-42.
Parkinson, S. T. and M. J. Baker, 1986, *Organigational Buying Behavior*, Macmillan.
Piore, M. and C. Sabel, 1984, *The Second Industrial Divide*, Basic Books, New York. (山之内靖ほか訳、『第二の産業分水嶺』、1993、筑摩書房)。
Porter, M. E. 1980, *Competitive Strategy*, New York: Free Press.(土岐坤ほか訳『競争の戦略』、1982、ダイヤモンド社)。
Powell, W. W., 1990, "Neither market nor hierarchy: network forms of organization", *Research in Organizational Behaviour*, 12: 295-336.
Richardsom, G. 1972, "The Organization of industry", *The Economic Journal*. 84: 883-96.
Root, F. R., 1978/82, *Foreign Market Entry Strategy*, AMACON, New YORK. (中村元一監訳

桑名義晴訳『海外市場戦略』、1984、HBJ出版局）。
Sayer, A. & R. Walker, 1992, *The New Social Economy*, Blackwell, Cambridge MA. USA.
Scott, J. and C. Griff, 1984, Directors of Industry, *The British Corporate Network* 1904-1976, Polity Press, Cambridge, U. K.（仲田正樹／橋本輝彦監訳『大企業体制の支配構造』、1987、法律文化社）
Stelzer, I. M., 1986, *Selected Antitrust Cases*, Seventh Edition, Irwin.
Stern, L. W. and A. I. El-Ansary, 1988, *Marketing Channels, Third Edition*, Prentice Hall.
Thompson, G., J. Frances, R. Levacic, and J. Mitchell eds, 1991, *Markets, Hierarchies and Networks*, SAGE Publications, London.
Thorelli H. B., 1986, "Netwoks: Between Markets and Hierarchies", *Strategic Managemest Journal*, 7. 1, pp.37-51.
Turnbull, P. W. and J. P. Valla, eds. 1986, *Strategies for International Industrial Marketing*. Kent, BR: Croom Helm.
Valla, J. P. 1986, "The French Approch to Europe" in Turnbull et al., eds.
Van De Ven, A, and D. L. Ferry, 1980, *Measuring and Assessing Organizations*, Johon Wilay New York.
Webster, F. E. Jr., 1979, *Industrial Marketing Strategy*, New York: John Wiley and Sons.
Whitley, R. ed., 1992, *Europiean Business Systems*, SAGE.
Williamson, O. E., 1975, *Markets and Hierarchies: Analysis and Antitrust Implications*. New York: Free Press.（浅沼萬里ほか訳『市場と企業組織』、1980、日本評論社）。
Williamson, O. E., 1979, "Transaction Cost Economics: The Governance of Contractual Relations" *Journal of Law and Economics*, 22 (October): 3-61.
Williamson, O. E., 1985, *The Econoniic Institutions of Capitalism: Firms, Markets, Relational Contracting*. New York: Free Press.
青木昌彦、小池和男、中谷巌、1986『日本企業の経済学』TBSブリタニカ。
荒川祐吉、1978、『マーケティングサイエンスの系譜』千倉書房。
石井淳蔵、1983、『流通におけるパワーと対立』千倉書房。
石原武政、1973、「マーケティング・チャネル論の系譜」京都ワークショップ『マーケティング理論の現状と課題』白桃書房。
今井賢一、後藤晃、1977、「企業グループの経済学」『日本経済新聞』3月26日。
今井賢一、1984、「ネットワーク産業組織」『季刊現代経済』SUMMER 1984。
今井賢一、1986、「アメリカ的産業システムと日本的産業システム」『ECONOMICS TODAY』Spring '86（小学館）。
今井賢一・金子郁容、1988、『ネットワーク組織論』岩波書店。
今井賢一「国際的な批判を浴びる日本の企業系列、有用だが変革は不可避」『週刊東洋経済』1990年5月20日号。
植草益、1982、『産業組織論』筑摩書房。
太田進一、1992、「中小企業理論の再検討」中小企業学会編『企業間関係と中小企業』同文館。
奥村宏、1976、『日本の六大企業集団』ダイヤモンド社。
奥村宏、1991a、『改訂法人資本主義』朝日文庫。
奥村宏、1991b、『新版法人資本主義の構造』社会思想社（現代教養文庫）。
奥村宏、1991c、「迫られる『ケイレツ』構造改革」『週刊ダイヤモンド』7月20日号。
奥村宏、1994、『解体する「系列」と法人資本主義』社会思想社（現代教養文庫）。
菊池浩之、2006、『役員ネットワークからみる企業相関図』日本経済評論社。
北山修悟、1989、「国際取引における"再交渉"」『世界経済評論』Vol.33, No.8.
清成忠男・下川浩一、1992、『現代の系列』日本経済評論社。
現代企業研究会編、1994、『日本の企業間関係』中央経済社。

小堺堅固、1974、『フランチャイズ契約法入門』マニュアル研究会。
坂本和一、下谷政弘編、1987、『現代日本の企業グループ—「親・子関係型」結合の分析』東洋経済新報社。
篠田武司、1991、「サード・イタリアにみる小規模企業の発展」『中小商工業研究No.27』(中小商工業研究所)。
島田克美、1982、「主導国日本と系列主義」『ESP』6月号。
島田克美、1987、「貿易摩擦と取引慣行」『京都学園大学論集』第16巻第2号。
島田克美、1988、『日米経済の摩擦と協調』有斐閣。
島田克美、1990、『商社商権論』東洋経済新報社。
島田克美、1993、『系列資本主義』日本経済評論社。
島田克美、1995、「フランチャイズ・ビジネスの成長と系列の形成　上、中、下」『貿易と関税』6～8月号。
島田克美、1998、『企業間システム』日本経済評論社。
清水猛、1998、『マーケティングと広告研究（増補版）』千倉書房。
下川浩一、1998、「日本の系列組織」『組織科学』Vol.17, No.1.
杉岡碩夫、1991、「日本経済の『岩盤』崩壊の予兆」『週刊東洋経済』3月25日号。
鈴木建、1998、『メインバンクと企業集団』ミネルヴァ書房。
高田亮爾、1989、『現代中小企業の構造分析』新評論。
滝川俊明、1991、「系列への独禁法による規制」『NBL』No.487, 489、12月、92年1月。
田島義博、1990、『フランチャイズ・チェーンの知識』日本経済新聞社（日経文庫）。
鶴田俊正、1991、「新時代が系列を越える」『週刊エコノミスト』10月29日号。
寺本義也、1989、「ネットワーク組織論の新たな課題」『組織科学』Vol.23, No.1.
土井教之、1987、「ハイテク産業における産業組織と公共政策—光ファイバーに関連して—」『現代日本の産業組織と独占禁止政策』公正取引委員会事務局。
中島修三、1990、『株式の持合と企業法』商事法務研究会。
中村精、1982、『中小企業と大企業』東洋経済新報社。
西田稔、1986、「産業組織論の新しい動向と産業研究」『産業学会年報』No.1。
西田稔・片山誠一（編）、1991、『現代産業組織論』有斐閣。
野田実編著、1980、『流通系列化と独占禁止法』大蔵省印刷局。
原純輔、1979「職業経歴の分析」富永健一編『日本の階層構造』東京大学出版会。
藤森英男編、1989、『発展途上国における現地化政策の評価』アジア経済研究所。
風呂勉、1968、『マーケティングチャネル行動論』千倉書房。
港徹雄、1985、「下請システム編成機構に関する一試論」中小企業学会編『下請・流通系列化と中小企業』同文舘。
松村勝弘、1997、『日本的経営財務とコーポレート・ガバナンス』中央経済社。
宮崎義一、1976、『ビッグ・ビジネス』講談社学術文庫。
宮沢健一、1988a、『制度と情報の経済学』有斐閣。
宮沢健一、1988b、『業際化と情報化』有斐閣。
宮本光晴、1987、『人と組織の社会経済学』東洋経済新報社。
宮本光晴、1991、『企業と組織の経済学』新生社。
本間正明、1992、「過度の内部市場指向型が招いた『効率性からの転落』」『週刊エコノミスト』8月31日号。
村上政博、1992、「"系列"よりカルテル規制を急げ」『週刊東洋経済』1992年8月1日。
山倉健嗣、1998、「組織間マネジメント」『日本経済新聞やさしい経済学7.2-8.
ヤマムラ、コーゾー、1990、「追いつき型経済体質引きずる日本」『エコノミスト』10月23日、30日号。
吉田準三、1989、「ネットワーク組織—その企業形態論的考察—」『流通経済大学論集』

Vol.23, No.3-4.
吉田民人、1990、『情報と自己組織の理論』東京大学出版会。
流通システム開発センター編、1993、『フランチャイズ・ビジネス―運営・加盟・成功への手引き―』流通システム開発センター。
リン，ウイリアムズ、1992、「鏡の中の日米構造協議」『週刊ダイヤモンド』3月14日号―4月4日号。
ロールズ，ジョン、田中成明編訳、1979、『公正としての正義』木鐸社。
龍昇吉、1992、「日本的蓄積方式の特質」『立命館国際研究』4巻4号。
渡辺幸男、1992、「下請関係と下請分業構造」中小企業学会『企業間関係と中小企業』所収。

第2部

総合商社論

第 8 章
商社の本質

I　総合商社の取引と投資

1　商社の取引と商権

　これまで商社の存在理由をめぐって、商社機能の観点から種々の分析、説明が行われてきたが、商社を機能の複合体として捉えることは時としてかえって商社の存在の否定に繋がりかねない。例えばメーカーの金融力が強まると商社の金融機能は意味をもたなくなるといった見方を生むからであり、また多くの場合専門化された機能遂行者の優位性を認めざるをえないからである。こういう問題に関連して総合商社は取引先の株式をもつことによって、取引関係を固めようとしているという見方がある。事実、取引と投資とは密接な関連をもっている。例えば商社が株式をもっている子会社、関係会社との間の取引、あるいは商社が資源開発プロジェクトに出資しているといった場合に、その取引は安定的なものとなることが多い。ただこうしたケースにあっては、商社が売手または買手の立場と一体化しており、その場合は結局メーカーと同じような立場に立つことになる。

　商社が取引先と相互に独立性を保ちつつ、しかも継続的な取引関係を維持して行ける条件をどう考えたらよいだろうか。そのためには商社の取引の性質をより一般化したかたちで検討する必要がある。

　商社の取引はいろいろな形態・分野に亘っているが、商社が主として扱うの

は大口、ないし大企業相手の取引である。それは、商社の置かれている流通機構上の地位からそうなっていると同時に、商社経営の効率性確保のために商社としてもそのようなかたちの取引を好んで行っていることによる。しかもそこでは、継続的な取引関係が存在することが望ましいことはいうまでもない。

　商社と取引先との関係は、継続的になればなるほど相手が特定されてくるが、取引の機会が特定の商社（一社または数社）だけに与えられているとき、そのような取引上の特権を商権といっている。

　商権とは、一般にのれんとか営業権などといわれる企業の独占的営利機会（それによって一般レベル以上の収益力が生まれる）のうち企業の組織と一体化されたかたちで、取引関係が存在しているものと定義できよう。そして総合商社の商権はしばしば特定の取引の年間金額やそれによる利益のかたちで捉えられ、その成立要因としては、様々な個別的事情が絡んでいるのがふつうであるが、いずれにしても商社と取引先との間に商権が継続して維持される要因として、これを商社に与える相手が存在することが重要である。つまり商社がマーケットを相手に仕入れ、販売するのではなく、仕入れまたは販売の一方、または双方の相手企業（メーカー）が商社に商権を与えているのである。

　メーカーが商社に商権を与えるのはもちろん商社がメーカーの期待する活動をして成果をあげることができると考えるからである。例えばメーカーの製品がよく売れることである。しかし商社はそのためのコストを大きく負担するというかたちの取引を必ずしも行っていない。その点ではよりキメ細かい流通網の働きに頼らざるをえず、商社自体の販売力をとくに評価するわけにはいかないとか、金融機能にむしろ期待するといったケースが少なくない。

　しかしそれでは金融機能こそ商社に期待されるものかというと、必ずしもそうともいえず、結局は仲介機能といったものを抽出することもできるわけだが、商社の取引への介在ぶりをみると、個々の取引を仲介しているとはいえないことも多い。

　以上、継続的な取引関係としての商権というものを考えるに当たっては、個々の取引の形成要因とは違った要素をとりあげる必要があり、しかもそれは単な

る信頼関係といったものをこえた、もう少し具体的なものでなければならない（信頼関係という点では同じように評価できる企業があるだろうが、その中で特定の企業との間に商権を設定するのはなぜかが問われている）。

2　商権形成と企業間関係—レシプロシティ

　以上のようなかたちで商社の商権形成要因を考えるということは結局商社に与えられている一次問屋ないし代行者としての地位というものにもう一度別の光を当ててみることに他ならない。つまり純粋な一次問屋としての立場にどのような意味があるかということである。それは各種取引や情報のターミナルであるということ以外には、いわゆる流通上の機能を果たしていない場合において、それでもなおそのターミナルとしての地位自体が注目されているはずなのである。そして商社を純粋な取引のターミナルとしてみたときに、それはきわめて多くの種類（多部門）の商品が、大量にそこを通過するターミナルであることを想起する必要がある。ビジネスの世界ではそのこと自体がひとつのパワーとして働きうるのであって、それは取引形成要因のひとつとして、レシプロシティ（相互取引）の尊重という側面があるからである。

　このことをトレード・リレーションズと呼び、その利用を図ることは、アメリカでもごく一般的な慣行であることを、本書第1章で指摘している。

3　取引のターミナルとしての商社

　商社は多数の取引先との間で各種の多様な取引関係を維持管理している。これが、商社という業態を他から区別する最大の特徴となっている。それは商社が多部門に亘る多様な取引のターミナルに位置していることから必然的に要請されるもので、相互取引（狭義のトレード・リレーションズ）のかたちの取引推進について商社が大きな役割を担っているのも、そうした商社の置かれた立場に由来する。

　同一取引先との間で売りと買いをバランスさせるかたちのトレード・リレーションズを維持することは、製造業者の場合はなかなか実行しにくい。という

のは多くの場合メーカーは原料から最終製品に至る一連の製造加工段階の一部を担当しているので、仕入先と販売先は重なってこないのがふつうだからである。

　その中にあって生産財（中間財）メーカーは、相対的に多様な取引先をもっているので、トレード・リレーションズを維持し易い。そのためにこれが生産財マーケティングの技法として位置づけられることになっているのである。例えば鉄鋼メーカーは、製鉄機械を購入する一方でその機械メーカーに鋼材を売ることができよう。

　そしてこのようなかたちの相互的取引の機会は、取引の当事者として商社が介在すると断然拡大してくる。商社は例えば船の輸出を行って造船所から船を仕入れているから、造船所に鋼材を売る機会をもてるであろう。

　一般に相互取引が行われるためには、企業が多角化していればいるほど有利だといわれる。それによってふたつの企業の間でより多くの商品を対象にして売りと買いを両立させることができるからだ。商社が多部門に亘る取引を行う超多角化企業であることは、相互取引を発動するうえで必要な相手への恩恵（商社ではこれを相手へのギブといっている）を沢山もっていることを意味するだけでなく、ひとつの取引を出発点として多数の関係企業を巻込んだかたちのギブの連鎖を生み出す可能性があることを示している（上記の例でいえば船の受注から鉄鋼メーカーへのギブを生み、それによって鉄の需要が増えれば製鉄機械や原料メーカーへのギブが生まれてくるであろう）。

　ところで経済学の教えるところによれば、最終需要の1単位の増加は、これに対応する一定の中間財の取引や原料、設備などの需要の増加を生む。従ってこれらについて誘発的な取引が生まれることは当然期待できる。しかしそれが特定の企業からのギブの連鎖として認知されるためには、そのような理由づけが通用する土壌が必要である。新しい需要を賄うための取引をすべてマーケットでの競争を通じて行うというのでは、ギブの連鎖は断たれるであろう。その意味では一般に相互取引的な行き方を尊重するビジネスの風土があれば、ギブの連鎖は生まれ易いといえる。それと同時に商社がギブの連鎖を維持するため

には、ギブが相手の経営にとって十分意味があるほど大きいこと、それを認識させる努力をすることなどが求められるが、更に積極的な情報活動や有力取引先の組織化などを通じて現実に取引の連鎖が実現していくようにリードして行くことも必要であろう。

この最後の点は、商社の取引関係というものが、有力な取引先のネットワークとそれらに対する商社側からの不断の働きかけのうえに成り立つべきことを意味している。というのは、もし一方の取引先に対する強力なギブを用意したとしても（例えば船の大量発注をして造船所にギブをつくる）、それを次の段階で別の取引に生かして行くためには（例えば鋼材を売り込む）、その取引を遂行できる取引先が（例えば鉄鋼メーカーとして）有力なものでなければならない。しかし有力メーカーであればあるほど小さなギブでは動かないという側面をもつことも否定できない。商社の力量が充分でないとギブの連鎖は認知されにくいのである。

ところで商社の戦略からみたギブとテイクの内容は、単に売りと買いのバランスをとることに止まるわけではない。ギブというのは取引先がメリットを感ずるものならば取引先からの買いに限らず何でもよいわけである。

例えば取引先への売りであっても、高く評価されることがある。「鉄鋼メーカーは鉄鋼原料と見合で鋼材扱いを決めるのであって、総合商社が鉄鋼原料に強ければ鋼材取引もそれだけ大きくなる」といわれたこともある。すなわち優良な原料の鉱山に多額の投資をして鉄鋼メーカーのコスト条件をよくすることに貢献すれば、そのことがメーカーから評価されて、鋼材取引に影響する場合がある。高度成長期にはとくに原料炭の量の確保が大きな問題になっていたから、その手当に成功した商社に対して、鋼材取引面で恩恵が与えられたことは十分考えられる。

4　互恵取引と企業グループ

互恵取引というのは、取引先が相互にメリットを与え合うことによって成り立っており、そうしたメリットを与える相手と与えない一般取引先とは違う取

扱いになる（差別ができる）が、互恵的な扱いを相互に行う相手を全体としてみたとき、そこにひとつのグループが生まれる結果になる。そのような関係を逆に辿っていくと、いわゆる企業集団内部において互恵的な取引が行われているであろうことは容易に想像できる。一方互恵取引は一般に商社を介在させることによって適用範囲を大幅に拡大できることからみて、企業集団内部の互恵取引が商社によって組織されているはずだと考えることはその限りで筋が通っている。

　だがそのような考え方が成り立つためには、一方でグループ内の各企業が、販売、購買方針の決定に当たって全く独立に行動しているという前提が充されなくてはならない。というのは元来他社から買ってもよい筈のところを特定の相手を選んだという場合にはじめていわゆるギブの要素が発生するとみられるからだ。これに対して統合されたひとつの企業の内部では、ふつう各部門の必要とする素材や部品、設備等の調達に関しては自社製品の使用を優先させるという方針がとられており、この原則に従って行われる社内取引は相手に恩恵を与えたとはみなされないのである。同様に同じグループ内の企業が相互に取引することが当然視される状況があればその間の取引について商社が互恵関係を組織化したとして評価される可能性は薄いであろう。言い換えれば、総じて三井、三菱、住友など既成財閥に属するメーカーは相対的に一体化の度合が強く、銀行系列といわれるグループにあってはグループ内企業の取引の結びつきが弱いとすれば、ギブ・アンド・テイクの評価にも差が生まれるかもしれない。つまりもともと結びつきがあるメーカー間の仲介は評価されない。そこで、商社としては一方にグループ内企業との取引をもち、他方にグループ外企業との取引をもつ（その典型は輸出入など外国との取引）ことが、ギブ・アンド・テイクの組織化に有効であろう。

　また、企業集団化が進んで互恵関係が組織化され取引が恒常化したような状況の中にあっても、取引の中での利害の調整が必要なとき（例えば供給元は沢山売りたいが需要先はそれほどいらないといった）商社は調整役として機能する余地が大きいであろう。

そして、企業間の取引が集団ごとに秩序づけられていくようになると、フリーハンドの取引の余地が狭まる傾向が生ずることは否定できないから、商社が他社の商権を奪取し、また企業集団的に他のグループに属するメーカーとの取引を開拓するためにはそれだけ大きなギブを用意しなければならなくなる。

結び

以上、（1）商社の存在にとって商権が重要であること、（2）商権の形成には企業間の取引における互恵関係尊重の慣行が背景にあること、（3）商社は多部門に亘る取引を行うことによって互恵関係の組織化上有利な地位にあること、（4）その地位は企業集団をベースにすることによって強化されること、（5）但し企業集団内部の互恵関係組織化に関しては必ずしも商社の役割に期待されていないこともあるから、企業集団メンバー以外の第三者を巻込んだ取引の組織化が必要であること、などを述べた。

商社をめぐる企業集団化の動きや、商社による取引先株式の先行的取得などの動きは、株式所有を通じて取引関係を開拓する行動として位置づけられることがあるが、株式所有それ自体が株式発行企業に対する大幅な恩恵でない限り、（市場からの買いは概ね発行企業の関知しないところである）、それが取引開拓に影響するとは考えにくい。

商社が商権を形成し、維持するためには取引先に対して常に新たなメリットを与えていくことが必要である。そういう努力を怠り、商社が商権の上にあぐらをかくようになると、結局は商権から生まれる取引の収益性が低下し（いわゆるメーカーの商社離れ）、いわば商権の空洞化が起こる。従って商社は総力をあげて新たな商権の獲得と既存商権の活性化に努めているわけであるが、それが正しく遂行されれば必ずや成果を生むであろう。なぜかといえば、あらゆる企業が常に何らかの部外者からの支援を求めているからで、商社としてはそれに応える（ギブを与える）ことによって商権形成を図る機会は常に存在するからである。（以上1985年の『日本貿易学会年報』による。すなわち当時の商社の状況を反映している）。

II 商社商権の構造と機能
—商権論への論評を手がかりに—

　総合商社の本質を「商権」という面から捉える上記の主張につづいて拙著『商社商権論』（東洋経済新報社、1990年、以下単に拙著という）を刊行したが、これに対しては、『証券経済』誌における杉野幹夫教授の書評など多くの論評に恵まれた[1]。それらを通じて私は自説を振り返る機会を与えられたが、同時に説明を補い、あるいは疑問に答える必要を感じた。そこで総合商社の商権について再論してみたい。

1 商権の本質とその捉え方
(1) なぜ商権なのか

　総合商社は、商権の集合体として捉えるべきだ、というのが私の根本的な主張である。それは従来の商社論（機能論や商業独占論）を補い、より本質的な理解を可能にさせるはずだと考えられる。

　このことは、商社論という立場からすると、きわめて重要なポイントであるが、これについてさほど強い反論はない[2]。しかし、この主張の意図が十分理解されていないかもしれないという疑問もある。そこで少し説明を加えたい。

　私は商権というものを、ひとまず「一般にのれんとか営業権などといわれる企業の独占的営利機会のうち、企業の組織と一体化したかたちで取引関係が存在しているもの」と定義したうえで（本章前節）、それは、具体的な取引額として捉えられ、一件ごとに価値が判定できるとした。そして商権の本質は、顧客関係への投資が無形資産になったものだと規定した（拙著103ページほか）。

　これに対して、ひとつの問題として、この規定は一般的すぎないかということがあるが、これは後述の問題と関係がある[3]。また商権は商社側が考えた主観的なものだから、その存在を客観的に示すことは難しく内容はあいまいではないかという趣旨の指摘がある。そしてこのことは私自身ある程度認めているところでもある。

ただこのことは商権というものに意味がないとか、商社にとって本質的なものではないという結論に導くものではない。反対である。商権というものの意味するところをもう少し立ち入って考えてみると、これは法律的に確立された権利だけではない。商権のなかには法的な権利が含まれている（例えば販売代理権）が、それこそが商権だということは適当ではない。

言い換えれば、商社の側で自分の商権だと思っているものが侵害されたと思ったとき、裁判所に訴えれば救済してもらえるかといえば、そういうものもあるが、そうはいかないものが多い。つまり商権は権利としての地位を法によって裏付けられているとは限らないのである。

それではなぜ「権」というのかといえば、これは特権という言葉の感覚に近い。何かをすることが、特に許されているということである。商権とは、特定の相手と取引することが許され、現に取引ができているということである。単純化すれば仕入れまたは販売の権利だといってもよい。

ところで近代的な法秩序のもとで営業の自由が認められていれば、誰でも商品を仕入れ、販売することに対しては広範な自由があるはずだ。しかしそのことは、誰でも特定の相手と特定の商品を取引できることを意味しない。つまりいわゆる市場取引の論理が当てはまらないことが多いのである。これが商権成立の基本的な背景にある。これは法律的には、取引先選定の自由をめぐる微妙な問題を生むであろうが、そもそも流通機構は、取引のきまったルートをつくることを目的にしていると言ってもよいのであって、そこには取引先として、少数の相手を選ぶということが含まれているのである。

(2) 商権はメーカーにもあるか

商権は取引関係、取引上の地位、そして取引そのものという意味をもつ。そうだとすれば、これはメーカーにもあってよいはずである。それではメーカーはなぜ商権というものを重視しないのか。あるいはメーカーには商権はないのか。これは興味深い論点である。[4]

まず考えられるのは商権とは商社が好んで口にするいわば業界用語であるか

ら、業界が違えば用語が違うだけで、同じものはメーカーにもあるかもしれない、ということである。しかし問題の本質はそういうことではない。商社は、メーカーのように、自分の固有の製品をもたないからこそ商権を主張するのである。その意味で商権とは、メーカーとの関係において成立する概念だということができる。メーカーも自己の製品を売らねばならない。その意味で買い手を求めるであろう。従ってそうした買い手との間の取引関係を重視するはずである。しかしその場合でもメーカーは相対的に製品そのものと一体化している度合いが強い。メーカーは製品そのものを通じてアプローチすることを本来のあり方としているのである。

これに対して商社の商権は、多くの場合、仕入れの権利である。メーカー側が仕入れの権利を与えるのは、商社に販売力があるとみているからだろうが、商社は仕入れることによってはじめて販売対象をもつのである。従って仕入れ先との関係が商社の取引を成立させる重要な条件となる。

メーカーにとって、商権に近い概念が生まれるのは、生産（あるいは販売）について何らかの規制があるときである。例えば酒の醸造について政府により造石量が決められているとき、そこに権利が発生する。[5]

また私の記憶では松下電産が、アメリカでVTRの現地生産を決定したとき、日本で松下のVTRを一手に生産していた松下寿が「商権」を侵害されるとして反対したという新聞記事が掲載された。この場合松下寿は、電産によって市場へのアクセスを握られており、独自の販売力をもっていない。業態からいえば電産の方が商社のようなものだが、松下寿はアメリカ市場への商品販売を電産に依存しているので、その関係をベースにした供給権が侵されるということをとりあげて、これを商権侵害と言ったと思われる。つまり相手への依存関係に基づいてマーケットが保証されていることを商権と言っているのである。

以上のことから、商権とは仕入れ先あるいは販売先に対する依存関係と表裏をなしていることがわかる。もし商社が市場支配力を握っていて取扱商品を自由に仕入れることができ、それを自己のリスクで販売しているのなら、商権ということをいわないでもよい。そうではなくて取引先への依存関係があるから

こそ商権が問題になるのである（取引形態が仕切り取引であっても、現在では仕入れまたは販売での他者依存があるのがふつうである）。

　この依存関係は、ある意味でオープンでない取引の（それが制限されているか、行いにくい）状態のもとでの一種の特権として存在している。商社は商権化行動を通じてそういう特権をつくり出しているかもしれないが、それはここでの問題ではない。問題は、商社の介在する取引は製品の販売に対してメーカーが100％独立の決定権（所有権）をもたず、メーカーと商社という二者共存の構造を通じて取引が行われていることにある。だからこそそこに商権という概念が導入されなければならないのである。

(3) 商権の態様と価値

　商権は複雑な要因によって支えられているから、それぞれの形態や意味は多様である。しかし単純化して捉えれば、Ａメーカーから仕入れ、Ｘメーカー（ユーザー）に販売するという取引そのものが商権である。それは例えば年間何トンとか、1か月何個、1四半期に何台といったように数量で捉えられると共に、金額的にもおよその規模がわかる。そこから生まれる粗利益やその取引のためのコストもおよそはわかる。従って個々の商権の収益性は明らかにできるはずである。それなら個々の商権の価値は客観的に明らかで、その集合体としての商社のもつ商権の総体の価値も同様であるはずではないか。ところが安宅産業の合併時の商権の評価は住友銀行と伊藤忠とで大きく食い違った。このことは商権論においてどう解されるかと、問われている。[6)]

　この疑問への回答は第1に売り手と買い手では同じものにつける値段が違うのは当然だということ、第2に商権はそれをどのように維持するかによって生きることも死ぬこともあるが、安宅の商権は刻々と死滅しつつあったこと、第3に合併に際しては商権の継承が企業の政策的な問題であること（既存商権との競合のゆえに継承しない方がよいと判断されるものもある）、第4に商権の継承には取引先の承諾が必要であり、その意味で合併後も商権が生き残るかどうかは確実でなく、その見通しについては意見の相違があること、などである。

商権は、これを形成、維持するための企業の活動と切り離せない（私が商権の定義のなかで組織と一体化したものと言ったのはそのためである）。商権は譲渡できるからこそ商社の合併や営業の譲り受けが行われてきたのであるが、その場合商権を引き継ぐ企業にとって、その商権の価値はそれを維持するコストと、それが生み出す収益の将来展望にかかっている。従ってその評価に主観的要素が入るのである。なお商権の評価の実際の方法としては、一般に営業権の評価において用いられるのと同様の会計的手法が使われるはずである。[7]

2　顧客関係論に何を求めたか
(1)　なぜ顧客関係か

商権は顧客関係への投資が無形資産になったものだというのが私の商権本質論である。そこでなぜこういう議論をもち出したのか唐突だと感じる人もいるかもしれない。そういう人の考え方を推測してみると、企業間結合については歴史的に既に多くのことがいわれてきているので、それらを尊重すべきであり、それに比べて顧客関係というのは理論としての力が弱いと思われたことが考えられる。例えば商社は6大企業集団のメンバーとして、集団の行動に加わっているとみる立場がある。そうみることによってはっきりした位置づけが与えられるとすれば、そのことを優先させるべきだということになろう。あるいはまた、メーカーの流通チャネルの一員としてみることで足りるとみる人もいるであろう。これに対して私が「関係」ということにこだわっているのはなぜかといえば、ここに対等な売り手・買い手間の結合というものを解明する鍵があると考えたからである。

商権というようなものがなぜできるのか、ということは、商権が取引先との関係を通じて形成されるという考え方を導入しないと説明できない。逆にいえば、商権は単に設備を所有し、人員を抱えれば、そこから直ちに生まれるというわけではない。これがもし、技術開発とか新しいデザインの案出とかいうことなら、自分の企業だけでできる。それによって新しい製品の所有権や知的財産権が生まれるだろう（政府への登録などの手続きが必要かもしれないが）。

もうひとつ商権というものを、取引の内部化の一種と考えれば、そこに組織の論理、あるいは支配という論理をもってくることも可能であろう。支配は関係の一種であるが、独占企業の行動を分析する手段として伝統的に広く用いられてきた。そして支配は、企業間の結合を生む大きな要素でもある。

しかし、商社は、企業支配による取引の内部化を主な行動様式とすることはできなかったし、またそれをしなかった。というのは、大企業との取引を中心に据えたからである。しかも特定の大企業に従属する専門商社にもならなかった。つまり企業としての独立性を維持するという道を選んだのである。これは歴史的に運命づけられた道だったかもしれないが、それが企業戦略となったのである。

そこで「関係の論理」が必要なのだが、それは組織の論理、あるいは支配の論理と、はっきり違うのである。組織の論理は流通における垂直統合の理論にとりいれられており、支配の論理はコンツェルンや日本の下請け系列、流通系列などの解明に適用可能であるが、商社はこれらによっては捉えられない。商社が子会社をつくり、あるいは産地のメーカーや問屋を系列化するなどの部面には支配の論理が適用できるが、それは商社の行動の一部を表すにすぎない。商社にとって最も重要な大企業との関係はこれと異なる。もうひとつ商社と大メーカーの関係の多くは企業集団の論理によって捉えることが可能な面があることは確かだが、これまでの企業集団の論理は必ずしも説得的でない。私は企業集団を「関係の論理」そのもの、ないしはこれと密接に関連したグループ化の論理によって説明すべきものと考えている。

さて上記のように「関係」というのは対等な関係である。支配関係も関係ではある（社会のなかで何らかの接触をもつ個人や団体はすべて何らかの関係をもつ）が、ここでは支配と区別するために「関係」と言っている。ただ対等の関係といっても、対立関係もあるし、競争関係もある。そのなかで顧客関係というのは取引を通じて相互依存関係をもつ点に特徴がある[8]。商社にとってこのことが重要であることはさして説明を要しないであろう。

(2) マーケティング論から得たもの

　さて以上のようにして顧客関係に注目するということは、商社を捉えるための着眼点を企業の特定の行動様式にまで狭めてくるということである。そしてそのことの意義は、ひとつにはこれが取引における日本的特徴に関連しているからである。現在系列に絡んで日本の取引関係の特徴とされている長期継続取引というものを明らかにするうえでこの見方は欠かせない視点だと私は考えている。[9]

　しかもこれが日本的なものであるからといって、そこにいきなり日本的な特殊事情とか文化的要素といったものを持ち込んでくることは避けて、ひとまず何らかの一般的な理論的枠組みによって説明してみたい。そう考えて「関係の論理」を探っているうちに、ひとつの論点に到達した。それが顧客関係論である。日本的な取引というのは特定の相手を選んで、これと取引を通じて結びつくという要素を強くもっているのである。この場合そのような取引関係が、売り手と買い手の選択によって成立していると考えれば、そこに相手を顧客としてどう評価するかという判断がどうしても入ってくるはずである。売り手と買い手が複数存在し、両者それぞれに競争的な環境のもとに置かれているという状況のもとではこの点を見逃すわけにはいかない。

　そしてこのような関係の解明に当たって、私に納得できる説明を与えてくれたのが広い意味での関係的マーケティング論だったといえる。これは経済学的な概念を踏み出している面があったので、研究者の理論的バックグラウンドいかんによっては、理解し難いとか、無用の夾雑物とみられることになったかもしれない。しかし日本の独占分析における「支配」という概念も単に市場における価格や数量への影響に止まらず、多分に政治経済学的な色彩をもっているのであるから、あながち私の論が異質だというわけでもなかろう。

　ところで私がマーケティング論（この場合主として産業財マーケティング）から得たものとして、ひとつは企業間の取引関係についての種々の分析枠組みと、それによる分析の成果がある。そしてもうひとつは企業戦略論あるいは戦略的マーケティング論が、市場における地位とか、競争戦略といったものに注

目していることからヒントを与えられたことである。これらについては、本書の第2章、第3章を参照されたい。

(3) 顧客関係への投資論

　以上のようにして導き出された商権論の焦点は顧客関係への投資という概念であるが、これは私の独創ではなく、関係的マーケティング論に基礎をもつ。ただ、この考え方を私が商社論にとりいれたことの意味は、次の点にある。すなわち日本の総合商社の地位や役割については従来一種の決定論的な合理化が行われていたけれども、これを離れることである。社会的分業論、企業集団論などから商社を説明してしまうのではなく、ともかくいちど商社の行動の原理を示して、そこからスタートしたいということである。

　そこで問題は顧客関係への投資というものの実態の捉え方に移るが、これについては、それがあれこれの経費支出とどう違うのか[10]。また合理的な投資基準があるのか[11]といった批判が寄せられている。

　商権論においては、顧客関係への投資は相手に対するコミットメントであり、それを相手に認識してもらうために投入される企業の努力あるいは適応行動が投資なのである。そこで投資の内容について杉野教授がいわれるように、これは事実上経営資源の投入、費用の支出とほとんど同義であるといえる。もちろん商社の貸借対照表の投資勘定にあげられているもの（主として非上場会社に対する大株主としての出資）が投資であることはその通りだが、それに止まらず、商社が特定の取引先を意識して従業員を配置していればそれは顧客関係への投資だといってよい。

　ここで投資（investment）とはその効果が資産形成に結びつくような支出である。会計学的にはその支出が各決算期の経費としてその期の間に収益から回収されるようなものは投資とはいえないだろう。その意味ではそれは一回限りの取引のなかでサービスが販売されたと解すべきなのかもしれない。

　しかし現実には、投資と経費支出の境界ははっきりしない。経理的な処理という面からみても、開発費的なものは償却の対象になるだろう。また広告費は

経理的に経費でも投資的性質をもつことがよく知られている。

商社がよく使う言葉として先行投資というものがある。これにはプロジェクトの実現に先立って土地を買うといった意味もあるが、例えば海外市場の調査のために、メーカーと共にミッションを派遣するといったことは、先行投資と考えられている。こうした費用は一件ごとにはさほど大きなものではないから、各期の経費として処理されるが、その本質は投資である。

人員の配置までも顧客関係への投資だといえば、抵抗を感ずる読者も多いかもしれない。しかし商社本体の人員は、かなりの程度までいわゆる日常的な事務処理を離れて、企画や情報の仕事に集中している。そうした人々は個別の取引の処理にはさほど大きなエネルギーを使っていない。むしろ主な仕事はメーカーへのサービス、あるいはメーカーを特定のプロジェクトに誘導することだといえる。要するに商社にあっては、商社の従業員の日常的な行動が、直接にひとつひとつの取引に結びついているというよりは、日々の行動が何らかのかたちの商権というものに結実し、その商権をベースに具体的な取引の流れが生まれるという二段階の構造が存在するのである。そのなかでの支出の投資分と経費分を区別することは実際には難しいが、商社としては投資分を常に意識している。それは種まきであり布石である。そしてこのことによって顧客との関係が維持されているのである。

3 商権形成のための投資
(1) 投資の内容と投資基準

顧客関係形成のための投資の性質を以上で説明したが、その内容はどうか。そこには常識外れの交際費支出や賄賂のような反社会的なものが含まれているのではないか、という指摘があるが、それらを含みうることは拙著で明らかにしているので繰り返す必要はないであろう。たとえそこに反社会的な要素があっても、そのこと自体は、その金銭支出の投資性を否定するものではない。例えば製薬メーカーが新薬開発のために、国公立大学の研究者の研究を支援し、その海外旅行の費用を負担するなどしたことが賄賂に当たるとされたとしても、

そのことは、この支出が開発費であること、あるいはその人に対する投資であることを否定する材料にはならない。もとよりこれらに何らかの歯止めをすることが社会的に、あるいは競争ルール上必要がどうかということは別途論じられて良いことである。

　次の問題としてこれらが投資であるとして、その評価を示せるか、といわれる。いかに将来の商権形成のためとはいえ効果の不確実な投資をむやみに続けるわけにはいかないはずだ。投資なら客観的な投資基準があるはずだが実際にはかなり恣意的なのではないか、と奥村教授はいう。これには、私がそれを投資だということによって、商社の乱脈な経費支出を、経済合理性を備えたものとして合理化している、という批判が含まれているのかもしれない。しかし何が乱脈（奥村教授はそうはいっていないが）かは見る人によって異なる。商社の交際費が多すぎるかどうかは、ビール会社が売上高の10％もの広告費を使うことが合理的なのかどうかと同じように答えにくい。

　とはいえ広告についてその効果の評価が問題になるように、商社の場合にも投資や日常的な経費（その目的が投資であるにせよ）支出について評価基準がないわけではない。ただ、その内容が複雑多岐であるから評価の手法がそれほど精密なものになりえないことは確かである。そのことをもって、客観的な基準がないといえばそうかもしれない。しかし投資であれ、単なる経費であれ、金銭の支出が管理されていないわけではない。

　ふつう商社はいわゆる部店独立採算方式ないしそれに類似の方式によって、内部組織単位ごとに損益を管理している。その場合狭義の投資（商社のバランスシート上資産に計上されるもの）についてはそれを保有するための金利がコストになる。人件費及び一般経費についてはその各期の支出分が損金に算入される。そのほか営業部門では管理部門の経費の分担分や税金（例えば交際費は損金にならないので利益から支出され、従って利益に伴う法人税分も負担する必要がある）も負担する。従って営業部門では収益に比べて経費が大きければ損益が悪化する。また予算とその執行の管理などを通じて、各部店ごとの目標達成度がチェックされるから、利益の多い部店であっても、その経費支出が予

算より大きくなればチェックされる。

　以上のような商社の内部管理システムは、どちらかといえば短期のバランスを重視する性質のものであって、長期的な投資には適しているとはいえない。言い換えれば、短期的な収支を害さない範囲で長期の投資を行うという態度が基本にある。

　商社が行う狭義の投資は出資（株式投資）が中心である。ほかに融資や保証などにも大口のものがある。これらについては社内に一定の管理ルールがあり、規模により全社的な投融資委員会などの議を経ることになる。そこでは当然投資効率が議論されることになるが、全社組織の役割としては、収益が不確実でコストがかかるため、ふつうの管理方式のもとでは個別の部課が負担できないような大口投資を全社的に容認し、あるいは推進するということも含まれていることが多い。

　商社がこれまでに行った投資（狭義）が果たして効率的だったかどうかは問題で、過去に巨額の償却が必要だったことはよく知られている。しかし商社は、狭義の投資の失敗を必ずしも恐れていない。商社としてはもうひとつ、広義の（つまり全休としての商権形成あるいは顧客関係のための）投資として評価できる余地があればそれを評価していこうとする。そこに商社の行動の積極性があるといえる（なお21世紀に入ってからの投資リスクの管理方針については第12章Ⅳ－2参照）。

(2) ギブ・アンド・テイク

　顧客関係への投資という概念に対するのと同様に、私のギブ・アンド・テイクという捉え方にも批判がある。例えば「商社が与えるギブの側面を羅列すれば、それは機能論で主張された商社の諸機能と何ら変わりないものとなろう」と評される[12]。確かに私がギブとしてあげているものと、商社の機能といわれているものは共通している。そして私はそれらの商社の機能を認めている。しかし重要なことは機能があるかないかではなくて、機能論は機能をどう捉えているかということである。商社には情報機能があると言ってみても、その意味

ははっきりしない。重要なことは実際の情報の提供が多くの場合個々の取引とは別に無償で行われ、しかもその内容と相手は商社が戦略的に選んでいるということである。ギブとして情報を与えているという捉え方にはそういう商社の行動の特徴が盛り込まれているのである。

　これに対して情報機能というだけでは、商社によって情報が売られているのか、それとも、ひとつの見方として取引と情報とが一体となって動いているという解釈を与えているだけなのか（例えば小売店でも、いつ、どこで何が売れた、ということを情報として扱うことはよくある）はっきりしない。

　もうひとつ、ギブ・アンド・テイクというのは漠然としているともいわれるが、私はギブ・アンド・テイクという関係の性質については検討を加えた（拙著、pp.64, 109〜110、第1章の社会的交換論も参照）。また実際のビジネスのなかでギブとテイクの関係はかなりはっきりしている。例えばこれが反対に受け取られることはまずありえない。私の議論は、ビジネスのなかのそういう側面をみるべきだということを述べている。例えば商社が行う金融はギブになることもあるが、単なる慣行として行われていることもある。その分れ目は個々のサービスがそのものとしてペイしているかどうかということである。商社機能論は、時には商社が多くの機能をタダで利用させるかのような印象をもって主張される。そういう機能論はギブ論かもしれない。しかしギブだけでは企業は成り立たないから、テイクのないギブ論は自滅せざるをえない。それでは商社の機能とはそれを売ることが目的なのかといえばそうはなっていない。つまりサービスとその対価とが切り離されている。そういう性質を捉えるには、ギブ・アンド・テイクという文脈のなかで捉えることが必要である。

　言い換えれば商社は情報を重視しているが情報提供業ではないのである。それにも拘わらず、取引機能、金融機能、情報機能、オルガナイザー機能といったように機能を並べると、これらの間の相互関係が明確でなくなる。それらの戦略的位置づけこそが問題なのである。いろいろな機能をギブ・アンド・テイクの文脈のなかに置いてみれば、それらの役割はかなりはっきりするはずである。

そしてここで重要なことは、各種の機能が、その個々の位置づけに従って商権の形成・維持と個別の取引とに振り分けられるということである。ギブはいったん商権というひとつのまとまりをもった関係ないし取引上の地位の側面に吸収される。そこでギブとしての評価を与えられ、それらの総合的な評価に基づいて個々の取引に対する商社の関与が正当化されていくのである。このなかのギブ面は個別の取引の事務手続きを行ったり、代金の決済に関与したりすることとは区別されなければならない。後者はいわばテイクの実行にすぎないことが多いのである。

(3) ギブと互恵

　ギブはテイクを期待して行われる。その意味で贈与ではない。しかしギブとテイクの結びつきが予め保証されているわけではない。従ってギブは商社側の一方的な働きかけに終わるかもしれない。その点でこれはいわゆる互恵取引より範囲が広く、且つ戦略的である。
　そこにあいまいさが含まれることは否定できないが、それだけ広い領域をカバーできるのである。
　私が商社の取引における互恵的要素を重視しながらも、これだけでなく、ギブ・アンド・テイクという関係を持ち出したことは、不必要な混乱を生むとみられるかもしれない。しかし私の考え方には理由がある。それは互恵という概念が狭いからである。
　互恵とは、取引関係にある企業が相互に相手の製品を購入し合うことである。そしてこれを厳密に運用しようとすると、例えば一定期間の相互の購入額を同一にするというような明確な協定が必要になる。このような協定を結べる相手というものは一般にはそう多くはない。そしてこれほど厳密ではなくても、互恵取引を行うには相互に多角化した企業でないと行いにくい。そして商社は高度に多角化した企業であるから、これが介入することによって互恵取引の機会が一挙に拡大する。このことを明確に指摘したのは奥村教授であり、それは商社の秘密を解く大きな鍵を与えたといえる。従って私も原理的にはこれを十分

評価している（本書第1章参照）。

　ただ実際の商社の取引をみると、互恵という取引システムが適用される例は案外少ない。つまり原理的レベルでの互恵の可能性と、実用レベルでのその実行可能性とは、大きく隔たっている。私が拙著のなかで、あえて電力会社との取引をもち出したのは、やや極端とはいえ互恵になりえないケースを示したかったからである。

　また例えば自動車メーカーとの取引においても、商社が自動車の販売に協力することと、自動車メーカーに鋼材やプラスチックを売ることとは互恵にはなりえない。もし商社が何万台もの自動車を買い取れば話は別であり、商社の自動車リース業にはいくぶんかそうした要素があるが、ふつうは自動車の販売において問題になるのは販売力である。

　自動車のようにメーカーのブランドの力が強いものを対象に互恵が成り立ちにくいのは当然かもしれないが、素材や機械メーカーなどへの売り込みにおいても、相手との互恵が行える場合を具体的に考え出すことはさほど容易ではない。それは、ひとつには、商社の取扱品目が余りにも多様であって互恵のシステムを作ることが複雑になるからである。実際問題として、商社の従業員が自己の特定の取扱商品を特定のユーザーに販売しようと思って相手先訪問をするにあたり、自社の全部門とそのユーザーとの取引がどのように行われているかを知るためには、自社の記録を調べなければわからないことが多い。商品が違えば担当部門が違うから、互恵取引を行うにはそのための特別の仕組みが要る。特定の相手にはそういう取組を行うことがあるが、それは特別のケースである。以上を言い換えれば、個々の商権が互恵によって成り立っている例はそれほど多くないのである。

　このように互恵を組織するのが容易でない（これには相手の態度も問題になる）のに対し、ギブというのはこれより広い範囲で、相手のメリットになるサービスを供与することである。商社の場合、決定的に重要なのは市場開拓であり、次に情報である。[13]

　ここで市場開拓をもち出すと、これは通常の商社の販売機能ではないかとい

われるであろうが、ギブの要素をもつ販売（相手の製品の販路を開拓すること）とテイクの実行としての販売（日常的な販売業務）とは分けて考える必要がある。これは例えば販売代理権を入手するまでの投資（これがギブ）と代理権を得てからの販売業務というように考えてもよい。そしてここで市場開拓というのは、現にある製品の市場開拓というより、潜在的な市場の掘り起こしを意味し、メーカーに新たな製品をつくらせることを含んでいる。

ところで商社の行うギブは、コミットメントと微妙な関連をもっている。相手が将来の商権に対して何らかのコミットをしているときにはギブを与えやすい。そして一定の段階で両者のコミットメントが一致して、商権ができていく。しかし相手がコミットしない段階でも、その相手が重要であればギブの攻勢をかけることがある。

日本のメーカーと外国のメーカーには、一般論として、こちら側のギブによって相手のコミットメントを引き出すまでのプロセス、あるいはコミットメントに至ることの難易度に差があるといえよう。商社が市場開拓に成功したとき、それをベースに商権をつくることは、相手が日本メーカーであるときの方が容易であり、外国メーカーの方が難しい。市場開拓のプロセスを通じて得た情報やノウハウを外国メーカーは自分で利用して直接取引を行おうとする傾向があるのに対し、日本メーカーは商社の起用を考慮する度合いが高いと考えられる。以上のような内外のメーカーの態度の差には歴史的な理由もあろう（結果として日本メーカーの方が自社のマーケティング力が弱いこともありうる）。いずれにせよ、商社がギブを通じて商権をつくれるか、すなわちギブがテイクを生むか、あるいはギブが投資としての意味をもつかどうかは相手企業の態度に依存せざるをえない。

なおギブや互恵の競争政策上の問題について私の見方は甘いと見られているかもしれないが、私としてはこれらに問題がないといっているわけではない。ただ問題の検討に際しては、まず評価基準を明確にすべきであると考えていることは後述の通りである。

4　商社の系列関係とチャネル関係
(1)　企業集団と顧客関係

　総合商社はそれぞれ、6大企業集団の有力メンバーである。逆にいうと日本の企業集団は金融機関と商社を含む点でいわゆるメーカー系列（タテ系列）と違っている。企業集団には財閥という歴史的背景があるので、そのメンバーの間の結合関係については資本的、人的な側面が重視され、取引関係は必ずしも大きくとりあげられてこなかった。銀行の融資は取引関係だが、これは従来銀行側からの企業支配という文脈で捉えられていた。

　これに対して私は顧客関係をベースにした企業集団の解釈を試みた。これは杉野教授の賛成を得たが、この捉え方によると、企業集団メンバーとそうでない重要取引先との区別がなぜあるのか、またこれはどう違うのかという問題が生ずる。論理の筋からいうと、メーカー、銀行、商事、保険などを含む多数の取引関係が重層的に集まるような多角的コミットメントができれば、そこに企業集団が生まれるということになろう。ただ実際には歴史的な背景や銀行との関係が企業集団メンバーの範囲を決める要因になっていることは否定できない。

　顧客関係をベースに企業集団をみるというのは、ベースとしての企業間の1対1の関係が重要だということであり、個々の企業の自立性は企業集団のメンバーであっても、そうでなくても違わないと私は考えている。これは企業間の個別のコミットメントがあって、そのうえに集団ができているという見方になる。

　これに対して企業集団の集団としての性質を重視するときは、株式所有を通じて、大株主会としての企業集団メンバーが共同して特定のメンバー企業を支配しているという構図が描かれる。これは奥村教授の説で、きわめて注目すべきものだが、[14]企業集団メンバーの共同の意思がどのような対象に向かっているかということが問題になる。株主である以上、相手企業の経営状態に関心があるのは当然だが、それをこえて共通の意思をもつことができるかどうかが問われよう。特定のメンバー企業の経営再建が問題になったとき協力し合うということは理解できるが、平常時に、メンバー企業の利益を図るための具体的行

動としてどこまで共通のものがあるかということになると、回答は難しい。具体的な問題として例えば商社が、企業集団メンバー外の企業と取引することが、集団内の特定のメンバーにとって好ましくないと思われたとき、これをメンバー全体が共同してチェックできるかどうかということである。

顧客関係とは、相手とのコミットメントのうえに成り立つから、相手の利益に反する行動は当該相手との関係を害するだろう。従ってむやみに多数の競争相手と取引することはできない。例えばメーカーから代理権を与えられているときには、競争者の製品を扱うことは、代理権をとりあげられる原因になろう。しかしそのことは1対1の関係から導き出されることで企業集団とは別である。

そこで企業集団（あるいは系列）の利益を優先するというのはどういうことか、という点について、より突っ込んだ検討が必要であろう（同じ企業集団に属する銀行と商社その他メンバー企業の間に微妙な利害の対立がありえたことは、かなり良く知られている）。

商社の企業集団への依存と、他方における企業集団から加えられる制約とを、どこまで重要視するかは、いわゆる企業集団内取引に対する評価の問題と関連している。

私は商社にとっての集団内取引の重要性を認めるものだが、売上や仕入れに占めるその比率はさほど高いとは考えていない。というのは商社の売上にはかなり名目的なものがありうるので、比率の数字をさほど重視していないからである。他方これまでの資料では集団内取引の実態が明らかにされていないという批判がある[15]。この点は直接拙著の内容に触れて言われているわけではないが、重要な論点である。ただ売上高を分解していけば企業集団と商社の結び付きがはっきりするとは必ずしもいえない。

企業集団があることは商社の利益になっており、企業集団の他のメンバーにとっても、企業集団をベースに商社を利用することが利益になることがあるはずであるが、個々のケースについてみると、企業集団という関係が利益にも、制約にもならないケースがかなり多いであろう。個々のケースに即して事態を分析していくことが大切である。

(2) 顧客関係と株式持ち合い

わが国企業の株式持ち合いは、顧客関係という面からみて、企業間のコミットメントの表現とみることができる。これは相互作用アプローチから導き出されるものとして拙著で採用した考え方である。

ただ、取引をするために相手の株式をもつということの意味を、マーケティング論的にみれば、売り手の行動という側面が重視されなければならない。外国では一般的ではないだろうが、日本ではメーカーが顧客確保のために販売先企業の発行株式を持つことが、きわめて一般的に行われている。ここで重要なこと、つまり何が一般的基礎的なパターンであるかという観点から注目すべきことは、第1にこの株式所有は、売り手が買い手の株を持つことが主眼であること、第2にこの関係は必ずしも企業集団に結びつくとは限らないこと、である。言い換えれば株式持ち合いでない一方的所有として、且つ企業集団の枠の外に、株式所有が広くみられることである。

そこでこのように、メーカーが自己の製品の販売先の株式を持つことが合理的である（良いか悪いかは別として販売上有効である）とするならば、商社の持株はどう理解されるべきかということが問題になる。これについて私は仕入先企業が行うべき株式所有を商社がかわって行っているという意味での肩代り投資があるとの仮説を示した。これは以前に公取による商社批判に関連して考え出したものであるが、今回拙著にとりいれたところ、批判的見解に接した。[16]

私は肩代り投資だけで商社の持株を説明しようとしているのではないし、考え方の詳細は次章にゆずるが、ここには、パワーとコミットメントの微妙な関係がみられる。

これまで企業間結合の要因として株式所有をとりあげるとき、そこでは支配という要因が注目されることが多かった。安定株主においても、株主としての支配力や持株を売却するかもしれない脅威があるとされた。いずれにしてもこれは企業がその本来のあり方としては対立関係にあることを前提としている。しかし相互依存とかコミットメントという見方はこれと異なった考え方に立っているから、それにふさわしい説明が求められる。株主が支配力をもつという

原則に反しないかたちで、相互依存やコミットメントが説明できるためには、パワーのバランス（持ち合い）か、株式所有コストの肩代わり（パワーの代理行使）すなわち肩代りがギブであり、コミットメントを生むという考え方をとりいれることが有効である。

　日本の企業間の株式持ち合い状況をみると、企業集団に属さなくても持ち合い関係があり、それは顧客関係から説明されるべきものが多い。そのほかに合弁事業や多角的な企業間ネットワークの一部として株式所有が行われていることもある。[17] これらを具体的に且つ広い範囲に亘って分析することは、これから行われるべきであり、そのなかで商社の地位はいっそうはっきりしてくるものと思われる。

(3) チャネル関係のなかの商社

　現代の商社は寡占的なメーカーの市場支配力に対抗して独自の市場支配を行う余地をほとんど与えられていない。商社はメーカーのマーケティング・チャネル（購買の場合は逆チャネル）[18]のなかに位置づけられなければならないのである。その意味で商社は独自の顧客としての地位を与えられているとはいえないが、メーカーは商社を媒介にして、あるいは商社と共同して顧客関係を維持している。その場合の商社の地位は相対的に弱いといってよい。しかしだからといって商社がビジネスから排除される一方だというようにみることは正しくない。商社が排除されようとするケースが多いことは事実かもしれないが、メーカーといえども万能ではない。そして商社の力を借りることによって、より容易に目的を達しうる場合には商社を利用するのは当然である。

　商権論は、マーケティング・チャネルに位置しつつ、企業としての独立性を保ち、そのことによって部分的に顧客としてのパワーを利用できる商社の地位を示す狙いを含んでいる。ここでは商社の機能を否定するのではなく、その機能の作用を商権という形態に吸収してみていくことが必要だと述べているのである。

　商権というものは、商社が自分のためにつけた名称であるから、相手が認め

ているかどうか、また認めているとしてそれはなぜか、この疑問に拙著は十分に答えていないといわれる[19]。これは結局理論的基礎から論じなければならないことだが、私はこの問題のために理論を模索したといえる。また私は商社の戦略的立場に注目し、その見地から商社が示してきたいろいろな行動（市場開拓、販売網への投資、顧客の株式所有など）について、それこそが商権形成に寄与していると述べたのである。メーカーは一般に外部とのインターフェースをもつ必要があり、そのゆえに商社がそこを攻めていけば、相手が外国企業でも商権ができるはずである。この問題は次項のテーマであるが、外国メーカーもマーケティング・チャネルを外部にもつことは決して例外的ではない。

ただ、マーケティング・チャネル一般の理論として、外国（とくにアメリカ）のメーカーは、一方でチャネルを内部化しようとし、たとえ外部のチャネル機関を利用するときでも、これとの固定的関係を避ける度合いが高いとみられている。このことは、市場か組織かという、経済のガバナンス構造についての二分論を生み出す原因にもなっているように思われる。

しかし企業間インターフェースにおける商社の介在という事実を、内部化か市場取引かという二分論で斬ることはもともと無理である。その意味ではいわゆる中間組織論が商権論の出発点になるのかもしれないが、中間組織論そのものは実体が乏しい。言い換えれば、商権（あるいは総合商社）は中間組織だと言ってみても、それによって商権や商社を説明したことにはならないのである。中間といわれるような漠然とした領域のなかに、商権というかたちで、相対的に堅固な拠り所をつくることが商社の戦略である。その地位をさらにいっそう堅固なものにするためには、メーカーになるか、小売業者になるかという道もあるが、それは商社が商社でなくなることである。

商社を論ずることの意味は、取引関係（取引のネットワークといってもよい）のなかにあって、接着剤、調整者そして情報提供者あるいはオルガナイザーとして機能する商社というものが、どういうかたちで経営を成り立たせているかということを離れては存在しえないといえる。しかもメーカーが商社に商権を認めているということは、メーカーが商社を仕入先または販売先として

認知しているという事実の上に現れている（拙著、p.107参照）。その商社の地位は競争によって弱められることがあるが、それは商社に常に新たな商権の開拓と既存商権防衛の努力を求めているのであって、商権が簡単に消滅するというわけではない。

5　商社の存在理由とその評価
(1)　商社の存在理由―経済と経営

　商権論は、商社の存在理由を解明するために考え出されたといえる。その問題意識に絡んでふたつのことをとりあげたい。ひとつの問題は商社の存在理由を一義的に説明する客観的要素をとりだすことができるかということである。

　日本の商社は日本経済の置かれた条件から説明できるという考え方は、ひとつの回答である。それは、例えば日本資本主義の後発性、あるいは日本経済の海外依存、なかでもとりわけ資源の輸入依存度から商社の存在理由を説明するという立場をとる。これは歴史的説明として有力な説であり、部分的には妥当性があることを私は否定しない。

　しかし、この説に全面的に依存することには難点がある。すなわち、もしこの説が正しければ、日本の商社は、世界の先進国になった今の日本では存在できないはずだし、貿易以外の分野では商社の役割は大きくなりえないはずである。しかし現実は必ずしもそうではない。

　とくに、個々の商社の経営内容をみると、取扱品目や取引分野の面でかなり違いがある。それらに共通する特徴をいったん押さえたうえで商社の本質を捉えることが必要である。その場合に貿易、とくに杉野教授が強調するほど資源輸入との関連にこだわることは問題である[20]。というのは、"貿易依存度の高い商社、あるいは資源輸入の大きい商社は強力である"、という命題よりは"有力な商権をもつ商社は強い"という命題の方がより一般的に妥当するからである。[21]

　商社の存在理由に関連して私は海外における商権というテーマに立ち入らずに商権を論じた。これは、いわば商権の原理論をつくるための手続きとしてそのような方法をとったのであって、商社にとって貿易が重要であることを否定

するものではない（なお貿易の商権の片方の相手は日本メーカーである。この面は拙著でとりあげている）。

　しかし、貿易の問題を商社論にとりいれるに当たっては、ある意味で慎重さが要るのではなかろうか。確かに日本の商社は歴史的に貿易商社であるし、貿易が商社の活躍の舞台であることは周知の通りである。とはいえそもそも日本は国民経済的にみて現在少なくとも数字的には貿易依存度が高いというわけではない。資源がないといってもそれが必然的に日本の商社に活動の場を与えるわけではない。例えば、石油をオイルメジャーズが完全に握っている状態が続いていたとすれば、恐らく石油ビジネスに商社が関与する余地は小さかったであろう（これには日本側の政府規制という問題もある、拙著p.97参照）。

　他方商社はいわゆる三国間取引など、日本への輸出入にならない取引を行っていることがある。これは商権抜きの貿易なのか、それとも逆に外国企業との間にも商権ができるのか、興味深い問題ではあるが、まだ十分検討はできていない。ただ注意しなければならないのは、ひとくちに三国間貿易といっても多様であり、そのうちで商社にとって安定しているのは、多くの場合日本メーカーの生産拠点をベースにするものだということである。

　他方、これと矛盾するようではあるが、外国メーカーとの間に商権が生まれているかのような例をみると、これは日本メーカーに対するものよりは多少不安定で、会社というより商社の従業員個人に商権が与えられる傾向があるのかもしれない。ただし、とにかく継続的な取引ができている。つまり、貿易があれば商社が生まれるのではなく、貿易のなかに商権をつくり出すことによってはじめて日本的な商社ができるのである。これに関連して商社の存在理由を貿易機能の規模の利益から説明する説に対して私は疑問を呈している（拙著、pp.188, 195）。これは規模の利益を否定するのではなく、それが生まれるベースとして商権があるといいたいのである。

　以上要するに、経済学的な仮説から、いきなり商社の存在理由に踏み込もうとすると実態に合わなくなる。そこで一旦商権というベースをつくって、そこから話を広げたらどうかというのが私の狙いである。これは経済的というより

は経営的なアプローチに近いといえるだろう[22]。商権の収益性を重視する私の立場は経営的視点の表れだといってよい。

(2) 商社の存在理由と日本的要因

　商社の存在理由について商権をベースに見ていくために、私は顧客関係行動論なるものを唱えているが、これは外国から来た理論であり、且つメーカー間の関係に一般に当てはまる。そういうものによって、商社が説明できるなら、商社は外国にあっても良いはずではないか。しかし外国には日本的な商社はない。それはこの理論の妥当性を疑わせる理由になる、という批判がある。[23]

　こういう批判があるのは多分に私の説明不足のせいだと思われるが、問題は次のような点にある。

　第1に、分析枠組みとしての顧客関係行動論は、あくまでもひとつのアプローチの方法である。これはもと外国産の理論であるから、そこでの問題の捉えかたには一般性がある。しかし、だからといって、私のモデルがそのまま外国企業に当てはまるわけではない。例えば株式持ち合いといった要素は外国企業には従来あまり認められないが、私のモデルではそれをとりいれて日本的なものにしている。外国企業の場合は、顧客関係形成のための結合はより弱く且つ部分的であるが、日本企業ではより強くより広いことが多い。これは程度の差の問題というだけではないだろう。

　第2はギブ・アンド・テイクとか売り手・買い手の相互作用の問題である。前述のようにギブとテイクの関係がどう成立するかは、売り手・買い手双方の企業の態度に依存する。日本企業には機会主義的な態度が弱いとされる。[24] 相互作用のなかでどういう調整が行われるかということも重要である。日本的な価格後決めの慣行は日本的特徴を示している[25]。私はここで示した分析枠組みのなかでこそ、日本企業と外国企業の行動様式の違いが明らかにできるはずだと考えている。

　第3に以上でもまだ商社の介在を説明するには足りないといわれる可能性があるが、それに対しては客観的な事実をみてもらう以外にない。つまり商社が

仕入れ先及び販売先との間で顧客関係をもち、そこから取引を通じて口銭を得ているという実態と、そこで商社が行っている活動の内容を、よりよく説明する仮説としてどういうものがあるのかが問われているのである。商社はまさに、ギブ・アンド・テイクとか相互作用といわれるメーカーと（他のメーカーその他と）の関係のなかに入り込むことによって存在しているのであって、こういう関係がなければ商権は存在しない。現にマーケットでのスポット取引には商権となっていないものもある。ただその場合でも取引の相手との平素からの関係が良くなければ取引が困難なことが多いことは注意しなければならない。

第4に以上の論旨からして、日本の商社と同じ経営的な手法と能力をもつことができれば、外国企業も日本の商社と同じようなものになりうるといえる。ただそれが企業経営として満足できる成果をあげているとみなされるかどうかはもうひとつの問題である[26]。

(3) 商社に対する評価

私の商社に対する評価は不当に商社を擁護するものだという印象があるようである[27]。それは私が一方で、競争政策上、あるいは企業倫理上問題になりそうな事実を示しておきながら、それへの批判を筆にせず、商社の存在を肯定しているからであろう。

この点は十分な検討ができていないことを認めざるをえないが、企業の行動を評価するためには、それを正当化するにせよ批判するにせよ、特定の事実とこれを評価するための理論的基礎を明確にする必要がある[28]。

商社を競争面から評価する場合に、一方では過当競争を非難する声があり、他方でカルテル的なもたれ合いが批判される。これらは具体的な対象分野が違うのかもしれないが、なかには両者が絡み合っているものもある。商社は顧客との関係においてきわめてデリケートな立場に立っているために、自主的に動くことができないことが多いのが実情であろう。

私が顧客関係への投資といったのは、経営的な立場からの理由づけであって、その内容が競争政策や企業倫理面からの制約を受けることはいうまでもない。

ただ、こうした制約のあり方自体が時代と共に変化するし、すべきだといえる。これらを踏まえて商社の商権化行動をより具体的に評価していくことはこれからの課題である。

注
1) 公表された主要な書評は下記の通りである。
　　奥村宏（龍谷大学）『週刊東洋経済』1991年5月11日号
　　土井教之（関西学院大学）『公正取引』1991年3月号
　　杉野幹夫（関西大学）『証券経済』175号、1991年3月
　　なお以上のほか中野安（大阪市立大学）及び黄孝春（弘前大学）は研究会で拙著を紹介、批評した。また中條誠一（大坂市立大学）からも重要な指摘を得た（以上の所属は1991年当時）。
2) 中條誠一は、商権の性質として、これが継続取引であるとすれば、スポット取引は除かれるし、商社の自己リスクによる売買も商権とは考えないでよいとすれば商権が商社の取引をカバーする範囲はさほど大きくないのではないかと指摘した。この問題は商社の現実の取引を一定の基準で分類したとき、そのうちのどれを商権とみるかという問題提起である。
　　商社が商権をどうみているか、またそれにどの程度依存しているかは、商社によって事情が違うが、この問題は個別取引の成立要因として、そこに横たわる取引関係をどこまで重視するかという論者の立場にかかわっている。個別取引の成立にはそれぞれそこに特有の要因がある（需給や価格、支払条件など）。他方これと並行して取引関係の要因もある。
　　商権というのは後者に注目した概念であり、これをベースにした取引とそうでない取引をはっきり区別することはできない（現実には両方の要因が作用している取引がほとんどであろう）。
　　なお私が商権を重視するのは、組織を維持するに足る収益の基礎をこれに見出しているからである（拙著、pp.120〜121）。いわゆるディーリング部門は多くの取扱高を計上していても、これに従事する人員は多くないのがふつうである。
3) 黄孝春は、商権が日本的なものであるとすれば、そのことが定義のなかに明記されるべきではないかという。とはいえ日本的な要素それ自体を定義に盛りこむことは混乱を生みかねない。ただ「商権とは、日本の商社に特有の概念で、云々」というように説明的な文言をはじめに加えた方が親切であることは確かだろう。
4) 奥村宏書評参照。
5) 商社の商権にも、かつては輸入割当の絡むものが多かった。また歴史的にみるとカルテルがベースになっていたものもあろう。しかし今それらはほとんど意味をもたなくなった。
6) 奥村宏書評参照。なおここでの論点は杉野幹夫書評（p.140、注(5)）とも関連している。
7) 例えば和井内清『営業権』（勘定体系別新会計実務大系15）中央経済社、1978年参照。
8) 「顧客関係というのは実は企業間の関係で、企業と個人との取引ではこのような商権は発生しないのではないか」といわれる（奥村書評）。私が企業間関係という用語を避けた理由は、企業間関係よりは狭い取引関係だけをはっきり示すためで、このことは拙著の中でもふれている（p.35）。顧客関係のなかに個人を含むかという問題は一般的にはイエスである。これは取引依存度いかんによるので相手が個人か企業かは問題ではない。買い手が政府のこともある。商社が現実に商権をもっている相手には、純然たる個人は

第 8 章　商社の本質　221

9) 私は系列と長期継続取引を同一視していない。むしろ反対である。これについては本書第 1 部参照。
10) 杉野幹夫書評、pp.138〜39。
11) 奥村宏書評。
12) 杉野幹夫書評、p.136。
13) 拙著、p.118において、ギブは市場創造的、革新的でありうる点で互恵取引より積極的な意味をもつと述べたのはこのことに関連している。
14) この点についての奥村説の詳しい説明は奥村宏1991年b、第 3 編第 3 章にみられる。
15) 奥村宏、1991年 a、p.304。
16) 杉野幹夫書評、p.137
17) 国際的な企業間提携の一環として、フォードのマツダへの資本参加のようなものまでも、コミットメントの表現だとみる見解がアメリカに存在する。J. D. Lewis, *Partnerships for Profit* Free Press 1990 Chap.8.参照。
18) 逆チャネルという用語は一般には用いられていない。ただ拙著で紹介したように (pp.53, 56) 逆マーケティングという考え方があるので、そのためのチャネルは逆チャネルと言えよう。
19) 杉野幹夫書評、p.139。
20) 杉野幹夫書評、p.134, p.139。
21) かつて住友商事の業績が相対的に良好であったとき、国内取引における強さが注目された。その後伊藤忠商事について同様のことが言われたように記憶する。これらの評価のそれぞれの局面での当否は議論の余地があるが、近年商社が好調分野とか有望分野として掲げている分野は貿易以外のものがかなり多い。
22) この点に関連して拙著は経営史からのアプローチに対して冷淡だという批判があり、それについては舌足らずであったと反省している。ただ経営史からのアプローチが、経営の具体的諸側面に関心を分散させがちであるのに対し、私の関心は商権という中核概念に集中しているため、接点が少なかったことは確かである。
23) 杉野幹夫書評、p.133。
24) 拙著、p.202参照。
25) 価格後決めの慣行については拙著、p.119参照。
26) アメリカで、日本式商社をつくろうとして成功しなかったのは、商権の不足と経費倒れによって説明できよう。
27) 杉野幹夫書評、p.139。私の商社に対する肯定的評価は、その自立性（規制に依存していない）、国際性（海外での評価が高い）などに基づくものだが、それらが明示されていないことは説明不足といえよう。
28) 拙著では評価のための理論的基礎を探って、競争政策に関連する議論にも言及したが、これだけでは十分ではなかった。ただ世間のいわゆる商社批判が正当かどうかは別問題である。

第9章
総合商社の株式所有

　以下基本的に1983年（昭和58年）発表当時のままの記述を温存し、展望部分を削った。

　総合商社の株式所有が一般の注目をひいたのは、昭和49年と50年に、公正取引委員会が「総合商社に関する調査報告」を発表したことによってであった。総合商社が日本経済に対する支配力を強めつつあり、それを独禁政策上放置できないという見地からまとめられたこの報告は、商社活動を多くの角度から分析しながら、とくに商社の株式所有を中心的な問題としてとりあげ、これに制限を加えるべきことを主張した。

　これに対し商社側では、日本貿易会を中心に、公正取引委員会の立論に対して懸命の反論を試みたが、議論は必ずしもかみ合わないまま、昭和52年の独禁法改正に際して、事業会社の持株制限の条項が織込まれた。その骨子を記すと、資本の額が100億円以上または純資産の額が300億円以上の株式会社で、金融業以外のものは、自己の資本の額または純資産の額のいずれか多い額をこえて、国内の会社の株式を保有してはならない、というもので、持株そのものの直接的支配力を問題にするのではなく、株式所有の全体の額を問題にしていることが特徴的である（総量規制とよばれる。）

　なおこの規制には、公共的な事業で非上場のものなどについて適用除外が設けられ、また10年間の猶予期間を認められたが、商社の中にはかなりの枠超過があったことから、その株式所有に対し大きな規制力をもつことになった。

そこで、総合商社の株式所有について論ずるとすれば、このときの議論を振り返り、制限後の商社の持株行動の変化を跡付けると共に、政策の当否や功罪を論ずること、すなわち独禁政策ないしは産業組織論の側面からの分析がひとつの論点となりえよう。

しかし、その場合に避けて通れないのは、商社なるものの性質をどうみるかということであるが、商社の持株行動について合理的な説明ができれば、商社論を深めるのに役立つであろう。

もともと本章は、株式所有における法人化現象の研究の一環として、商社の株式所有についての私見を求められたのを契機にまとめられたものであるが、以上のような考え方により本章では総合商社はなぜ株を持つのか、それはどういう意味があるか、といった点を中心に実態分析を行った。

I 商社持株の概要と所有目的

商社がどういう会社の株式をどれだけ持っているか、ということは、有価証券報告書をみれば大体わかる。もちろん、そこから直ちに、持株の意味がわかるわけではないが、最初の手がかりがそこにあることは間違いない。

1 株式保有状況の概観

有価証券報告書における保有株式の計上区分は、一時的所有、投資的所有及び関係会社株式の三つに分かれている。そして、それぞれの意味は財務諸表規則に示されているが、現実には企業側の解釈によって左右される余地が大きいので、実際の分類基準は必ずしも明確ではないし、統一されてもいない。すなわち、伊藤忠と住商とは、一時的所有には株式を計上せず、関係会社以外の株式をすべて投資的所有としているが、その他の商社では一時的所有の比重の方がはるかに大きい。そして、例えば三井物産では昭和52年3月と55年3月とを比べると、上場会社が20社ほど投資的所有から一時的所有へとくら変えしている。

第9章　総合商社の株式所有　225

　結局本章対象時期においては、大部分の上場会社株式を一時的所有に計上する会社と、そうでない会社とが生じている。そしてこの場合、両者の実際の株式の所有目的にさほどの差があるとは思えない。前者は、所有株式の流動性に着目して一時的所有と性格づけ（実際に個々の株式は、売却されることもあろう）、後者は、株式を所有している相手企業との関係が密接であり、全体としては株式所有関係に大幅な変動は生じないであろうことをもって、投資的所有と性格づけているのではないかと思われる。

　ともあれ、計上区分別の株式及び債券等の大手商社6社の各社別保有状況（昭和55年3月末現在）をまとめてみると表1の通りで、国内株式の保有額は8,710億円（貸借対照表上の取得額、以下同じ）、そのうち関係会社株式が2,462億円、これを除く国内株式が6,248億円となっている。

　そして、これらの各社ごとの保有状況をみると、証券所有全体に占める国内株式のウエイト、あるいは国内株式の中での関係会社分とそれ以外のものとの割合などが、会社ごとにかなり大きく違っていることに気がつくが、そうした点については、必要に応じて後に再び触れることにしたい。

　次に、保有株式の中味について、やや角度を変えて概観すると、まず、国内株式8,710億円のうち5,378億円は、上場会社でかつ銘柄別の明細が明らかにさ

表1　6大商社の証券所有（昭和55年3月末）

（単位：億円）

		三菱	三井	伊藤忠	丸紅	住友	日商岩井	計
国内株式	一時的	1,096	897	―	1,161	―	591	3,744
	投資的	222	227	996	235	699	125	2,504
	関係会社	422	1,127	502	229	63	119	2,462
	計	1,740	2,251	1,498	1,625	762	835	8,710
外国株式	投資的	303	112	124	268	58	123	989
	関係会社	998	1,280	742	929	301	295	4,535
	計	1,301	1,392	866	1,187	359	419	5,524
債券等		1,401	875	759	715	787	415	4,953
合計		4,442	4,518	3,123	3,527	1,908	1,669	19,187

注：各社有価証券報告書による。内・外不明分一部推定。
　　株式に一部受益証券を含む。

れている。それ以外では、まず投資的株式のうちの非上場会社としては、第一に石油開発その他の資源開発、あるいは地域開発、海洋開発、観光開発、原子力関係などで関係会社以外のもの、すなわちいわゆるナショナル・プロジェクトあるいは企業グループを母胎としながらも商社の持株比率が比較的低いものがある。これらには投資額の大きなものが多い。次に、主要な取引先との共同投資会社がある。(例えば鉄鋼メーカーとの共同投資)。更に商社の系列色の濃い企業であって、持株比率等の関係から、関係会社にはなっていないものもここに含まれている。

　それでは関係会社にはどのような会社があるかといえば、財務諸表規則においては、関係会社とは、子会社と関連会社からなり、前者は親会社が議決権の過半数を実質的に所有している会社、後者は、議決権の100分の20以上50以下を実質的に所有し、且つ人事、資金、技術、取引等の関係を通じて、財務及び営業の方針に対して重要な影響を与えることができる関係にある会社をいうが、その内容は、商社によってかなり差がある。例えば国内関係会社の中に企業グループを母胎とする石油開発会社が含まれている場合(三井その他)とそうでない場合(住商)、いわゆる内販子会社が多く含まれている場合(伊藤忠、住商)とそうでない場合、また有力上場企業を含む場合(三井)とそうでない場合という具合に差が大きい。しかし非上場の国内関係会社の中に、商社が多様な業務展開をみせていることは事実で、その中には、系列下にある中小メーカー、加工センター、流通基地、倉庫、販売業者、量販店、外食産業、不動産会社、コンピューターや運輸などのサービス会社、リース会社等々を含んでいる。

　以上、計上区分にそって商社持株の大まかな姿をみたわけであるが、前述のように大規模企業の国内株式所有については、いわゆる総量規制が加えられており、昭和53年3月末現在で、総合商社6社について合計2,020億円の株式が、基準額をこえていた。そこでこれらについては株式の処分または自己資本の充実によって対処する必要が生れた。従って、この後の株式所有は、従来よりいっそう選択的、効率的に行われるようになったと推定される。換言すれば、

単なる利殖目的のものが減って、業務との関係の深いものに絞られてきたといえよう。そういう理解に立って次に所有目的について検討したい。

2　株式所有の目的とその特徴

総合商社が他の企業の株式を保有する場合の目的として、例えば塩田長英があげているものは

　①　総合商社の関連する企業集団の維持強化
　②　株式保有による取引の安定確保
　③　債権確保のための発言力の強化
　④　投機や投資による利益確保の期待
　⑤　多国籍企業化のための現地法人化
　⑥　労働組合対策のための別会社経営
　⑦　特定の取引のためのダミーの形成
　⑧　独立採算強化のための分離
　⑨　新規産業分野への進出のための投資

などである[1]。

ところでこのように一見多様にみえる株式所有目的も、企業にとって格別特殊なものではない。いまこれを整理してみると、例えば『新・総合商社論』（東洋経済新報社、昭和56年）における総合商社の国内投資の動機は、

　㈠　取引の維持・緊密化のための株式所有
　㈡　相手先の経営不振による株式の肩代り
　㈢　営業部門の一部の分離独立
　㈣　新規産業分野等への進出

となっており、ここでは塩田著書における①と②が㈠に、③が㈡に、⑥⑦⑧が㈢に、⑨が㈣に対応している。（④はあえてあげることをせず、⑤は海外なるが故に除いたとみられる。）

ところで、上記㈡㈢㈣はいずれも概ね関係会社のかたちをとることになるであろう。そこで、株式所有の目的は、投機・投資すなわち利殖を別にすれば、

① 取引のため
② 関係会社維持のため

ということになる。そしてこれはまさに、企業一般の、株式所有目的に他ならない。

いま「一般事業会社の視点から株式の所有動機を考えると、大別して次のようなものがあげられる」という。(日本公認会計士協会東京会編「有価証券の会計と実務」第一法規・昭和53年)

(イ) 利殖(投資)を目的とする場合
(ロ) 投機を目的として所有する場合
(ハ) 取引上の必要により所有する場合
(ニ) 関係会社確保の必要により所有する場合
(ホ) その他(債権の代物弁済など消極的理由によるもの)

そしてこのうち(イ)は企業経営上十分利点がありうる。(ロ)は場合によってその例をみる。(ハ)は取引円滑化のため広く行われる。(ニ)は種々の動機によって様々な場合がある、ことが説明されている。

このような状況に照らしてみれば、商社の株式所有の目的そのものは、事柄の性質上、特に問題となるような特異性を全くもっていない。ところが従来から商社の株式所有をめぐって種々疑問が出されてきたのは、結局商社の機能、商社のあり方についての疑問に基因していた。一方これに対する商社側の説明も、例えば、株をもつのは、「取引先から頼まれたから」「中小企業の救済、育成のため」「国家的プロジェクトの推進という要請によるもの」というように、主観的な経緯に重点を置いていたために、議論がかみ合わぬままに終ったように思われる。

今、本章での問題意識を明らかにするために、もういちど論点をふり返りながら、総合商社の株式所有目的について疑問視された点(批判)がどこにあったか、ということを考えてみると、まず批判者には総合商社という事業形態のもとに営まれる事業の目的そのものについて、商社無用論的な先入観があったように思われる。

すなわち、メーカーの場合は本来の事業目的としての製造品目が特定されている。従って、取引のために株式をもつ、という場合、例えば自分が生産している商品を売るために、あるいはその原料を安定的に入手するために必要があるという説明は受けいれられやすい。関係会社の場合にしても、例えばメーカーが製造工程の一部を分離し、あるいは部品メーカーを系列下にもつということは、事業目的に照して、必要性が理解されやすい。これに対して、商社の場合は、固有の商品や生産システムをもたないから、メーカーのような必然性がないのに、取引に介入し、単に支配力を強めたりするために株をもつのではないのか、という点が問題にされたといってよかろう。

しかし、わが国の現実をみると、多くの主要メーカーについて、まさにメーカーの株式所有がありうるような外延的な活動の場面において、商社が関与している。これはメーカーの原材料調達、製品販売の両面において、商社が機能している場合が多いからで、それによってメーカーはいわば工場内での生産活動に専念できるようになっており、ここにわが国特有の社会的分業が成り立っているといってよい。そしてこれには、わが国の産業の多くが、従来海外からの原料輸入や技術導入のうえに成り立ち、更に早くから加工貿易を目ざしたこと、そしてこれらを商社がリードしたことが与って力が大きい。

そこで、投機や利殖を別として、取引上の必要及び関係会社維持という、株式所有動機が働くふたつの主要な方向において、商社はいわばメーカーを補完ないし代位するかたちで株式所有を行っているといってよいのだが、この関係をよく理解しないと、誤解を生じる。

すなわち、AメーカーにとってB社に製品を売る場合、AがBの株をもつ必要が起こる。だとすれば、Aがこの場合、これにかわるものとして商社に望むことは、Bの株をもつことであろう。ところが、往々にして、商社がAと取引するためにAの株をもつのだという説明がなされる（このことは結果として必ずしも間違っていないが、その点は後で述べる）。そこでもし、このようなストレートな関係を頭に置いて商社が行動しているとすれば、商社は、その売上高を伸ばすために、限りなく株をもつのではないか、という疑問が生れよう。

それに対して、例えば「頼まれた場合に株をもつのだ」といった説明をしたところで、頼まれないものはもたぬというかたちで商社の持株行動に歯止めがかかっているとは思われないのが当然である。商社は、取引に際して口銭収入を得ることができるわけであるから、もし株式取得がその相手との取引にストレートに結びつくならこれほどうまい話はない。そういうことが現実ならば、第三者の見方として株式取得によって取引に介入する、というイメージが定着しても不思議ではない。そのような意味において、昭和40年代後半以降の商社による株式取得の増加は商社斜陽化、商社排除の動きを阻止するために（力ずくの介入として）行われたのではないかという論評がなされた[2]ことはきわめて鋭い問題提起であったといえる。

しかし先程のポイントに戻って考えれば、Aメーカーが商社に望むのは販売力であり、B社が望むのは競争力のある商品を供給してくれることである。しかもAはその製品の一部をBに供給しているにすぎず、Bもまた仕入のごく一部をAに依存しているにすぎないとすれば、AがBの（またはその反対の）株式所有にまで進むことは必ずしも効率的であるまい。しかし一方この中間にある商社は、AB双方に対して大きな取引があるというケースが十分ありうる。商社は、商品流通のターミナルとして、特定生産者と特定需要者の間の直接的な取引とは比較にならぬ大きなパイプを両者それぞれに対してもつことが可能なのである。

そこでこのようなかたちで多くの取引が、商社とA、商社とBそれぞれの間に行われるようになれば、そうした取引関係を裏打ちするかたちで、商社によるA、B両社の株式取得（ないし持ち合い）が行われても不思議ではない。

このような場合、株式取得の直接的動機は例えば株主安定化の要請に応ずるというかたちをとるなど、何らかの直接的な契機があることも多いであろうが、持株関係は基本的には、企業対企業の一定の親密さを表現しているといえる。そしてそこには両者の取引関係ないし取引の可能性についての認識が含まれるのがふつうであろう。ただ取引との直接的な対応という点では、取引与信ないし融資の方がより密接であろうし、取引そのものの確保という点では、代理店

契約とか長期の供給契約などが結ばれることも多いであろう。これらのものに比べれば、株式取得と取引との関係はより間接的なものに止まろう。

そこで再び先程の論点にもどれば、商社がBと親密な関係にあることは、Aとしては、商社が有力な販売先をもつという点で評価でき、Aと親密であることは、Bとしては競争力ある商品の供給力の点で評価できるだろうが、これを背景に実際にAの商品をBに売ることができれば、それは商社にとってはAとの取引であると同時にBとの取引でもある。こうして、取引が成立した後の姿をみれば、A・Bの株をもつ（という親密な関係にある）ことは、A・B両方との取引に結びつく可能性をもつ。このように、商社の他企業との関係は、相互に影響し、波及し、複合的な効果を発揮する。そこで商社の持株は、きわめて多くの業種に亘ることになる。

ところで、一般に株式投資が、それ自体のメリットはあるにしても、コストを伴うものである以上、商社の株式投資が、取引への波及効果、それによる収益の確保を狙うことは当然であろう。従って、そうであればあるほど商社の投資のビヘイビアが、経営資源配分の見地からみてどのような特色をもち、それが商社の行う取引とどのように関連しているかを、明らかにすることが、商社の株式投資を理解する上で、是非とも必要とされるわけである。

II 商社持株と取引の関係

商社の株式所有の目的・動機の基本が、全体としての取引の確保・拡大にあるとすれば、持株の取引への波及効果が、何らかのかたちで事実となって現れているはずであろう。この点を探るための若干の検討を行ってみたい。

1 持株の業種別構成と商社の売上高構成

まず、商社（大手6社）の保有する上場会社株式のうち、有価証券報告書に銘柄が明記されているものを、業種別に分類し、その構成比をみると、いちばんウエイトが高いのは金融・保険の21.5％、そのほか広義のサービス業に属す

るものが全体の約3分の1を占める。これらの株式の保有目的についてはあとで考えることにするが、商社の取扱商品との具体的関連が薄いので一応除き、これら以外の、モノの産出を行っている業種をとりだして、それらの合計の中での、業種別の持株の構成比を算出し、これを売上高の商品分野別の構成比と対比してみた。すなわち、例えば鉄鋼関係の取引の比重が高ければ、鉄鋼株の持株比率も高い、という関係があるかどうかを検討するわけである。

　ところでこのようなかたちで、売上高と持株とを対比させることは、前章においてまさに否定したところの、Aとの取引のためにAの株式をもつという関係を前提としているのではないか、という疑問が出されるかもしれないが、そうではない。その理由は、第1に、前章で説明した通り、商社持株は、その複雑な波及効果によって、結果的にA社の株をもつことがAとの取引に結びつくというかたちになることが多いこと、第2に商社の立場からは、そうした結果の有無によって持株の効率を考えざるをえない面が強いこと、第3に商社の売上高区分は、いわゆるタテ割りの色彩を強くもっているので、例えば鉄鋼という売上区分の中には鉄鉱石や原料炭といった鉄鋼メーカーへの売上が含まれているといったように、いわゆる往復の取引がかなり反映されていること、第4に、こうした対比を通じ、結果としての売上と持株の対応の薄い部門が発見されれば、そのこと自体が商社持株の動機を考えさせる新たな論点を提供するとみられることである。

　さて業種別の売上高と持株とのそれぞれの構成比を対比させてみると、表2の(B)と(C)にみられるように、大まかなウエイトにおいては両者の間にかなりの対応関係が認められるといってよい（例えば食糧の持株ウエイトは17.8％、売上高ウエイトは11.6％以下同様）。ただ、特徴的なことは石油は売上高に比して持株のウエイトが極端に小さく、食糧と物資建設及び機械は反対に、売上高に比して持株のウエイトが大きいことである。

　それではこのような対比あるいは差異の中からどういうことを読み取ることができるだろうか。もともと、売上の業種構成と持株のそれ（この場合上場会社のみ）との間に対応関係があるべきだという前提自体成立しえないものかも

第9章　総合商社の株式所有　233

表2　大手商社6社の業種別持株構成（上場会社）と売上高の部門別構成比

(A) 全上場合社中の比率 (%)		(B) 左記業種合計中の比率 (%)		(C) 売上高の部門別構成 (%)	
					(昭和54年度売上高 億円)
農 林 水 産	0.24	0.35	食 糧 17.77 ←→	11.59	(62,447)
食　　　　品	11.85	17.42			
繊　　　　維	3.78	5.56	繊 維 5.56 ←→	6.96	(37,488)
鉱　　　　山	0.67	0.99	石 油 2.05 ←→	18.34	*(98,850)
石　　　　油	0.72	1.06			
化　　　　学	7.23	10.63	化 学 10.63 ←→	9.12	*(49,140)
建　　　　設	3.22	4.74			
パルプ・紙	2.45	3.60	物資建設 14.47 ←→	8.76	(47,212)
ゴ ム 製 品	1.66	2.44			
ガラス・土石	1.20	1.76			
その他製造	1.31	1.93			
鉄　　　　鋼	9.20	13.53	鉄 鋼 14.96 ←→	19.87	(107,068)
金 属 製 品	0.97	1.43			
非 鉄 電 線	3.24	4.77	非 鉄 4.77 ←→	7.89	(42,513)
機　　　　械	6.11	8.99	機 械 29.78 ←→	17.86	(96,245)
電 気 機 器	3.81	5.60			
輸 送 機 械	9.99	14.69			
光学精密機器	0.34	0.50			
計	67.99	100.00		100.00	(538,954)

注：鉱山はアラビア石油が主
　　(A) の比率は表3と同じ。内容につaいては本文参照。
　＊一部推定を含むため合計欄と一致しない。

しれない以上、この点について余り直接的な解釈を下そうとすることは、かえって危険であるが、売上と持株という関係について考えられるポイントがいくつかある。

　第1は、建設と機械の持株の構成比が相対的に高いのは、その効果が一部鉄鋼や非鉄金属の売上にハネ返っているかもしれないということである。前者は後者の需要家として位置づけられる。

　第2に、もし株式投資が売上高に直接的にハネ返るとすれば、売上高の資本金に対する比率（回転率）の高い産業では、より少ない株式所有で、多くの売上を生むであろう。つまり業種別の回転率の差が、上述のギャップを生むひと

つの要因ではないか。実際主要企業を対象として、業種別の資本金回転率をみると（三菱総研：企業経営の分析、54年度）石油は実に年間売上が資本金の90倍にもなるのに、電気・ガスは5倍程度である。一般の製造業では10倍から20倍のあたりが多い。そうだとすれば、石油の持株は少なくても、多くの売上に結びついて不思議はない。（ただし、以上の数字は資本金額面金額に対するものであることを注意する必要がある。）

以上のふたつの要因は、上述の売上と持株の関係にある程度影響しているであろう。しかし、同時に、商社としては、もし売上高と持株との関係において、最も効率的な投資のあり方が見出せるなら、その方向に投資をシフトさせるのではないか。（もとより売上だけでなく利益への考慮もある。そして口銭率は業種ごとに大幅に異なる。）その場合には例えば石油の持株はもっと増えても不思議でないのかもしれない。

ともかく、持株と取引の関係をみる上で、単に両者の額や比率を対照させてみるだけでは、商社の行動様式の解明には、まだまだ不十分だといわざるをえない。

2 　商社の株式保有における業種別選好―結合度の観点から―

商社が取引関係を総合的に考慮して株式を所有していると仮定して、そうした商社の方針を、客観的に示すような、何らかの指標はえられないであろうか。とくにこの場合重要になるのは、市場に供給されている株式を、どのようなバランスで所有することが、自己の取引への寄与を高めるか、という観点である。そして、取引への寄与をどのように考えたか（あるいはその他の要因を重視したか）は後で考えるとして、まず必要なことは、商社の株式保有（この場合国内上場株式）のビヘイビアを以上のような観点から特徴づけるようなデータを手にしてみることである。

そこで、商社がその国内上場株式保有面で相対的にどの産業分野に重点を置いているかを示す業種別結合度という観点を導入してみた。これは、商社の業種別の株式保有割合が、上場株式時価総額の業種別構成比に対して、どの部門

第9章　総合商社の株式所有　235

で相対的に高いか、または低いか、という点を計数化したものである。（ただし、商社の株式取得額における取得単価が、時価とかなり大きく離れているのが実態であるため、正確な対比は不可能である。ここでは、商社の持株の保有期間がかなり長期に亘ることを考慮して、時価総額構成比は、50年3月、55年3月の2時点をとっているが、いずれにせよ大まかな特徴を捉えることが目的であり、統計的に正確な分析を意図しているものではない。）

　今、昭和55年3月末の大手6社の上場株式保有額（銘柄名の明記されているもののみ）を業種別に集計して、その全上場株式に対する結合度を算出し（その詳細は表3に示してある）、そのうちで、結合度の高いもの、中程度のもの、低いもの、というように、三つのクラスに分けてみると、次のような結果がえられる。

(イ)　結合度の高いもの、つまり相対的に多くのシェアの株式を商社が保有しているもの（結合度1.5程度以上）――食料品、繊維、パルプ紙、ゴム製品、鉄鋼、非鉄電線、金属製品
(ロ)　結合度中位のもの、つまり、ほぼ全株式の時価による業種別シェアと同じ比率で、商社が株式を保有しているもの（概ね結合度1.5～0.8程度）――農林水産、鉱業、化学、機械、輸送機械、その他製造、金融保険、海運、空輸、サービス
(ハ)　結合度が低いもの（0.8程度以下）――建設、石油石炭製品、ガラス土石、電気機器、光学精密機器、商業、不動産、陸運、倉庫、電気ガス、通信（通信については銘柄が明らかにされているものはゼロ）

　次にここで注意しなければならないのは、結合度という見方は、投資金額そのものとは全く関係がないことである。投資金額で断然他を引き離している金融保険も、結合度は中程度である。そして結合度では最低に近い電気ガスへの投資額（89億円）は、結合度上位のゴム製品への投資額に匹敵し、電気機器の場合（投資額205億円）も、結合度は0.4以下だが、繊維より金額は大きい。

　以上のことは、言い換えれば、商社の株式保有額という点については、かなりの程度まで、株式発行企業側の状況が反映するということである。巨額の株

表3　商社保有上場株式の業種別分布と発行株式に対する結合度

	三菱 (100万円)	(%)	三井 (100万円)	(%)	伊藤忠 (100万円)	(%)	丸紅 (100万円)	(%)
農 林 水 産	471	0.4					386	0.3
鉱　　　業	250	0.2	2,409	2.1	233	0.3	580	0.5
建　　　設	2,682	2.5	2,460	2.1	3,903	4.5	5,236	4.4
食　料　品	17,551	16.3	28,449	24.7	4,486	5.0	7,832	6.6
繊　　　維	2154	2.0	4,531	3.9	4,952	5.5	6,196	5.2
パ ル プ・紙	1,037	1.0	1,380	1.2	7,766	8.7	2,522	2.1
化　　　学	8,091	7.5	8,364	7.3	5,698	6.4	8,328	7.0
石油石炭製品	501	0.5			1,843	2.1	500	0.4
ゴ ム 製 品	1,212	1.1	451	0.4	1,460	1.6	5,194	4.4
ガラス・土石	2,844	2.6	450	0.4	443	0.5	818	0.7
鉄　　　鋼	8,104	7.5	11,245	9.8	5,783	6.5	10,221	8.6
非 鉄・電 線	1,165	1.1	5,931	5.1	2,537	2.8	3,858	3.3
金 属 製 品	885	0.8			1,282	1.4	797	0.7
機　　　械	5,991	5.6	3,000	2.6	6,827	7.6	10,000	8.4
電 気 機 器	4,771	4.4	2,923	2.5	1,989	2.2	2,823	2.4
輸 送 用 機 械	8,166	7.6	10,536	9.1	7,784	8.7	14,375	12.1
光学・精密機器	890	0.8			134	0.2	798	0.7
その他製造	1,902	1.8	99	0.1	2,768	3.1	1,177	1.0
商　　　業	1,538	1.4	3,558	3.1	32,511	3.6	3,020	2.5
金 融・保 険	27,961	6.0	22,065	19.2	4,554	16.3	24,799	20.9
不　動　産	2,940	2.7	577	0.5			899	0.8
陸　　　運	787	0.7	1,006	0.9	171	0.2	1,206	1.0
海　　　運	1,912	1.8	803	0.7	10,657	11.9	4,118	3.5
空　　　輸	585	0.5	198	0.2	242	0.3	274	0.2
倉　　　庫	152	0.1	395	0.3	188	0.2	1,658	1.4
電 気・ガ ス	3,060	2.8	1,564	1.4				
サ ー ビ ス			2,806	2.4	584	0.7	872	0.7
計	107,602	100.0	115,200	100.0	89,535	100.0	118,487	100.0

式（株数が多く、かつ市場価格が高い）を発行している産業分野については、商社のシェアは低くても金額的には相当の投資を計上することになるわけで、商社の持株の基礎的部分として、そのような、いわば各分野に広く散らばった

第9章　総合商社の株式所有　237

住　友		日商岩井		計 55/3末 (A)		土場会社株式時価の構成比 (B) 50/3末	(C) 55/3末	結合度 (A)÷(B)	(A)÷(C)
(100万円)	(%)	(100万円)	(%)	(100万円)	(%)				
408	0.8			1,265	0.24	0.23	0.19	1.04	1.26
41	0.1	100	0.2	3,613	0.67	0.45	0.81	1.49	0.83
1,750	3.6	1,264	2.2	17,295	3.22	6.55	3.95	0.49	0.82
3,741	7.6	1,696	2.9	63,755	11.85	3.28	3.42	3.61	3.46
462	0.9	2,041	3.5	20,336	3.78	2.53	2.14	1.49	1.77
482	1.0			13,187	2.45	0.99	0.83	2.47	2.95
3,589	7.3	4,834	8.4	38,904	7.23	7.19	8.15	1.01	0.89
330	0.7	724	1.3	3,898	0.72	0.90	3.26	0.80	0.22
424	0.9	189	0.3	8,930	1.66	0.70	0.67	2.37	2.48
1,806	3.7	103	0.2	6,464	1.2	2.16	1.96	0.56	0.61
5,940	12.1	8,163	14.1	49,456	9.2	6.00	4.57	1.53	2.01
2,038	4.1	1,919	3.3	17,448	3.24	1.57	1.86	2.06	1.74
242	0.5	1,986	3.4	5,192	0.97	0.55	0.51	1.76	1.9
4,520	9.2	2,501	4.3	32,839	6.11	4.36	4.67	1.40	1.31
5,776	11.7	2,206	3.8	20,488	3.81	9.61	11.78	0.40	0.32
3,130	6.4	9,724	16.8	53,715	9.99	6.79	8.06	1.47	1.24
				1,822	0.34	0.70	1.27	0.49	0.27
347	0.7	764	1.3	7,057	1.31	1.46	1.28	0.90	1.02
261	0.5	562	1.0	12,190	2.27	7.75	8.1	0.29	0.28
10,084	20.5	15,116	26.2	114,579	22.31	22.30	19.91	0.96	1.07
247	0.5			4,663	0.87	1.56	1.16	0.56	0.75
469	0.9			3,639	0.68	2.90	2.63	0.23	0.26
1,550	3.2	831	1.4	19,871	3.69	2.83	1.52	1.30	2.43
523	0.1	1,259	2.2	2,610	0.49	0.23	0.76	2.13	0.64
97	0.8	148	0.3	1,280	0.24	0.31	0.29	0.77	0.83
1,008	2.0	1,057	1.8	8,931	1.66	5.23	5.19	0.32	0.32
97	0.2	599	1.0	4,374	0.81	0.58	0.75	1.40	1.08
49,191	100.0	57,786	100.0	537,801	100				

持株があるといえる。

　そうしたものの上に、特に結びつきの強い企業があり、これを業種別にみると、上述のような結合度の高い業種に集中しているわけである。そしてそれら

の分布状況は、商社それぞれに、かなり異なった姿を示しているものの、結合度を高めるポイントに位置する企業は、そのほとんどが商社の系列下にある関係会社、または同じ企業集団を構成するメンバーとして密接な関係にある会社だといってよい。

3 商社の取引機会の業種別検討—株式における結合度との関係—

以上の分析を受けて、商社持株における業種別結合度と商社の取引機会との関係について検討してみよう。

まず結合度の高い業種からはじめると、食料品は、原料である小麦、飼料、大豆、粗糖等の納入、製品である小麦粉、食肉、卵、食用油、大豆粕、砂糖等の販売といった両面において取引機会はきわめて大きい。更に、製品納入先としての製パン、加工食品等のメーカーの株式所有率も総じて高い。（個別的には製糖とコカコーラボトリングへの出資がきわ立って高い。）

繊維：伝統的に商社とのかかわりの深い産業で、原綿や羊毛の輸入、製品の輸出等をはじめ、国内の加工段階への商社の関与度も高く、設備の取扱もある。ただ製品輸入のシェアが高まり、国内ではファッション性が強まるなど構造変化が進む中で、商社の扱高中のシェアは急減した。

パルプ・紙：原料であるパルプ、チップ等の輸入、故紙の納入、新聞用紙やクラフト紙、ダンボール原紙の国内販売等を商社が行うことによって、商社にとって重要部門を構成している。ただ伊藤忠が、再建中の三興製紙に対してもっている株式68億円が、ここでの紙パルプ部門に対する持株の過半を占めているという事情もある。

ゴム製品：タイヤその他製品の輸出面で商社の役割が増大している。原材料の納入もある。丸紅の岡本理研持株の比重が大きい。

鉄鋼：原料、製品、設備に亘り、鉄鋼メーカーと商社の関係は深い。各商社とも高炉メーカーから電炉、特殊鋼に至るまで、系列的な枠をこえて幅広く株を持っている。（もちろん系列的な濃淡の差はある）

非鉄電線：鉄鋼の場合と似た関係だが、こちらの方が系列色が強い。

金属製品：鉄鋼及び非鉄の川下加工段階を中心に、比較的小規模のメーカーに対し、商社ごとにかなり系列色の強いアプローチをしている。

以上、商社が持株面で強い結びつきをもっている業種の特色は、いずれも素材ないしそれに近い段階の製造業であること、原料、製品更には設備納入面での取引機会があること、仕入または販売面で貿易依存の大きい商品が中心をなすこと等であろう。

次に結合度が中程度の業種をみると、農林水産は、住友（住友林業）以外は水産であり、鉱業はアラビア石油と三井鉱山でほぼ占められ、いずれもウエイトは小さい。商社は水産物の輸入に力を入れているが、この面では大手水産会社と競合する面もあり、一部を除いて両者の関係はあまり密接ではない。

化学は商社の主要部門のひとつであり、大手商社とわが国主要化学会社との関係はかなり密接である。しかし、商社としては、繊維や鉄鋼ほど原料——製品——加工の全段階を一貫してフォローすることができない。大手商社が中心になっているバルキーな商品には特色が少なく、口銭も薄いのに対して、高付加価値のファインケミカルや医薬分野は、とくに国内で、専門ディーラーが力をもっているといった問題もある。

機械、輸送用機械：近年商社売上に占める比重が高まっており、持株結合度の点でも、化学（1前後）よりはむしろ繊維（1.5〜1.8）に近い1.3〜1.4を示している。これらは鉄鋼の需要部門であること、製品の輸出面での商社の役割がかなり大きいことが共通している。（造船はとくにそうだが、自動車にもかなり当てはまる、機械では建設機械輸出とプラント輸出における商社の役割がとくに大きい。）

その他製造：種々性質の異なった業種が含まれている。商社としては、釣具メーカーを系列化している例が多いこと、合板等木材加工についても関係の深いメーカーがあることなどによって、この部門との結び付きが強くなっている反面、印刷・事務器、楽器等の部門での有力企業との結び付きは弱い。

金融保険：国内・貿易両面での金融、外国為替、海上保険等で商社との関係は密接である。それと同時に金融機関は商社の大株主であることも重要である。

商社の金融保険に対する持株の中ではいわゆる同系統の銀行、信託、損保のウエイトが大きいものの、その比率は多くて58％（住友）、一般には概ね3分の1程度に止まっており、系列以外のかなり広い範囲の金融機関の株式をもっている。商社の銀行との関係では、いわゆる商社金融の役割が問題とされることが多いが、これはここで扱うには問題が大きすぎるので他の機会に譲るとして、モノの取引機会に関していえば、商社は銀行を介してその取引先と自分との取引を開拓すべく努力しているし、また銀行の店舗や銀行がリードするプロジェクトに関連して資機材を扱うといった機会を求めている。

　海運：商社の取扱う輸出入の貨物輸送を担当するほか船舶の発注者となり、商社の自社船保有に協力する例もある。商社の投資先として三光汽船とジャパンラインが目立つ。

　空輸：ほとんど全日空株。商社としては機体取扱を別とすれば、部品やサービスの供給、関連ホテル建設用資機材の取扱等がある。

　サービス：三井物産のもつ東海観光株式が大半を占めているが、その他各商社のこの分野での持株のねらいは多様である。

　最後に結合度の低い業種であるが、建設は、海外建設、住宅用資機材その他ゼネコンに対する資材販売など重要な分野を含んでいるが、商社としては、自らが発注者となることによって優位性を示すことをねらっており、持株は二の次であろう。

　石油がこれに含まれることは、前項で売上との対比をみた時に一応予想されたこととはいえ、重要である。石油企業に外資系が多いことや、民族系の業績が概して振わないこと、出光興産その他上場していない会社が多いこと、など種々の特殊要因もあるが、取引機会の面では、輸出がなく、国内販売も特約店依存が強いこと、石油業法の関係もあって、原油輸入の扱いも必ずしも安定を期しえないこと、などの事情があろう。商社のエネルギー関係の投資額は、資源開発（原油のほかLNGやウランを含む）や国内販売網に向けられ、額も大きいが、株式を上場している精製メーカーとの関係はケースバイケースの取引のかたちを主としている点で、他の業種に比べて結びつきが弱いといえる。

ガラス、土石：ガラスや陶磁器の製品や原料の一部の輸出入、セメントの輸出、耐火煉瓦関係の一部原料の取扱などがあり、これらの中には商社として重要な取引が含まれているが、業界全体としては内需の比重が高いこと、原料面でも主なものは国産であることなどから、商社の関与に限度がある。

電気機械、光学精密機器　わが国の産業の中で重要でもあり、成長性もある分野が多いが、原料消費が相対的に少なく、製品販売面での商社の役割も、プラント輸出等を除いては余り大きくない。

商業：中心をなす総合商社間では株式所有はありえず、そのために当然結合度は下る。一部百貨店、量販店、水産卸などの株式所有のほか、系列下の専門商社等の持株がある。商社の取扱商品の性質上百貨店、量販店との取引はさほど大きなものにはなりえない。

不動産：建設用資機材の取扱、テナントとしての関係などがあるが、各商社は自身で、または子会社によって不動産事業を営む例が多いので、それ以外のものとの結びつきは総じて弱い。（三菱地所が例外的に大きい。）

陸運：主要私鉄が車輌会社を系列下に置いていることもあって取引の機会は比較的小さいが、付帯関連事業での取引等が見込まれていると思われる。

倉庫：商社自身が系列下にもつ倉庫や埠頭会社がかなりあるが、ほとんど非上場。上場営業倉庫の株式所有は、同一資本系統にあるものが中心で、必ずしも利用関係からするものではなさそうだ。

表4　大手商社の輸出入商品部門別シェア

(単位：％)

年　度		鉄鋼	機械	非鉄	化学品	燃料	食糧食品	繊維	物資	合計
輸出	49	93.9	39.6	—	68.5	(物資に含まれる)	—	67.1	42.5	56.1
	54	87.3	40.4	—	64.1		—	51.3	38.3	48.2
	55	87.2	43.2	—	61.4		—	51.1	39.9	48.7
									(含、燃料)	
輸入	49	96.5	46.6	85.7	42.4	34.3	81.8	65.6	52.8	57.2
	54	98.4	33.8	91.2	41.0	48.5	64.1	49.7	41.8	54.5
	55	92.9	28.1	98.0	37.3	50.1	70.0	56.5	24.3	56.0

備考：それぞれ大手9商社の日本の通関輸出入に対する比率、一部推定を含む。

電気ガス：燃料納入のほか、場合によって設備、資材の納入機会がある重要得意先だが、資本金が巨大だから持株率としては低いものに止まっている。

通信　放送及び国際電電だが、持株関係は示されていない。

以上持株の結合度と取引機会とを考え合わせると、概ね合理的な対応関係があるように思われるが、貿易に関しては、大まかに、部門別の商社の取引関与度がわかっているので、これを参考に掲げておきたい（表4）。商社の取扱比率（対全国シェア）は、鉄鋼、非鉄が断然高く、食糧食品、化学品（輸出）が、その次に位置していることが知られよう。

4　取引関係と持株の効率

以上によれば商社にとっての取引機会は業種ごとないし商品ごとにかなり差があり、そうした差異が商社持株の業種別選択に影響しているといえる。このことは、商社の株式所有の動機の中で取引の維持拡大ということが、主要な地位を占めていること[3]、言い換えれば、株式所有は、取引機会を現実のものにするために有効であること（少なくとも商社はそう考えていること）を反映しているといえよう。

(1)　持株比率と取引への効果

そこで次の問題は、商社が持株を取引に結びつけるために、最も効率的に行動するとしたら、個々のケースにおいていったいどれだけの株を持とうとするだろうかということである。

商社が過半数の株式をもち、完全に系列化している相手先については、その仕入、販売のかなりの部分について、当該商社が関与することが可能であろう。しかし反面ではそういう高率の持株を多数の企業に対して維持するための資金コスト、そうした強度の経営への介入に伴って生ずるリスク等は、通常の商社口銭によっては賄い切れまい。

従って商社がその厖大な取引を維持するために、すべての取引に関して、自分自身の系列先を確保するという行き方をとろうとすることは、効率的とはい

一方、商社の持株率が余りにも小さければ、相手企業に対して、ほとんどプレゼンスを意識させることができない。とくに、競争関係にある同業商社が、より高率の持株を有しているような場合には尚更である。

　商社にとって、現実の持株関係は、以上のような問題のほかに、当該株式自体の投資価値に対する見込等も加わって、試行錯誤的に動く部分があると共に、歴史的に形成された企業グループごとの持ち合い関係や系列関係によって秩序づけられた部分がある。つまり、例えば三菱系のメーカーについては三菱商事が大株主に名を列ねるのが原則であって、三井物産が大株主になることはまずない。逆も同じである。そしてそこでは持株関係と並行して取引関係も生れてくるのがふつうではあるが、持株関係の深浅の度が、そのまま取引機会の大小を反映するとは限らない。

　以上要するに、商社の株式所有は、取引の拡大という目的に奉仕することを主な役割としていると仮定した場合でも、最も効率的に取引を増やすには、持株の相手に対してどのような深さで、すなわちどの程度の持株比率をもって、株式をもつべきかということは、一概には答えられないのである。ただいえるのは持株比率がただ高ければよいとは必ずしもいえないことである。

　今大手商社の持株比率が高い上場会社（関係会社として明記されているものとそれ以外の商社持株順位1位、持株率10％以上の会社）をまとめてみると表5の通りである。そしてこれら企業を眺めて気がつくのは、

① 業種的には食品、紙パルプ、繊維その他素材加工型の、商社として取引関与度の大きい業種が多いが、業界での代表的企業は少ない。

② 以上のほか、商社の取引を支援するサービス、流通等の部門がある。（こういう部門は商社の非上場・関係会社の中に、多数存在するが、その一部が上場された）

③ 業績的には、難のある企業が多い。すなわち再建中または過去に商社が再建に協力した企業が多い。

　といったことである。

そこで、これらを系列化しているという現状を、単に取引拡大のための戦略によるとのみ説明することは問題であろう。単に取引のためというにしては、介入の度が強すぎることからみて、介入を強めざるをえない特殊要因（多くの場合経営難、そして他に適当な親会社が見出せないこと）があるのが実情であろう。そしてそういう状況になっては、商社がその相手をめぐる取引から十分な果実を手に入れることは困難であろう。

一方関係会社の中には、商社が中心になって新規に設立しその成長を支援し

表5　大手商社の持株比率が高い上場会社

(55年3月)

	(A) 有価証券報告書における関係会社	(B) その他の持株比率第1位の会社 （持株比率10％未満を除く）
三菱商事	大日本製糖 中京コカコーラボトリング オリムピック釣具	世紀建設　　　日東製粉 カンロ　　　　六甲バター ボーソー油脂　日本食品加工 中国塗料　　　東亜パルプ 岡村製作所　　明和産業 パシフィック航業
三井物産	中央ビルト工業 三国コカコーラボトリング 三井製糖　　　　台糖 エフワン　　　　高崎製紙 本州化学　　　　東邦チタニウム 志村化工　　　　三谷伸銅 日本ユニバック　富士汽船 宇徳運輸　　　　東海観光	昭和鉱業　　　日本配合飼料 豊年製油　　　片倉工業 丸藤シートパイル　大東紡織
伊藤忠商事	三興製紙　　　　伊藤忠燃料 栗田工業　　　　三興線材工業 不二製油　　　　タキロン	平田紡績　　　トーシキインテリア 大建工業　　　品川燃料
丸　紅	東洋製糖　　　　片倉チッカリン 油谷重工　　　　日平産業 加地鉄工所　　　岡野バルブ 丸紅建材リース	アマテイ　　　南海毛糸紡績 川岸工業
住友商事	──	吉原製油
日商岩井	中央毛織　　　　トープラ 日本精鉱　　　　能美防災 フジ精糖	後藤鍛工 三興製作所

ているケースも多いが、上場会社の中にはそういう例をあまりみかけない。しかもこういう場合には、商社の取引に対して、新しい分野を量的につけ加えるというよりは、取引を側面から支援するといったケースが多い（例えばリース会社、コンピューターサービス会社など）。これらはそれ自体がもたらす売上効果という点では、さほど効率のよい投資とはいえないのである。

　以上の結果判明したことは、商社の場合その取引を維持拡大するために株式所有が行われているといっても、それは必ずしも高率の持株を説明することにはならないということである。従って商社の投資行動を解明するためには、取引と持株比率の関係についてより突込んだ分析を加える必要があるが、そのための試みは項を改めて行うことにしたい。

(2) 持株の効率と利回り

　商社持株の効率についてもうひとつ問題となるのは利回りである。一方における無配の子会社や関係会社、他方における異常に低利回りのいわゆる人気株などは、いずれも全体の利回りを低下させる原因となる。従って、そうした低利回りの株式を持つ以上は、それなりの理由（取引拡大、系列化等）があるだろうというのが公取報告のポイントでもあり、一般の見方でもある。そして、ふつうの上場株式の利回りも、金利水準からみれば問題にならない低さになっている今日（1980年代前半）、投資利回りの逆ざやは、何によって埋め合わされ、持株のメリットはどのように計算されているのかという疑問が出されるのは当然かもしれない。しかしこれに対して、直接的な回答を用意することは不可能に近く、そこに商社持株に対する疑念が萌すひとつの契機があることは理解できる。

　それでは何らかの方法で具体的に持株の低利回りを埋め合せるメリットの数字的な説明ができるかといえば、それは不可能であろう。ただ商社として持株の効率性を維持するための管理方式として、どのようなものがありうるか、ということを考えてみれば、間接的ながら疑問の大半は解消するのではないかと思われる。というのは、そうした管理方式を通して、持株が効率性を維持する

ように、調整されているはずだからである。

　いま管理の第1の方式としてあげられるのは、営業部門の採算に含めるかたちで持株のコストを負担させることである。そうすれば、コストに比べて利益を生むことの少ない持株は、処分されざるをえないであろう。従って、取引上のメリットに結びつく株式だけが所有されることになる。ただこの方式の実施上の問題点は、持株のメリットの部門別の波及の仕方が必ずしも明らかでないことだ。例えば、鉄鋼メーカーの株式を、商社の鉄鋼の部門だけで負担するとすれば、鉄鋼メーカーに設備を売る機械部門、重油を売る燃料部門などはいわば、持株にただ乗りすることになり公平を欠く恐れがある。そこでコストを公平に負担させるための工夫がいるであろうが、それをキメ細く行えば手続きが煩雑にならざるをえない。

　そこで第2の方式として、商社側からみて極めて重要でかつ波及効果が全社に及ぶような相手企業の株式、あるいは今後の取引開拓を期待してあらかじめ政策的に所有するといった株式などについては、コストを営業各部門に負担させずに、本社部門ないし共通部門の負担とするという考え方がある。(このような株式保有のネットのコストは全社に一般経費と同一の基準で配賦される)。これは第1の方式に伴って生ずるコスト負担部門相互間の摩擦や対立を回避させ、事務的労力を軽減させる点で望ましい反面、持株の効率性を個別的にチェックする内部的なメカニズムを欠く点が問題である。そこから株式所有額の野放図な拡大や取引メリット追求努力との不整合を招く恐れがある。従ってこの場合には、商社側において、メーカーにおける設備投資の場合と同じように、会社の体力と投資の長期的なメリットを勘案したかたちでの総合的な効率の維持に努める必要があろう。そのためには、本社勘定でもつ株式の総額を例えば自己資本と関連づけるといった管理方式もひとつの方法となりえよう（これは、公取の持株規制と似た考え方であるが、ここではあくまで個別経営の健全性の見地から考えており、支配力のチェックという見地からではない）。

　第3に、持株全体（とくにその中の上場株式全体）をひとつの基金運用とみて、その全体の利回りを高めて行くという方式があろう。これは、商社本来の

取引との関係を重視する立場とは、そぐわない面があるが、持株の一部が売却され、入れ替ることは現実に起っているし、避けられない面もある。そして時に、株式売却益が商社の決算の穴埋めに威力を発揮することからいって、株式の利回りを単に配当の利回りだけでみることは必ずしも当らないというべきだろう。（もとより売却益の計上には節度が必要で、そうでないと含み益を吐き出して、企業の体力を弱めることはいうまでもない。）以上の方式は、現実には種々組み合わされているだろうが、商社持株の利回りは、こうした何らかの方式によって、管理の対象となっているといえる（なお、関係会社については、経営が軌道に乗るまでは、配当できないのがふつうである）。

III 商社持株における企業間関係

1 持株を通ずる関係の三つのタイプ

企業の株式所有は、相手先との一定の関係を表現することが多い。そこで商社が株式を所有する相手先との関係をみると、取引関係を別にして[4]大別して三つのタイプが認められる。すなわち

 A．商社支配型→系列的関係
 B．企業集団型→業務提携的協力関係
 C．その他　　→部分的提携、一般的協力関係等

の三つである。

このうち、Aの商社支配型の根幹をなすのは、関係会社である。ただ商社自身が関係会社とみなしていないものでも、商社の支配が及んでいるものもあろう。その意味でここにいうAタイプというものは、関係会社よりもう少し拡げて考えてみても良いだろう。だが単に商社が巨大で力が強く、従って相引先が小さければその立場は相対的に弱いから、支配力が及ぶだろうといったような漠然とした強弱観から、支配－被支配といった関係を想定することは適当でない。とくにここでは持株関係を問題にしているという点からも、持株が一定率（少なくとも10％以上）あることを条件としてみたい。

それではここにいう系列的関係とはどういう内容をもつかということだが、ここでは、親会社ないしそれに準ずる影響力をもつ企業（この場合は商社）が、自己の政策を実現するために、相手の協力を確保することが可能な状態であり、親側からの指示命令等が相手の行動を制約する反面、各種の支援も行われるような関係であると考えておく（この点については、独占禁止法研究会による「流通系列化と独占禁止法」昭和55年を参考にした）。

次にBの企業集団型というのは、商社自身が、メーカーや金融機関などを含む企業集団の一員となっていることを意味するもので、旧財閥系だけでなく、6大商社については多かれ少なかれこのようなグループの中での位置づけが可能である。これらのグループにあっては、そのメンバー企業は、相互に、連環的に株式を持ち合っていることが多い。

そして企業集団として結ばれたメンバー企業相互間において、通常の売買取引や株式持ち合いのほかに、業務面でどのような関係があるかといえば、いわゆる業務提携の行われる部面が通常の一般企業の相互の間よりも多いということができよう。それはメンバー企業が他のメンバーと協力し合い、あるいは共同化できる面については、永続的な関係を結ぶことが可能だからである。（メンバーが相互の事業分野を尊重し、いわゆる一業一社的な考えが成立している部面では、いわばネガティブな協力関係があるともいえよう。）なお業務提携については、公取委による「業務提携に関する調査報告書」（昭和51.11.16）が発表されており、その中に、企業集団と業務提携という項があって数字的な分析が行われている。それによると、企業集団内では合弁提携、技術提携などを中心として、非グループ企業に対するよりも、より高い頻度で業務提携が行われているという。

ところで公取報告では、グループ内の企業提携を、グループ結束強化という観点から、独禁法上の問題として捉える態度を示しているが、これは公正取引委員会としては当然だとしても、こうした問題意識が強過ぎる結果として、企業集団が集団としての統一的な意思の下に動いているかのような理解を生みがちなことは問題であろう。業務提携は、グループ内の主要企業間の場合には、それぞれの活動のごく一部について行われているに止まるからだ。ただここで

あえて、企業集団の企業間関係を業務提携的といったのは、それによって、相互に独立した企業が、共存共栄的な理念の下に、協力し合い、共同でやれるものは共同化するといった関係にあることを示そうとしたもので、それによってグループ全体が一体となっていることを示そうとしたわけではない。

　最後にＣタイプとして以上いずれにも属さない、より弱い間柄の上に成立している持株関係がある。これには一部利殖のための持株が含まれていることも考えられるが、商社の立場からすれば、それだけに終ることは本意ではあるまい。ただこういう場合には、取引関係は十分に確立されたものとなっていないことが間々あるので、そういう場合に株式所有が行われるのはなぜかということが一応問題にされてよかろう。（ここで一応というのは、取引が確立されていないからこそ株をもって取引に役立てるのだという説明もありうるからである。ただ実際は、株式を持つことが取引を生むというよりは、取引関係を基礎にして持株関係が生れることの方が多いであろう。）

　そこで一体非系列・非グループの企業の株式がなぜ持たれているかといえば、結局大手商社がそれぞれの取引相手としている日本の主要企業の目からみて、商社は概ねきわめて重要な取引先だということに帰着するであろう。この取引は一般には固定的なものではないが、両当事者がいずれも規模が大きいので、そこでの取引は、たまたま起ったものでも重要性をもつ。まして安定した取引関係ができれば、その取扱量は大きなものとなり、日常的な接触も深まってくる。そこでそのような関係の上に持株関係が生れる。（持ち合いも多い。）その意味で両者は一般的協力関係にあるといえるだろう。そしてまた部分的にはより密接な業務提携関係が生れることもあろう。

2　商社大口投資にみる三つのタイプ

　ともあれ現実に以上三つのタイプを各商社の持株の上に当てはめて、その分布状況をみるとどうであろうか、いまこの点が具体的に理解できるように、6大商社の投資額が1件5億円以上の持株だけを個別的に抜き出してみたものが表6である。

これによるとA・B・Cの三つのタイプの分布状況は各社によってかなり差がある。すなわち、三菱商事は三つのバランスが比較的均衡がとれているが、どちらかというとAが少ない。三井物産は反対にAが多く、Bではやや劣る。伊藤忠はA・Bのバランスでは三井同様Aが多く、Bが少ないが、Aを上回るCをもつ。丸紅は圧倒的に多いCをもち、Bにおいても三菱に次ぐがAは相対的に少ない。住友はBへの集中が著しい。日商岩井はA・Bともに少なく、Cに集中している。

　これを横に比較すると、系列企業への大口投資では、三井、伊藤忠、三菱、丸紅の順となり、同一企業集団への投資は三菱、丸紅、住友、三井の順、これら以外への大口投資では、丸紅が格段に多く、伊藤忠、三菱、三井の3社がほぼ同規模でこれに続いている。そしていま、上記6社の大口投資合計額をA、B、Cの三つに分ければ、A　161,832百万円、B　135,590百万円、C 228,617百万円、合計526,039百万円となって、Cタイプのものが44％を占めている。またここに掲げた大口投資は表1の国内投資株式総額8,710億円の60％に当っている。

　表6をみて気がつくことをもう少し書いてみると、ひとつは、1件当たりの投資の絶対額が飛び抜けて大きいものは、AタイプとBタイプに含まれていることである。

　Aでは三国コカコーラ（三井）156億円、三興製紙（伊藤忠）68億円、大日本製糖（三菱）44億円、中京コカコーラ（三菱41億円）志村化工（三井）33億円、台糖、三井製糖（いずれも三井）それぞれ31億円などがあるほかAの非上場企業にも超大口投資が多い。（イラン化学開発―三井―162億円はその代表）

　次にBタイプでは、三菱の三菱重工65億円、三菱銀行49億円、東京海上31億円、三井の三井銀行35億円、丸紅の日産自動車100億円、住友の日本電気46億円などをはじめ、同系金融機関や重工業関係の持株が大きい。

　だが1件当たりの投資額がもう少し低いところでは、Cタイプの投資がむしろ多くなる。その中で新日鉄（三井）の39億円は別格としても、1件10億円をこえる大口投資が、他系統の銀行、鉄鋼、造船、自動車等に沢山ある。（なお

第9章　総合商社の株式所有　251

表6　大手商社の大口国内投資先（1件5億円以上）（昭和55年3月）

(単位: 100万円)

三菱		三井		伊藤忠		丸紅		住友		日商岩井	
中外炉工業	941	アラビア石油	836	アラビア石油	650	アラビア石油	580				
A世紀建設	528	B三井鉱山	1,363								
大和ハウス	504	鹿島建設	826							長谷川工務店	512
		B三井建設	693								
日清製油	1,167	伊藤ハム	892	間組	2,332	間組	2,900	鹿島建設	569		
山崎製パン	1,037	林兼産業	769	殖産住宅	586	B五洋建設	562	丸大食品	891		
日本ハム	882	日本配合飼料	573	A不二製油	782	Bサッポロビール	1,500	A吉原製油	595		
日清食品	761	サッポロビール	1,185	味の素	650	日本冷蔵	1,078	山崎製パン	1,194		
A日本農産工業	699	宝酒造	704	日清食品	1,365	山崎製パン	933				
日清製粉	519	A三国コカコーラ	15,675			伊藤ハム	720				
宝酒造	791	A三井製糖	3,153			宝酒造	514				
A大日本製糖	4,419	A合糖	3,182			A東洋精糖	1,498				
A中京コカコーラ	4,103										
グンゼ	666	B東レ	2,067	ユニチカ	2,554	東レ	546			B帝人	835
		片倉工業	1,149			ユニチカ	680				
						オーミケンシ	1,928				
						帝人	683				
						大和紡績	540				
B三菱製紙	743	A高崎製紙	1,066	A三興製紙	6,832	大昭和製紙	635				
						東洋パルプ	605				
						B山陽国策パルプ	515				
B大日本塗料	1,027	B三井東圧	579	藤沢薬品	501	呉羽化学	1,709	B住友化学	1,191		
小西六	1,372	呉羽化学	590	関西ペイント	508	小西六	1,462	大正製薬	1,251	B関西ペイント	1,179
B三菱油化	600	東洋曹達	640	日本触媒化学	509	日本触媒化学	1,063			日本触媒化学	713
協和醱酵	663	B三井石化	1,148	B日本ゼオン	644	東洋曹達	525			ダイセル	675
						東洋インキ	505				
宇部興産	674	Bダイセル	725	積水化学	558						
		ライオン	522	Aタキロン	1,215						
				A東亜石油	1,419	大協石油	500			B丸善石油	516
				B横浜ゴム	1,072	岡本理研ゴム	3,265				
日東タイヤ	897					ブリジストン	1,318				

三菱		三井		伊藤忠		丸紅		住友		日商岩井	
B旭硝子	2,422	新日鉄	3,917	神戸製鋼	1,115	B日本鋼管	2,638	B住友金属	2,674	新日鉄	1,674
神戸製鋼	1,285	川崎製鉄	842	新日鉄	1,330	新日鉄	2,097	新日鉄	798	B神戸製鋼	2,531
新日鉄	1,441	日本鋼管	559	住友金属	502	神戸製鋼	1,619	大和工業	984	日新製鋼	742
日本鋼管	753	神戸製鋼	1,203	東京製鉄	504	川崎製鉄	591				
太平洋金属	682	大同特殊鋼	524			住友金属	560	B住友金属鉱山	517	A日本発条	1,623
川崎製鉄	876	東京製鉄	796	A栗田工業	2,077	B淀川製鋼	524	B住友軽金属	572		
						同和鉱業	1,598				
久保田鉄工	1,855	日本鉱業	1,396	B古河電工	1,390	久保田鉄工	1,286	B住友電工	694		
B千代田化工	1,372	B志村化工	3,300	久保田鉄工	1,499	新潟鉄工	3,633	久保田鉄工	1,371		
B三菱化工機	1,241	久保田鉄工	591	東洋ベアリング	662	井関農機	945				
B三菱電機	2,496	千代田化工	949	新潟鉄工	686	日立製作所	607	B日本電気	4,583	A能美防災	1,090
日立製作所	712	日本精工	532	日立製作所	547	三洋電機	557	B住友重機	1,736		
日本電気	605	B東芝	1,681	ゼネラル	503		514				
				B川崎重工	713						
B三菱重工	6,585	B三井造船	1,808	日立造船	868	B日本精工	507	三菱電機	508	佐世保重工	1,573
B本田技研	748	石川島播磨	1,297	石川島播磨	850	B日産自動車	10,047	B東洋工業	1,086	B日立造船	766
B三菱光学	658	日産自動車	1,891	Bいすゞ自動車	2,204	トヨタ自動車	897			石川島播磨	517
Aオリムピック釣具	1,144	トヨタ自動車	2,698	ヂーゼル機器	2,344	函館ドック	557			日産自動車	3,404
西友ストアー	650	本田技研	1,144	東洋工業	582	A日本産業	832			トヨタ自動車	1,516
		A日本ユニパック	2,057	A大建工業	2,018	A油谷重工	529				
		A丸藤シートパイル	530	デサント	502	A岡野バルブ	647				
				A品川燃料	755	十字屋	887				
				A伊藤忠燃料	1,322	A丸紅建材リース	872				
B三菱銀行	4,918	興銀	1,086	B第一勧銀	2,414	B富士銀行	2,915	B住友銀行	2,129	B三和銀行	3,999
第一勧銀	3,547	日長銀	650	富士銀行	781	B安田信託	2,283	住友信託	3,097	第一勧銀	2,363
東京銀行	2,786	東京銀行	2,199	協和銀行	904	東京銀行	2,639	東京銀行	1,384	東京銀行	1,496
北海道拓殖	624	B三井銀行	3,495	日長銀	1,195	太陽神戸	2,428			大和銀行	1,314
三和銀行	1,381	B富士銀行	2,509	住友銀行	2,559	三和銀行	1,460	B住友海上	623	B東洋信託	658
東海銀行	708	住友銀行	2,085	東京銀行	1,424	興銀	899				
太陽神戸	567	大和銀行	677	太陽神戸	574	住友信託	850			日興証券	530
横浜銀行	601	三和銀行	734			東海銀行	798				
住友銀行	1,390	B三井信託	2,465			第一勧銀	742				
B三菱信託	2,027	B大正海上	1,505			大同銀行	684				

第9章　総合商社の株式所有　253

三菱		三井		伊藤忠		丸紅		住友		日商岩井	
住友信託	927			三光汽船	5,438	住友銀行	621				
三井信託	627	B三井不動産	577	ジャパンライン	3,667	協和銀行	510				
B東京海上	3,165			関西汽船	1,191	日長銀	507				
日興証券	1,339	B商船三井	528			東京海上	1,501				
B三菱地所	2,839					日動火災	815				
B日本郵船	1,750	東京ガス	957			B安田火災	776			全日空	1,206
近鉄	569	A東海観光	2,806			三菱地所	899	B商船三井	642		
東京ガス	1,849					三光汽船	1,802				
						日本郵船	1,054			大阪ガス	759
						ジャパンライン	670	東京ガス	537	白洋舎	599
						京阪電鉄	687				
						東京ガス	1,214				
インドネシア石油	997	海外石油開発	586	B古河アルミ	1,000	大昭和パルプ	800	B住友東亞テルミ	600	B東洋石油開発	1,420
海外石油開発	616	三井鉱山コークス	1,050	海外石油開発	765	B昭和軽金属	2,250	B住友アルミ製錬	800	日本カリンガス	981
新西日本石油	1,354	九州石油	1,512	九州石油	756	Bスカイアルミ	1,950	南西石油	957	カタール石油	770
アジア石油	2,048	アジア石油	863	日伯紙パ	1,981	九州石油	1,512	福井化学	520	海外石油開発	765
三菱建設	944	B三井アルミ	1,584	サハリン石油	1,477	B芙蓉石油開発	918	インドネシア石油	589	ザイール開発	697
東北石油	750	三井石曹ウレタン	675	日本アサハンアルミ	530	海外石油開発	646	海外石油開発	621	日本アサハンアルミ	530
B三菱軽金属	1,000	日邦汽船	549			インドネシア石油	589	B住友石油開発	3,188		
B三菱アルミ	533	日本カーフェリー	750			日本アサハンアルミ	530	B日本アサハンアルミ	530		
B新製罐	600	東亞国内航空	1,512								
トーヨーサッシ	566										
三菱原子力	585										
新師開発センター	596										
湘南モノレール	574										
Aその他大口国内関係会社計	15,262	Aその他大口国内関係会社計	80,414	Aその他大口国内関係会社計	20,507	Aその他大口国内関係会社計	8,182	A 1件	508	A 1件	1,960
A	26,155		48,072		36,927		12,560		1,103		4,673
B	36,253		21,943		10,123		31,235		24,132		11,904
その他=C	44,149		43,121		45,263		60,044		12,704		23,336
(合計)	(106,557)		(145,478)		(92,313)		(103,839)		(37,939)		(39,913)

注：各社有価証券報告書による
A、B等の区分については本文参照。

この表の分類ではCに含まれているものの中に、AまたはBに近いものもあるが、この点を割引いても以上の事実にさほどの変化は生じない。）

更に、Cのケースで注目されるのは、他の商社のBまたはCのケースと競合する例が非常に多いことである。逆にいえば、巨大企業に対しては、商社数社が共同の株主になっている例が多く、この点は1件当たりでより小口の持株まで含めれば、いっそうその例が増えるだろう。

3　企業間関係と持株比率

ところで以上の企業間関係における三つのタイプと商社による保有株式の持株比率との間にはどのような関係があるであろうか。

商社の支配するAタイプの場合において商社の持株率は100％から20％程度まで、比率としては広い範囲に分散するが、相対的には圧倒的に高い比率の株式を当該商社が持つことになる。

一方Cタイプの下限は、無限にゼロに近づくといってもよかろう（実際には余り小さいものは意味がないが）。

それではBタイプはどうか、そしてそれはA、Cとどのように違うであろうか。その実態は表7に示されているが、持株比率面でBとCの間には差がみられない。そして多くの大企業の主要株主は金融機関である。

また資本金100億円以上の上場会社で、商社が大株主（10位以内）に名をつらねる事業会社は、合計で30社を数えるが、その中には商社の系列下にあるとみられるものはひとつもない。つまり商社は大株主ではあってもこれらを支配してはいないのである。

それではどの程度の規模から商社の支配する会社（この場合上場会社のみ）が現れるかというと、概ね資本金50億円程度からというのが現在の姿である。ただ、それらは総じて、優良企業とはいえず、むしろその故に、商社の最も大口の投資がこの面に向けられざるをえなかったことは、具体的な企業名の上にはっきり示されている。

商社の大口投資のひとつの焦点はこのように異常に深い結びつきをもった少

数の特定企業にあるが、金額的にこれにほぼ匹敵する大口投資がBタイプの巨大企業に対する持株のかたちで存在することは、さきに表6でみた通りである。ただ表7によって（この場合投資額は額面で示される）、持株率の面をみると、大企業へのBタイプの投資の持株比率はせいぜい3〜4％に止まり、一方のAタイプの大口投資が一部を除いて3割をこえる持株比率となっているのと著しい対照をみせている。

このように、商社の大口投資は、持株比率でみて高率のAタイプと低率のB・Cタイプ（相手が巨大企業の場合にはCはいっそう低率）に二極化しているが、Bでも低率だということは、B（Cについては当然として）のタイプの持株の最も大口のものが、資本金1,000億円ないし500億円といった巨大企業に向けられていることによる。これを安定株主対策という点からみると相手企業の規模が大きくて株の買占めが難しいから、グループ全体で30％程度の株をもてばよいわけである。従って規模が小さくなるにつれて、グループの持株率が上るという面があることは事実だが、それでもBタイプの持株はグループの中に分散しているので、個々の株主のウエイトは比較的小さい。そこでAとB、Cとの持株比率の二極化傾向は、一般的にかなりはっきりと認められるのである。

ただ、二極の一方のAタイプで持株率が高く、しかも投資額がさほど大きくならないような企業は、上場企業にはあまり例が多くないので（上場にメリットがないか、上場基準に達しないことによる）、投資額が小さくなるにつれて、Aタイプの例は上場会社の中にはあまりみられなくなるが、非上場まで含めれば、規模の大小を問わず、Aタイプの高率持株が多数あることはいうまでもない。

なお実際には持株率10％前後あるいは20％程度でもAには含まれないといったかたちの持株が、相手の規模が小さくなるにつれてかなりみられるが、これは、多くの場合AとB、またはAとCの複合とみるべきでBまたはCの典型となるものではない。例えば太平洋金属や佐世保重工はAとCの、東洋エンジニアリングや日東タイヤはAとBの複合とみるべきであろう。

このように本来高率のものとなるAの要素が加味されているのは、メーカー等との共同投資ないしは協力投資のかたちになる場合であって、それらを別と

表7　商社持株比率の二極化

(1) 持株額面10億円以上

企業名	資本金(億円)	持株率(%)	商社名	企業名	資本金(億円)	持株率(%)	商社名
	(A)				(B) または (C)		
三井製糖	41.70	29.7	三　　井	ユニチカ	237.98	3.6	伊藤忠
三国コカコーラボトリング	20.21	76.0	三　　井	住友化学	742.32	1.4	住　　友
高崎製紙	30.00	41.7	三　　井	住友金属	1,203.32	1.8	住　　友
三興製紙	52.48	79.9	伊藤忠	神戸製鋼所	1,012.84	1.7	日商岩井
志村化工	40.85	33.6	三　　井	日本電気	486.76	2.7	住　　友
大建工業	57.58	20.8	伊藤忠	三菱重工	1,214.26	2.3	三　　菱
日本ユニパック	36.84	34.7	三　　井	いすゞ自動車	380.00	3.3	伊藤忠

(2) 持株額面5億円〜10億円未満

企業名	資本金(億円)	持株率(%)	商社名	企業名	資本金(億円)	持株率(%)	商社名
	(A)				(B) または (C)		
日東製粉	15.00	43.0	三　　菱	アラビア石油	250.00	2.2	三　　井
台　　糖	20.40	26.1	三　　井	日本ハム	90.08	6.2	三　　菱
東洋製糖	22.88	38.6	丸　　紅	三井石油化学	110.25	5.4	三　　井
プリマハム	49.77	10.2	伊藤忠	三菱油化	159.40	3.8	三　　菱
中京コカコーラボトリング	21.63	25.1	三　　菱	三井東圧化学	329.28	2.0	三　　井
不二製油	25.52	21.1	伊藤忠	太平洋金属	71.35	10.0	三　　菱
日本化成	39.00	16.4	三　　菱	日本鉱業	356.70	2.8	三　　井
タキロン	17.67	34.0	伊藤忠	日本鉱業	356.70	2.4	丸　　紅
東亜石油	49.61	13.9	伊藤忠	住友金属鉱山	156.28	3.3	住　　友
日本発条	68.73	14.0	日商岩井	同和鉱業	100.00	5.5	丸　　紅
油谷重工	20.00	41.6	丸　　紅	住友重機械	217.33	3.8	住　　友
栗田工業	32.42	20.1	伊藤忠	東洋エンジニアリング	37.95	20.0	三　　井
伊藤忠燃料	17.54	34.0	伊藤忠	三井造船	303.35	3.2	三　　井
東海観光	26.53	32.3	三　　井	佐世保重工	84.14	6.9	日商岩井
				ジャパンライン	353.37	2.7	伊藤忠

(3) 持株額面3億円〜5億円未満

企業名	資本金(億円)	持株率(%)	商社名	企業名	資本金(億円)	持株率(%)	商社名
	(A)				(B) または (C)		
日本農産工業	59.58	6.9	三　　菱	三井鉱山	60.07	6.6	三　　井
日本配合飼料	30.15	13.0	三　　井	間組	99.98	3.9	丸　　紅
日本食品加工	16.00	30.7	三　　菱	山崎製パン	69.82	5.5	住　　友
岡野バルブ	7.42	43.1	丸　　紅	山崎製パン	69.82	5.5	三　　菱
オリムピック釣具	9.50	35.3	三　　菱	山崎製パン	69.82	4.8	丸　　紅
昭和産業	16.39	19.7	三　　菱	サッポロビール	141.75	3	九　　紅
宇徳運輸	14.55	22.3	三　　井	宝酒造	105.58	3.3	三　　菱
丸紅建材リース	9.57	38.3	丸　　紅	日清製油	41.80	7.3	三　　菱
				三菱製紙	78.82	4.7	三　　菱
				呉羽化学	99.44	3.7	丸　　紅
				日本曹達	42.00	9.1	三　　井

第9章　総合商社の株式所有

(10位以内の大株主の場合のみ、金融機関を除く)(資料『日経会社情報』81-Ⅲ夏号)
(3) つづき

(B) または (C)

企業名	資本金(億円)	持株率(%)	商社名	企業名	資本金(億円)	持株率(%)	商社名
東洋曹達	174.52	2.2	三　　井	住友セメント	117.66	2.3	住　　友
ダイセル化学	106.26	3.8	三　　井	日本ステンレス	38.44	8.0	住　　友
ダイセル化学	106.26	3.6	日商岩井	日本重化学工業	68.00	4.9	三　　井
大正製薬	150.0	2.5	住　　友	三井金属鉱業	243.00	1.3	三　　井
関西ペイント	66.13	5.1	日商岩井	東邦亜鉛	50.00	6.5	丸　　紅
大日本塗料	60.55	5.6	三　　菱	三菱金属	239.63	1.4	三　　菱
小西六	101.1	4.3	三　　菱	住友軽金属	126.00	3.9	住　　友
横浜ゴム	95.72	3.6	伊藤忠	千代田化工	64.00	6.7	三　　菱
日東タイヤ	19.2	17.6	三　　菱	明電舎	77.87	5.5	住　　友
住友ゴム	63.0	6.4	住　　友	岡村製作所	27.00	11.3	三　　菱
岡本理研ゴム	56.25	7.8	丸　　紅	関西汽船	46.00	8.8	伊藤忠

(4) 持株額面2億〜3億円未満

(A)

企業名	資本金	持株率	商社名
フジ製糖	5.00	43.9	日商岩井
中央毛織	9.24	23.4	日商岩井
トーシキインテリア	5.40	47.1	伊藤忠
日平産業	11.00	22.7	九　　紅
加地鉄工所	5.00	42.0	丸　　紅
丸藤シートパイル	19.48	11.5	三　　井
エフワン	7.26	34.2	三　　井
パシフィック航業	14.70	17.2	三　　井
富士汽船	11.00	26.6	三　　菱

(B) または (C)

企業名	資本金	持株率	商社名	企業名	資本金	持株率	商社名
宝幸水産	30.00	7.1	丸　　紅	日本板硝子	127.63	2.3	住　　友
住友建設	55.04	1.9	住　　友	合同製鉄	29.44	7.1	三　　井
間組	99.98	2.6	伊藤忠	合同製鉄	29.44	6.8	三　　菱
日本製粉	64.34	3.5	三　　井	大和工業	41.52	6.8	住　　友
林兼産業	44.55	4.6	三　　井	高砂鉄工	15.04	16.6	三　　井
丸大食品	58.39	4.8	住　　友	大同特殊鋼	157.54	1.7	三　　井
豊年製油	25.50	9.7	三　　井	日本重化学工業	68.00	3.1	三　　井
日本冷蔵	111.83	2.6	丸　　紅	中央電気工業	12.00	16.7	住　　友
日清食品	51.50	4.4	三　　菱	三菱製鋼	72.00	3.9	三　　菱
山陽国策パルプ	141.42	2.1	丸　　紅	東邦亜鉛	50.00	5	伊藤忠
大昭和製紙	85.00	3.2	丸　　紅	東邦チタニウム	11.04	20.3	三　　井
徳山曹達	65.47	3.4	日商岩井	ヂーゼル機器	97.87	2.1	伊藤忠
東亜合成化学	70.34	3.8	三　　井	日本車輌	57.06	4.9	三　　井
日本触媒化学	64.56	3.1	日商岩井	日本光学工業	69.30	3.3	三　　菱
日本ゼオン	88.22	2.8	伊藤忠	大建工業	57.58	4.9	丸　　紅
三菱石油	150.00	1.4	三　　菱	十字屋	30.25	9.3	丸　　紅

して、BとCのふたつのタイプに焦点をあてていった場合に、両者に対する商社の持株率に何らかの差があるかといえば、共に低率で差はないのである。

Cタイプの重要なもの、例えば山崎製パンへの3商社持株（5.5％～4.8％）、同和鉱業の丸紅持株（5.5％）のように、Cタイプで5％をこえるものがある反面、Bタイプでも2％以下持株の例が少なくない。これらの場合の個々について取引の裏付けを、持株と対比してみることはほとんど不可能であるが、取引との関係でいえば、2％のBタイプの持株が、5％のCタイプのそれよりも格段に有効な場合が少なくないであろう。Bタイプでは同一グループの他社の持株が、結果的にグループ中核商社の取引を支援している面があるからである。この点からみればBタイプの関係の存在は商社にとって効率的な投資を可能にさせているといえる。

4 企業集団における商社の持株比率
―2％の意味するもの―

かつて公取委の「総合商社に関する調査報告」は、「商社による集団内の主要企業の持株比率は、三菱、三井、住友グループで株式発行総額の2％弱、丸紅、伊藤忠、日商岩井の属するグループで1％弱と、現時点では、必ずしも高い水準ではないが、近年の持株比率の上昇はかなり著しいものがある」と書いていたが（昭和49年のいわゆる第1次報告）、そこでは商社持株2％の意味するものは必ずしも明らかにされていない。支配とか、グループの中核という見地からすれば2％の株式の単独所有はむしろ全く意味をもたないというべきだろう。すでにみたように、Cタイプでも5％というような持株率になっている例があるからである。

ここで重要なことは、総合商社の2％（ないし1％）という持株が、グループの特定相手先に対するグループ企業全体の持株によって支援され、それによって商社単独の場合とは違った力を取引上もつということである。言い換えれば、支配ないし影響力という点からいえば、2％は大きな意味がないが、取引という点では大きな意味があり、しかもそれは、グループを背景にしてはじ

めて意味をもつということである。（支配ないし影響力の点で十分意味がある程度の株式を持とうとすれば、Aタイプの持株比率でなければならない。そのことは例えばいすず自動車に対するGMの持株比率34％、同じく東洋工業に対するフォード持株25％をみても明らかである。かつての財閥本社にしても同様であった。）

　今日のグループ持株の特徴は、支配という点では相互的、連環的だが、合計の持株率では、グループ以外の株主に比べて圧倒的な比重をもつことである。（グループ内主要大企業に対するグループ全体の持株比率は20～25％に達する例が多く、少なくとも10％程度になっているのが通例である。）そこでもし特定の商社が、グループの代表的商社としての（いわば一業一社的に整理されたかたちでの）地位を占めることができれば、そのグループの中では、他の商社と異なった扱いを受けることが期待できよう。

　それではこの場合そのようなグループの代表たる地位を与えられたとき、その商社が期待できる他の商社に対する優位性とは何か。それは要するにグループという複数の幅広い業種を含む企業群によってその商社が利用されることによって、スケールメリットが生まれるということである。換言すれば、ここで与えられる優位性とは、他の商社との競争から隔離された特権的な取扱分野が確保されることではない。またグループ内部の取引に不必要に介入して口銭を得るといったいわゆる乗っかり商売が労せずして与えられることでもない（外部からみてそのようなものとみえるような取引も実際にはあるだろうが、それは内容的には例えば商社による日常的なサービスに対する対価として位置づけられるもので、グループ外の企業との間にもいくらでも起こりうる）。

　いわゆるグループの内部取引（この場合グループ内の企業を売り先とする取引）に商社が関与できるのは、当該取引の実態から商社のサービスを必要とし、業界の慣習からも一般に商社が関与するのが通例だというような場合である。これに反し、もともと同じグループ内部で、技術的にあるいは発生的に甲から乙への資材の流れが必然的な繋がりをもっているとき、この甲と乙との間の取引に商社が関与することに対しては、甲ないしは乙の抵抗が強い。従ってここ

で商社が関与することに甲ないし乙がメリットを見出すためには、例えば在庫金融、相場リスクの分担といったかたちで商社が独自の役割を果たすことが求められよう。結局グループ内部の取引に商社が関与できるというのは、グループ・メンバーがそれぞれ各自の利益を図るためで、その意味で相互に独立性を主張するからである（逆説的だが、財閥解体以後の状況下、同一グループ内の企業の取引に総合商社が介在したことはグループ企業の経営上の独立を促進したとみることができるのではなかろうか）。一方、グループ関係が新しくつくられて行く場合には、逆に商社がグループ・メンバー相互の取引を開拓する必要があるであろうが、その場合でも、一旦ルートができた後に商社が介在するためには、それなりのメリットを与える必要があろう。

ともあれ実際に商社がグループ内の企業に対して販売している額は、公取報告によっても商社の総売上の5〜6％に止まる。しかも内容的には、輸入原材料や燃料のように、グループ内に供給源が存在しないものが多い。すなわち商社に対し企業集団メンバーの企業が期待しているものは、主として自己の製品のグループ・メンバー以外への販売（とくに輸出）なのである。それではなぜこのことを、グループをベースにして行うと有利なのか。それはメーカー単独ではもちえない強力な販売綱、情報綱を、商社というかたちで共同利用できるからであり、商社としても、複数の有力企業とのまとまった取引がベースにあれば、これをあてにして組織的な体制づくりを行うことが可能になるからである。

このような意味において商社は、グループ内の企業によって共同に利用される存在となっており、そのことは、商社の発行株式に対する同一グループの企業の持株率が三菱35％、住友43％、三井20％、富士－丸紅25％と高いことにも現れている（表8）。

ところで以上の説明は、企業グループの代表商社としての地位が与えられたとき、2％の持株で、取引上の優位がなぜ与えられるかということに関するものであった。しかし、2％の持株でなぜ代表商社としての地位を与えられるか、ということの方が、より興味のあるテーマであるかもしれない（ここでグルー

プ代表商社というのは、いわば俗称であり、法的に確立されたものでないことはいうまでもない)。

これはもとより歴史的な事情が絡んでいることで、数字だけで説明できることではないが、ここでいう企業グループなるものの規模が大きく、そのメンバー企業が相互に株式を持ち合っている結果として、それらが企業グループとして観念されようになっていること、及び当該商社によるグループ企業株式の所有がその比率においはて低くとも全体としての金額では巨額に達する（表6に示したものだけで200～300億円となっている）ことは重要である。つまり、ここでは、グループなるものが、その実態はともあれ、グループ外の企業に対しては、ひとつのまとまりをもったものとなっており、これに対する商社の持株も、まとまったかたちのものとしてみられるということである。

そのような観点から商社のグループ内での持株を評価してみると、表8にみるように、グループ代表商社は、三菱、三井、住友、丸紅については、グループ企業による相互持ち合いの株数全体の6～8％を吸収している。これは、銀行よりはずっと低く、主要メーカーとほぼ同等だが、グループの形成という見地から、商社に期待される持株のウエイトというのはほぼこの程度とみてよかろう。（各グループのメンバー企業による持ち合いの比率や商社それぞれのグループ内の相対的地位などは、グループごとに異なっているが、商社持株のグループ内でのウエイトがかなり接近していることは一応注目してよかろう。）つまり、相手の2％弱という商社持株比率は、グループ全体の株式持ち合いの中で6～8％の地位を占めることによって、全体がグループ色を維持する上で

表8　グループ別株式持ち合い率と商社の地位

(単位%)

	三菱	三井	住友	富士・丸紅	DKB・伊藤忠
持ち合い比率（A）	26.15	18.35	26.19	19.06	15.52
商社による持株率（B）	1.915	1.558	1.671	1.368	0.627
(B)/(A)	7.3	8.5	6.4	7.2	4.0
商社発行株式に占めるグループ企業持株率	34.85	19.71	43.18	25.31	11.34

出所：経済調査協会「系列の研究」1981年による。昭和55年3月期。ただしグループ内企業の範囲は表6のBと一部異なる。

の必要を満たしているといえる（もし金融機関の持株が後退せざるをえないといった事情が生れれば、商社の持株の増加が求められるかもしれない）。

　もうひとつ重要なことは、商社のグループ企業トータルに対する持株は、外からみて、その商社をグループ代表とみなしうる程度の規模にあるということである。いちばんはじめ本章で、取引のための株式所有の必要性をみたときとりあげた論点は、商社の株式所有がメーカーによる株式所有を代位してくれるということであった。この点商社は先にみた通り、それぞれのグループの企業の株式を相対的に多くもっている。従って、例えば三菱グループの企業と取引したいと考える内・外のグループ外の顧客が、三菱商事を窓口に選ぶことはごく自然であろう。こうして、外からみて、グループの代表と目される程度になるのに、どれだけの株式を持つ必要があるかは、にわかに断定できないが、この時点の各商社の持株を見れば、それがグループ色を鮮明に印象づけるのに十分な程度に、色分けされていることは確かである（以下略）。

注
1) 塩田長英、1976、pp.267～268。
2) 奥村宏、1975、p.122。
3) 商社の株式所有が、取引に伴うものだということは、それが企業の系列化あるいは関係会社支配などのためのものではないかという公取委報告への反論として商社によって主張された。本章はその点で商社側の立場を補強する意味をもつであろう。しかし、論理的にいえば、取引のため、ということは支配のためという意図を排除するものではないし、またそもそも取引のためには常に株式をもつ必要があるのかといえば持株関係を伴わなくても、取引が立派に行われているという例も多い。従って、株式所有において取引という動機が存在するということを証明しても、取引以外の意図というものが、存在しないということの証明には必ずしもなりえないうらみがある。
4) ここでひとまず取引関係を別にして考えたのは、一般に取引なるものは、等価交換であることにより、双方に特別のメリットを与えるばかりか、売手のもうけは買手の損といったゼロ・サム的な構造をもつ面がある。従って取引から直ちに、持株によって示されるような企業間の結びつきを導き出すことは無理があるかもしれないと考えたからである。
　　しかし現実には、取引の継続、それを通ずる相互依存関係の形成によって、売手と買手とが共存共栄的な関係に入ることが少なくない。そしてここにいうケースはまさにそのようなものであるが故に、取引を離れて説明することができないのであるが、それでも持株によって示される企業間の関係それ自体は取引そのものとは切り離して考えることが可能ではないかと思われる。（いわば現実の取引と、それを生み出す潜在的な力との違い。）
　　なお商社の場合にもうひとつ注意すべきことは、商社が多くの場合、サプライヤーまた

はバイヤーのどれか一方の側と一体的な関係に立つことである。この場合は本来の意味ではエージェントの立場にある。そしてメーカーとエージェントの間の商品やサービスの流れを本来の取引すなわち等価物の交換と同じように考えて良いかどうかという問題がある。その意味ではこうした関係を取引関係と呼ぶことは適当でないかもしれないが、ここでは具体的なケースに入ることを避け、かたちの上で取引の姿をとるものすべてを取引として一括している。

第10章

総合商社の取引関係と組織構造
―企業集団と持株会社に関連して―

　総合商社の経営に関連して現在（1996年当時）注目を要することのひとつは、企業集団を含むいわゆる系列の結合関係が変化しているかどうかということ、もうひとつは商社の子会社に対する投資が増大した結果商社本体は持株会社化しているのかどうか、ということである。これらのテーマは、企業集団ないし系列、あるいは持株会社などの概念に絡む問題を含むとともに、商社のあり方、ひいては日本の産業組織の動向という観点からみて見逃せない。そこで以下商社の経営行動の特徴を再確認しながら、実態を明らかにしてみたい。（以下一部を削ったほかは執筆時のまま掲載している）。

I　総合商社の取引における企業集団への依存

1　総合商社の取引と投資における企業集団的背景

　日本の大手総合商社はそれぞれいわゆる6大企業集団に属している。その場合旧財閥系と銀行系とでは、企業集団形成の歴史的経緯や集団内部の企業の結合関係の強弱の度合いに差があることは周知の通りで、以下の分析において企業集団をとりあげるときは比較的強い結び付きがみられる旧財閥系の企業集団を主に念頭においている[1]。

　ところでわれわれは、企業集団の形成要因のなかに、取引関係に基づく協力ないし支援という要素が強く作用しているとみており、とくに旧財閥系の商社とそ

の企業集団メンバーの企業との間には、はじめから相互に支援しあうという了解があったと考える。企業間の取引は、製造業相互の場合には、特定の事業分野に即して生産工程の前後関係に基づく分業が行われることによってはじめて成立することが多いが、商業や金融、輸送のような事業分野との間では機能的分業ができる。従って企業集団のメンバー相互の取引はこの面に集中することになる。その場合総合商社は、専門商社と違ってすべての事業分野を横断的にカバーすることによって自身の取引先を企業集団のメンバーに広く拡大するとともに、同一企業集団の他のメンバーからすれば、その商社を共通に利用することができる[2]。

　他方企業集団における結合関係は、もうひとつ株式持ち合いのかたちをとっており、商社の所有する株式のなかでも、これがかなりの比率を占めている。このようにして総合商社は同一企業集団メンバーと取引および株式所有によって結び付いているが、それはどのような意味をもつのであろうか。

　一般に相手企業を支配するための買収あるいは資本的系列化の例は外国にも多く、その目的が統合にあることは明らかだが、日本の企業に多い少数株主としての企業間の株式所有については、理由付けが問題になる。通常行われている説明のひとつは相互に安定株主になるための持ち合いであり、もうひとつは取引の継続、安定化であるが、これらの理由で企業の株式所有が正当化できるとは限らない。前者は資本市場の機能を歪め、後者は不公正な取引を生むという批判がある。

　前者の批判は、それが企業の資本充実を損ない、株価形成に悪影響を与えるという点を指摘するものだが、現代の経営には所有と経営の分離、長期的・専門的視野に立つ経営判断の自立が必要だという点から、安定株主の存在を合理化する議論も有力である。

　他方株式所有と取引を絡めることに対しては、市場取引の原則に立った強い批判がある。そもそも取引の成立には、取引の対象となる商品の属性のみが考慮されるべきであって、それ以外の要因が取引を左右するのは好ましくないというのがその理由で、相手との株式所有関係が取引成立の要因になることは独占禁止法上の問題になる。日本の場合については、公正取引委員会事務局による『流通・取引慣行に関する独占禁止法上の指針』（平成3年7月11日）の

「第7 取引先事業者の株式の取得・所有と競争阻害」がこの点の考え方を示している。株式所有関係に基づいて取引先事業者が行う取引を制限したり、株式所有関係がないことを理由に取引を拒絶することなどが問題の行為となる。これらの規制は個別取引のあるべき決定要因としては理解できる。他方現実には取引関係と持株関係が並行している例が日本には多い。これは現実の企業間取引が一回毎に取引の対象となる商品をあらかじめ特定して取引するという形態にはなっていないことに起因する。つまり長期継続的な取引関係がある。

長期継続取引は、それ自体のメリットを独自に説明することができるから、その意味では株式所有とは切り離して論じられることが多いが、少なくとも商社の場合、そして恐らく銀行についても、さらには日本企業の多くについて、両者は関係がある。取引関係のない相手が安定株主になるということは常識的に、あまり考えられない。

ただし、取引関係の存在と相手先株式の所有ないし持ち合いが、すべての場合に並行しているというわけではない。企業集団の内部においてさえも、取引か株式所有か、一方だけの繋がりしかない場合がある。とくに銀行系企業集団では金融機関との関係を除いて、この両方共存在しない相手が同一企業集団に入っている場合が半分くらいあることが、公取調査によってわかる。ただそのことは銀行系企業集団の形成要因からみて理解できることで、要するに企業は可能性と必要に応じて各種の結合関係をつくっているのである。

そのなかで商社の場合は取引関係をもつ相手の範囲が広く、しかも株式所有に取引関係固定化の作用を期待してきたから、銀行系企業集団の場合でも、一般企業よりは、幅広く株式所有を行っている。そのことを理解するためには商社の経営の特徴について考えてみなければならない。

2 総合商社の商権といわゆる企業集団内取引

商社の経営では、有力な取引先を獲得し、あるいは逆に喪失すると、これが大きく影響する。私はこれに関連して商社は商権の集合であると主張している[3]。すなわち商社の収益の源泉になっているのは、多くの場合安定的な長期継続取

引であり、これを商社では商権と呼んでいるのである。

　商社の実際の取引には種々の性質のものがあり、商社が発表している売上高の金額の内容としては、相場商品のディーリングのような市場での一回毎の売買の積み重ねがかなりの部分を占めているが、それらの収益は大規模な商社の組織や人員を支える中核的な要素にはなり難い。有力な商権をもたない部門で商社が利益を挙げることは困難だといってよく、従って比較的少数の巨大企業との取引が経営上とくに重要な意味をもってくる。

　それでは商権はどのようにして生まれるのか。商権形成要因には、商社の販売力、金融力その他多くの要因があるが、要するに取引の相手方と相互にメリットを認めあっていけることが必要である。そこで商社が取引先の株式を持って安定株主の地位につくことも商権維持のひとつの要素にはなり得る。しかし株式の所有によって直ちに商権が生まれるかというと、そういうわけではない。むしろ商権をベースに、あるいは商権に含まれる相互の企業間関係の強さに基づいて株式所有関係が生まれると考えるべきであろう。実際株式所有を先行的に行っても取引に成功しなかったという例が少なくない。ただ同時に一旦できた取引関係を維持するために、相手企業の株式を所有して商権の安定化を図ることは、商社が以前から行ってすでにひとつの行動パターンになっている。

　さて総合商社がそれぞれ自己の所属する六大企業集団の社長会メンバーの企業との間でどのように取引と株式所有を行っているかという全体像は、公正取引委員会の調査によって明らかにされている。以下の数字はそこに示された1992年度のものである。

　まず商社がそれぞれの企業集団メンバーのうちどれだけの比率の企業の株式を所有しているか（株式所有関係率）をみると、各企業集団それぞれにおいて全体の株式所有関係率を上回っている。これは商社の場合、一般企業に比べてより多くの業種と取引機会があることを反映している。とくに旧財閥系各商社は三菱、住友では100％、三井では96％と、ほぼすべてのメンバー企業の株式を持っている。次にその場合の相手企業一社当たりの平均持株率をみると、旧

財閥系では三菱3.6％、三井1.4％、住友2.2％となっており、各企業集団全体の平均持株率を上回っている。他方銀行系企業集団の商社の場合は、株式所有関係率は60〜80％程度で、その平均持株率は1％ないしそれ以下、この数字は銀行系各企業集団の平均持株率を下回っている。各企業集団で高い平均持株率を示しているのは銀行、信託、保険などの金融機関であり、その他は一般に持株率が低い。その中で旧財閥系商社は金融機関に次ぐ持株率になっている。

それでは企業集団メンバーと総合商社の間のいわゆる集団内取引関係はどうか。商社の総売上高に占める同一企業集団メンバー企業への売上比率は、三菱6.3％、住友2.9％、三井2.7％で旧財閥系平均では3.9％であるのに対し、銀行系は平均1.9％に止まる。同じく仕入れは、三菱18.4％、住友13.6％、三井8.8％で旧財閥系平均は13.6％であるのに対して銀行系は平均4.8％に止まる。以上のように集団内取引の数字は、旧財閥系の仕入れでやや高いが、それ以外では低く、また各集団ごとに大きな違いがある。

ところで公正取引委員会は、集団内取引の大部分は総合商社の取引が占めているとしたうえで、「メンバー企業の総取引高に占める同一企業集団メンバー企業との取引高の比率は、売上高で6.85％、仕入れ高で7.75％であり、取引のうち9割以上が同一企業集団に属さない企業との間で行われていることを示している。しかもその比率は昭和56年度以降、一貫して低下している」という。

それではこのような記述の意味するところを商社の商権との関係においてみるとどうなるか。まず企業集団メンバーとの間の商権が重要性を失ったかどうか、次ぎに9割以上になるという集団メンバー以外の企業との取引とはどのようなもので、それは果たして安定した商権を生みだしているのかということが問題になる。

3　商社の大口取引先からみた企業集団への依存状況

まず商社の取引先の中で、同一企業集団メンバーとの取引に極めて重要な商権が存在していることは従来から変わることがない。このことは公取調査をもとに、各社有価証券報告書等から具体的な情報を引き出すことによって明らか

になる。

　ここでは商社の仕入れに注目する。商社はメーカーの販売代理店または窓口としてメーカーの製品を扱うことによって商権の基礎を与えられていることが多い。そこで総合商社の仕入高上位1〜30社の分布状況を表1によってみることにする。この中に含まれる同一企業集団メンバー企業の数は、三菱9、三井8、住友7であり、銀行系企業集団の商社の同様の会社数が2〜3社であるのに比べてずっと多い。次にそれらからの年間仕入高を試算すると、三菱2.53兆円、三井1.13兆円、住友1.94兆円となる。これをもとに同一企業集団メンバーの大口仕入れ先からの平均年間仕入れ高を算出すると、三菱と住友は3,000億円弱、三井は約1,400億円となって、前二者は三井の約二倍となる。なおこの格差は三菱で三菱重工、住友では住友金属がそれぞれの商社と巨額の取引をしていることの影響が大きい。

　そこで具体的に仕入れ先としてどういう企業があるかを有価証券報告書の仕入債務の相手方などから推測してみると、表1に示すような各企業集団の主要企業がここに含まれてくる。なお上記企業集団メンバーで製造業を営む企業の集団内総合商社への売上比率は、三井では6.6％だが、三菱は18.8％、住友は31.1％となっている。なお上記三井の数字はトヨタ自動車を含んでおり、これを除くと15％くらいに高くなる。これらにより旧財閥系の商社のいわゆる集団内取引における、主要メーカーから商社への販売すなわち商社のメーカーからの仕入れの状況はほぼ明らかになったといえる。

II　総合商社の企業集団依存の限界とその意味

1　企業集団メンバーの自立性

　財閥系の場合でさえも、商社の同一企業集団の企業からの仕入れは、三菱で全体の18％、住友で約14％、三井では9％で、住友の場合は同一企業集団企業の子会社からの仕入れを加えると少し比率は上がるものの、総じて商社の同一企業集団への仕入れ依存率は予想より小さいといえるかもしれない。同じよう

に企業集団メンバーの商社への依存率も高いとはいえないだけでなく、近年低下している。これらの数字の意味するところについては後で検討するが、ともあれ財閥系であっても企業集団のメンバーが取引面で全面的に同じ集団の商社に依存するという事実はない。これは結局個別企業ごとの利益に反してまでも集団としての取引を優先させることはないことを示している。企業集団内企業には協力ないし支援の関係が期待されてはいるものの、それが無条件にどこでも成り立つ訳ではなく、各メンバー企業は経営上の自立性が与えられているから、それら各企業の判断によって様々な状況が生まれるのである。

　この点に関連してこれまで企業集団の結束力ないし集団メンバーの相互依存関係について多くのことがいわれてきた。企業集団の集団としての一体性の程度、あるいは企業集団の団体としての結合の本質をどうみるかについてはなお見解が微妙に分かれている[4]。現在企業集団にはかつての財閥本社のような中枢機関は存在しない。従って集団としての統一的な戦略に従って各メンバー企業が足並みを揃えて行動するということはほとんどない。社長会は中枢機関としての機能を果たす意図も能力ももたないといえる。しかし企業集団が形成されている以上、メンバー相互の協力が要請されていることは確かであるから、各メンバー企業の自主的判断と集団の利害との関係をどうみるかが問題になる。

　各メンバー企業の自立を重視する立場に立つときには、集団の圧力は無視され、企業集団メンバーは株式持ち合いを通じて単にいわゆる安定株主の関係をもつにすぎないとされる[5]。個別企業が企業集団に共通に期待するものとしてはこれが一番合理的であるはずだということ、同時に実際に外部の勢力による乗っ取り対策として企業集団メンバーの株式所有が行われたという事情によって、この見方は一応説得的である。

　しかし、企業集団が安定株主確保のためだけにつくられたとか、そのためだけにあると考えることには、次のような問題がある。すなわち安定株主を求めるためだけならば個々の企業は個別に各種の取引先などの外部企業との間で安定株主関係をもつことができる。実際日本の企業は企業集団に属さない企業でも、多くの安定株主をもっており、一般に安定株主比率は60％にも達している

という。そして一般の安定株主関係では一件ごとに株式発行企業と株主との一対一の関係が生まれる。その多くが相互に株式を持ち合うが、何れにせよこれは当事者の二者関係であり、持ち合いの場合には相互的な依存と牽制の作用が働く。ところが企業集団においては、特定のメンバー企業の発行株式のうちの

表1　旧財閥系3商社の主要仕入先

（上位30社の内訳）

	三井物産 社数	三井物産 比率	三井物産 企業名	三菱商事 社数	三菱商事 比率	三菱商事 企業名	住友商事 社数	住友商事 比率	住友商事 企業名
同一企業団メンバー企業	8	(%) 7.4	三井東圧化学 三井石油化学 東芝 東レ 電気化学 トヨタ自動車 三井造船 石川島播磨 小野田セメント	9	(%) 17.2	三菱重工業 三菱電機 三菱化学 三菱製紙 三菱マテリアル 三菱アルミ 三菱石油 旭硝子 三菱自動車	7	(%) 11.9	住友金属工業 住友化学 住友軽金属 住友電気工業 日本電気 住友重機械 住友大阪セメント
同一集団メンバーの国内関係会社	0	—		0	—		2	1.5	住友ゴム 住友特殊金属
他の企業団メンバーの企業	2	1.6	日本電気 住友金属鉱山	3	2.1	日本鋼管 いすゞ自動車 神戸製鋼所	2	0.6	三菱重工業
国内のその他企業（関係会社を除く）	5	5.8	新日本製鉄 日新製鋼 大同鋼板 モービル石油 東洋水産	4	3.8	新日本製鉄 日清食品 大日本塗料 神鋼コベルコ建機	11	11.3	マツダ オリックス ゼネラル石油 田村電機 エースコック ダイキン
国内関係会社	4	2.4	日本ユニシス 三井製糖 高崎製紙 本州化学	4	2.4	菱信リース 新菱アルミ缶販売 日本食品化工 日東製粉	2	2.9	大島造船 新光製糖
海外関係会社	7	18.2	現地法人（米、英、香港）	5	13.4	現地法人（米、英）ペトロダイヤモンド ブルネイゴールドガス	4	11.4	現地法人（米、英、シンガポール）
海外その他の企業	3	1.4	フィリップモリス	5	2.7	レイノルズタバコ	3	4.3	ブラウンアンドウィリアムソン
その他	1	3.7							
合計	30	40.6		30	41.5		30	44.0	

注：30社の構成と比率は公取委調査による1992年度実績。
　　企業名は推定によって当てはめた候補リスト。名称は表作成時のもの。必ずしも92年に符合しないことがある。

一定の率（例えば30％程度）の株式を、その集団の企業が分け合う形で所有していることが重要である[6]。それらの株主企業の間には、企業集団全体の利益という観点から、何らかの共同の意思が成立しているはずである。そうなるとここに株式発行企業と個別の株主との持ち合い関係とは違った集団的な力が生まれてくる。つまり一対多の関係であり、この多は問題によっては統一的な拒否権を発動できるから、その限りで株式発行企業の自立性は制約される[7]。このことを言い換えると、通常の場合は企業集団のメンバーは、自主的に行動して、当該企業自身を発展させることによって全体の利益の増進を図ればよい。そこには特定の個別的拘束力は働かず、メンバー企業相互の牽制も働くから、場合によっては個別的安定株主に依存するより自立性が高くなる。しかし多くのメンバーの利益を損なう恐れがある行動は認められないだろう。例えば仮定の話として住友重機械の経営者が三井造船と合併したいと考えても、大株主である企業集団メンバーによって拒否されるかもしれない。そのように集団としての力が与えられるからこそ、そこには日常的に当該集団の利益に反しないように行動するという一種の責任も生まれるはずで、いわゆる集団内取引というものは、このような意味で協力と責任を伴ったものとみることができる。だがそうした意味をこめて取引の機会を逃さないようにしても、現実の集団内取引は相対的に低下していったという調査結果になっているのである。

　なお商社の販売先をみると、ここでは同一企業集団メンバーの果たす役割は、さらに小さなものになっている。商社の売上高の上位30社が売上全体に占める比率をみても、仕入れの場合に比べて低い。つまりそれだけ販売先は分散していて、しかも上位30社に入る同一企業集団メンバーは、三菱5社、三井1社、住友3社に止まり、三菱の場合でも僅か3.2％がこの5社の同一企業集団メンバーに販売されているにすぎない（公取調査による92年度実績）。

2　商社の大口取引における集団外企業の地位

　そこで同一企業集団以外の企業との取引とはどういうものかということを、先程の表1の大口仕入先によってみていくことにする。そこには同一企業集団のメ

ンバーに匹敵する重みをもつものがあるが、その第1は「国内のその他企業」のなかにある。例えば鉄鋼における新日鉄、自動車におけるマツダなどは、歴史的背景その他の要因によってそれぞれの商社からみると極めて関係の深い大規模な仕入れ先になっている。それらは同一企業集団メンバーに準ずる地位をもつともいえる。さらにこのカテゴリーのなかには関係会社に近いような投資先もある。

　もうひとつ注目されるのは他の企業集団メンバーとの取引である。それは従来からのものが多いが、個別的事情により、特定地域、特定プロジェクトなどでいわゆる系列をこえた取引が常時行われている。ただしこれは大口のものはさほど多くはないし、最近になって集団間の相互乗り入れが多くなったというわけでもなかろう。

　他方商社の大口仕入れ先には外資系日本企業もあり、さらに「海外のその他企業」にはGE、FORD、ABBなど外国の巨大企業が含まれているとみられるが、仕入債務の面から確認できるのはタバコの仕入先のコングロマリットである。

　以上のような企業集団の外部の企業からの大口仕入れを合計すると、三井物産と住友商事では、同一企業集団メンバーからの仕入れを上回るが、このうち三井物産の場合は鉄鋼メーカーとモービル石油、住友商事ではマツダ、三菱重工また場合によっては表に示していないがトヨタ自動車などが大きいと考えられる。三菱商事ではこれら外部企業の比率は小さいが、ここでも鉄鋼メーカーが主要なものであろう。

　さてこのように同一企業集団メンバー以外の主要な外部企業を検討してみると、そこには極めて安定的な取引相手と、やや不安定な関係の相手とがあることが分かるが、不安定といってもそれは市場の変動やプロジェクトの開始から終了までの推移に影響されるもので、主要な取引先との関係そのものは概ね安定しているとみてよい。

　ところでここで同一集団内とそれ以外の外部の大口取引先とを合計した仕入れ（表1の上半分）のシェアをみると、住友、三菱で4分の1程度、三井はそれより小さい。この仕入れ集中度を高いとみるか低いとみるかは、議論の分かれるところだろうが、これら以外の大口仕入先というのは結局それぞれの商社

第10章　総合商社の取引関係と組織構造　　275

自身のグループすなわち広い意味での内部取引になる。そのうち国内の関係会社は合計の仕入れシェアが2～3％に止まり、シェアが大きいのは海外の関係会社である。これは商社の現地法人と特定の子会社からなる。輸入の仕入れは海外の関係会社から行う場合が多いわけで、これは主として多くの取引が海外の現地法人を経由していることによる。それ以外で大きいのは資源開発会社と石油など特定の商品のトレーダーである。

　さてこのようにして大口30位までの仕入先の中身が分かったとして、これらを合計しても仕入れの40％が解明されたにすぎない。そこでこれ以外の60％にどういうものがあるのかということが問題になる。これらが多数の外部企業と関係会社からなるであろうことは想像に難くない。同一企業集団メンバーは数が限られ、しかもその多くは既に大口仕入先としてカウントされているからである。ちなみに大口取引先に含まれていない同一企業集団企業からの仕入れは、三井物産で全仕入れの1.4％、三菱商事で1.2％、住友商事で1.7％である。以上に含まれない準大口の取引先についてわれわれは最近の各商社の有価証券報告書によってリストを作成することができる。しかしこれらを合計した仕入れのシェアが果たしてどれだけの比率になるかといえば、10％にはとても達しないであろう。それでは、より多数の確認できない小口の取引先が残りの50％以上を埋めているのであろうか。確かに商社の取引先の数は多く、その数は1万にもなるという。しかしこれには仕入れと販売の両面があり、さらにごく軽微なサービス取引なども含まれるとみられる。大手商社の年間取引額は10兆円以上にもなるので、その半分を小口取引が占めることはありえない。小口とは必ずしもいえない1億円の取引が5万の相手との間で行われないと、5兆円にはならない。

　よく知られているように、大手商社の売上高には、年間2～3兆円にも達する金・貴金属のディーリングやこれも兆円の規模になりえる原油のオペレーションなどが含まれている。これらは通常の意味で仕入れや販売の相手が特定できるものではない。こういう種類の取引金額が売上高に計上されることによって、取引相手の特定できる取引は比率が下がってきたのである。なお最近はこうした取引を売上高から除いていく動きもあるが、依然としてかなりのシェアを占めている。

3 商社経営における企業集団依存の意味

　商社の取引先として、同一企業集団メンバーだけに頼って経営が成り立つわけではないことは旧財閥系の場合でも明らかである。その理由を挙げてみよう。

　第1に企業集団のメンバーは概ね固定的で、経済の変化に対応した拡大をみせていない場合が多いことである。これはもともと企業集団のメンバーが主にかつての特定の大企業に限られていて、メンバーを増やす場合も歴史的背景が考慮されて弾力的な増加が行われていないことによる。これは企業集団のメンバーに発展力がない場合はやむをえないが、メンバーの資格を制限している場合もある。住友商事が企業集団メンバーの子会社と大きな取引を行っているのは、後者の理由による。なお例えば一般には住友グループの企業とみられているアサヒビールは白水会メンバーではない。

　第2に以上とも関連するが、もともとその企業集団に重要な事業分野が欠落していることがある。三井、三菱の一貫製鉄はその好例だが、石油のように外資の力の強い分野でも同様のことが起こる。

　第3に仕入れについては、輸入が重要であるが、これは国内企業には求められない。

　第4に販売面では、何より商社自身が販売力をもつために自前の組織をつくることが求められる領域が少なくない。

　第5に同一企業集団の企業にかかわる取引であっても、歴史的理由や、それぞれの商社の得意分野に応じて、他の集団の商社が強い商権をもつ場合がある。例えば三井物産と日本電気の取引の場合がそうである。

　以上のような種々の理由によって商社は自己の企業集団以外に取引を拡張する努力を行っているが、それでもとくに財閥系商社の場合には、収益面で同一企業集団のメンバーとの取引は死活の重要性をもっている。各商社の商品別の粗利の金額をみると、三菱は機械、三井は化学品、住友は金属でそれぞれ商社の中の首位にある。このことは、それぞれの商社の仕入れ先のなかの同一集団メンバーの顔触れと、深い関係があるとみてよい。しかもこのことは過去数十年変わっていない可能性がある。もっとも各社の収益源がこれらだけにあるわ

けではなく、三井の鉄鋼や三菱の燃料、住友の不動産にも優位性がみられるが、これらにもそれぞれ歴史的背景がある。そしてこのような強さは単に特定の仕入れ先との取引だけの結果ではないかもしれないが、仕入れ先に有力な相手があって、それとの関係が重要視されれば、そこに人材やノウハウも蓄積されるから、同じ分野で商権ができる可能性が高まる。つまり収益や商権の蓄積という点からみると、同一の企業集団の企業が商社の経営に与えている効果は、取引金額の数字に示されたものよりずっと大きい。

同一企業集団の企業とのいわゆる集団内取引が依然として商社の経営にとって大きな意味をもつということは、それ以外に新たに開拓することのできた有力商権が少ないということでもある。もっともそうは言っても同一集団内企業からの仕入れだけが主要な安定商権だというわけではないが、商社は取引の拡大を模索しているものの、その成果は十分ではなかった。そこで近年商社は取引や投資のリスクを負うことの必要性を主張するようになっている。その場合投資そのもののメリットに注目する傾向がでてきた。しかし商社の投資はもともと多様である。その内容を次にみることにしよう。

III 総合商社の業務と投資活動の展開

1 総合商社の経営における取引と投資の地位

商権の維持と株式所有を絡めた戦略は企業集団内部だけでなく、外部の企業との間にも拡大しているのだが、取引そのもののリスクの少ない大企業の間の仲介や事務の代行では、商社の高い経費を賄うには不十分だという認識が強くなっていったことから、商社側が経営戦略の中で強く主張し始めたのは、リスクを負うことの必要性であった。そこで投資に関しても、進んで大きなリスクを含む事業に積極的な投資を行い、事業そのものに参加して、そこから利益を得るべきだとの経営方針を示す商社が多くなった。これはいわば取引よりも投資を通じて利益を確保すべきだという考え方である。そのように多様な投資が行われた結果、商社の投資先の件数と、投資金額は急増し、多数の子会社、関

表2　大手商社の所有株式概要

(1995年3月末現在、単位：億円)

	三菱商事	三井物産	伊藤忠商事	丸紅	住友商事
総　　　　　額	10,225	7,743	5,752	6,350	6,318
上　場　企　業	4,143	1,842	1,384	3,162	3,056
(うち金融保険業)	(1,314)	(375)	(454)	(1,726)	(1,409)
投　　　　　資	1,213	1,283	893	560	638
関　係　会　社	4,868	4,618	3,475	2,628	2,624
(うち国内)	(1,436)	(1,587)	(881)	(618)	(748)
(うち海外)	(3,433)	(3,031)	(2,594)	(2,011)	(1,876)

注：金融保険業の、伊藤忠、丸紅以外は銘柄別記載のあるものだけの集計値。
　　四捨五入の関係で合計と内訳が一致しないものがある。
出所：各社有価証券報告書。

係会社が生まれた。

　いま商社の所有する株式を、発行企業によって、有力取引先企業のもの、子会社・関係会社のものおよびその他の固定的投資の三つに分けて、各社の株式保有のパターンを比較してみよう（表2）。なおここで有力取引先とは、内外の上場企業のいわゆる一時的所有株式をいう。

　まず全体として最も多額の株式を所有しているのは三菱商事で、その金額は1兆円をこえる（1995年3月末現在、貸借対照表計上額、以下同様）。その中で取引先大企業（関係会社を除く上場企業）の株式は約4,000億円である。これと同じ類型の株式所有は、丸紅と住友商事がそれぞれ3,000億円をこえる規模になっているが、三井物産と伊藤忠商事はずっと少ない。そしてこの大きな違いの主要な要因は、後二者においては金融機関の株式を所有する額が少ないことにある。金融機関を除いた事業会社の株式についてみると、三菱商事の圧倒的首位は変わらないが、三井物産、住友商事、丸紅がそれぞれ1,500億円前後で並び、伊藤忠商事は1,000億円を割り込んでいる。内訳を次にみる。

2　商社による国内大手事業会社発行株式の所有

　まず大手商社による国内大企業の株式所有の内容を検討してみよう。以下の記述は大手商社5社の1995年3月期の有価証券報告書における流動的有価証券の内訳の記載によるもので、関係会社を含まず、また銘柄の記載されていない

第10章　総合商社の取引関係と組織構造　279

株式は把握できていない。

　個別にみると、表3に示すように、貸借対照表計上額が50億円をこえるような大口の銘柄は、同一企業集団の主要企業ないしそれに準ずる場合がほとんどである。そのなかでも三菱商事における三菱自動車（360億円）や三菱重工業（108億円）、住友商事における日本電気（249億円）、丸紅における日産自動車（146億円）などが超大型の投資となっており、これらは同時に大型の持ち合いになっている。他方やや意外なものもある。例えば三菱商事における神戸製鋼、三井物産におけるサッポロビール、住友商事におけるトヨタ自動車などがそうである。これらの株式所有の理由を単一の要因に求めるのは正しくないかもしれないが、次のような事情が作用しているとみてよい。すなわち神戸製鋼の株式は住友商事を除く大手商社がそれぞれかなり多く取得しているが、三菱商事の所有がとくに大きいのは、神鋼コベルコ建機を重要な仕入れ先にしていることと関係があろう。サッポロビールの場合は恵比須駅前の工場跡地の開発に三井物産が参加したこと、トヨタについては住友商事がロシアへの輸出などで関係強化を図ったことが挙げられよう。つまりいずれも特定の重要な取引関係を契機として多額の株式所有が行われているとみてよい。なおこの場合注意を要するのは、株式の金額と株数とが比例していないことが多いことである。旧来からの所有株式は単価が低いが、新規取得は割高になっていることが多い。貸借対照表計上額では、住友商事の持っているトヨタの株式は三井物産をこえたが、株数では半分にもなっていない。サッポロビールの場合も、この会社は芙蓉グループに属し、もともと丸紅が三井物産より多額の株式を持っていたが、金額的には三井が丸紅を追い越した。しかし株数ではまだ丸紅の方が多い。これらのことを一般化して述べるならば、既存大企業との間で各商社とも重要な新規商権に関連して戦略的な意図をもった株式所有を行う動きがあり、そのことが株式所有関係の全体の構図に影響を与えているが、企業集団関係を基軸とする株式持ち合いの基本的構造は変化していないということになろう。

　ここで大手商社の鉄鋼と自動車に関する株式所有状況を概観しておく（表4、5参照）。商社にとって鉄鋼取引が重要なことは周知の通りだが、現在では自

動車企業も重要な取引先である。そしてこれらの取引においては、企業集団関係を中心にいわばメインとそれ以外との区別があるが、排他的な関係にはなっていない。そこに競争が作用する余地がある。そのなかで株式所有関係は一応取引関係の強弱を反映しているとみてよい。その状況が個別的事情によってある程度変動することは、大口投資の事例のなかで説明した通りである。

表3 大手商社の所有する国内大口流動性株式（貸借対照表計上額20億円以上、金融・保険、関係会社を除く）

(1995年3月現在、単位：100万円)

三菱商事					
日本農産工業	5,339	キリンビール	4,846	東レ	2,621
コニカ	3,095	コスモ石油	2,573	三菱石油	21,735
旭硝子	4,180	神戸製鋼	5,464	新日本製鉄	3,645
千代田加工建設	2,988	三菱電機	4,559	三菱自動車	35,996
三菱重工業	10,802	岡村製作所	2,114	三陽商会	2,856
三菱地所	8,100	関西電力	2,838	東京電力	2,251
東京瓦斯	2,176	本田技研	2,584		
三井物産					
サッポロビール	5,591	日本配給飼料	3,537	東レ	2,070
東ソー	2,660	電気化学工業	2,000	新日本製鉄	6,030
神戸製鋼所	3,429	旭ダイヤモンド	3,695	東洋エンジニアリング	2,680
共立	2,065	東芝	3,517	トヨタ自動車	3,881
本田技研	2,024	三陽商会	3,217		
住友商事					
住友林業	4,341	丸大食品	3,850	アサヒビール	5,921
レンゴー	2,851	住友化学	4,906	新日本製鉄	2,917
住友金属工業	7,890	住友金属鉱山	5,031	住友シチックス	2,547
住友電工	2,665	住友重機械	2,282	日本電気	24,894
三菱重工業	2,339	トヨタ自動車	5,090	マツダ	2,454
伊藤忠商事					
川崎製鉄	2,756	神戸製鋼所	4,014	いすゞ自動車	4,353
大昭和製紙	3,768	プリマハム	3,881	品川燃料	3,082
デサント	4,299	ファミリーマート	3,732		
丸紅					
日本セメント	3,026	オカモト	2,467	大昭和製紙	10,757
日産自動車	14,572	新日本製鉄	4,122	神戸製鋼所	3,940
日本鋼管	3,391	同和鉱業	2,159	昭和通商	5,729
サッポロビール	4,107				

出所：各社有価証券報告書

第10章　総合商社の取引関係と組織構造

表4　大手商社の所有する鉄鋼メーカー株式

(1995年3月末、単位：100万円)

発行企業＼所有企業	三菱商事	三井物産	伊藤忠商事	丸紅	住友商事
新 日 本 製 鉄	3,645	6,300	1,476	4,122	2,917
日 本 鋼 管	960	499	887	3,391	
川 崎 製 鉄	755	421	2,756	1,848	948
住 友 金 属 工 業	1,542		501	1,189	7,890
神 戸 製 鋼 所	5,464	3,429	4,014	3,940	
東 京 製 鉄	1,533	1,251		1,371	1,353
日 本 金 属 工 業	1,405			433	
合 同 製 鉄	1,812	1,793			
日 本 冶 金 工 業	472		488	610	
三 菱 製 鋼	572				
大 阪 製 鉄	421	631			
愛 知 製 鋼		612			
中 山 製 鋼 所	292	544			
淀 川 製 鋼 所	308	476	583	759	
大 同 特 殊 鋼	564		436		
日 新 製 鋼				1,233	
大 和 工 業	343			417	1,935

出所：各社有価証券報告書

表5　大手商社の所有する自動車メーカー株式

(1995年3月末、単位：100万円)

発行企業＼所有企業	三菱商事	三井物産	伊藤忠商事	丸紅	住友商事
ト ヨ タ 自 動 車	294	3,881		1,893	5,090
日 産 自 動 車		1,189		14,572	512
三 菱 自 動 車	35,996				
本 田 技 研	2,548	2,024			968
マ ツ ダ	441		904		2,454
い す ゞ 自 動 車	346		4,353		
富 士 重 工 業		744		513	340
日 野 自 動 車		448			

出所：各社有価証券報告書

3　関係会社等への投資

　商社はリスクの負担を掲げて投資活動を強化したが、投資収益を求めるのと、取引メリットを求めるのとでは意味が違う。投資目的によってそれぞれの投資の対象分野も異なってくるであろう。一般的には、有望な新規の事業や新規の市場があれば投資収益を狙い、在来の事業・市場では取引の確保を狙うという

ことになろう。ただ商社のもっている経営資源の制約や投資効率を考えた場合、単独で新規の大規模な事業に進出することは困難であるから、おのずからある程度決まったパターンができてくる。

　商社が関係会社以外に対する固定的投資と認識している株式所有には、リスク分散のための共同投資、メーカー主導の合弁事業への投資などがあるが、業種的には石油などの資源開発、海外のアルミや石油化学などの装置産業、内外の情報通信関連事業などがあるほか、それぞれの商社にとって戦略的な意味をもった特定の製造業などへの大型投資がある。これらの内とくに投資規模の大きいものは表6に示したが、最も注目されるのは三井物産のUnisis（アメリカ）に対する投資で、これは日本ユニシス（こちらは三井物産の関係会社）への投資と併せてコンピューター分野での同社の特異な地位を形成している。

　ところで商社の投資のなかでもうひとつ大きな地位を占めているのが関係会社に対する投資である。そのなかには本来商社の一店舗として営業に当たっている海外現地法人が多数含まれているが、これを除いても関係会社は巨大なネットワークをつくっている。

　商社の関係会社の中で海外現地法人以外のものを業種別にみると、貿易や国内あるいは海外の卸小売などの流通業と、それ以外のいわゆる事業投資とがある。前者は商社の販売網や仕入れないし集荷のための機関であるから、商社がこれらと取引するかたちになるが、これらは本来現地法人同様商社の手足のようなもので、これと商社の取引は準内部取引だといってよい。ただこれらが国内の商社の営業部や支店あるいは海外の現地法人と別につくられているのは、コストの低減ないし専門的機能発揮のためである。後者の事業投資には資源入手目的のものをはじめ、仕入れ、販売先としての製造業などがあるほか、最近では情報通信分野や、不動産・サービスなど商品の売買を主たる目的にしていないものもある。流通業は企業としての資本金は比較的少額でもできるが、不動産などは資金が固定するので、商社の投資先としては比較的高額になっているものがある。

　いま投資先と関係会社とを比較すると、投資者の側では後者の方により強い支配ないし影響力を加えているはずであるが、個々の会社の分類をみると、そ

第10章　総合商社の取引関係と組織構造　　283

表6　大手商社の主要投資先（長期のもの、但し関係会社を除く）

（1995年3月末現在、単位：億円）

三菱商事	(国内)	インドネシア石油	114	サウディ石油化学	48
	(海外)	マレーシアNLG	99	三菱自動車販売（アメリカ）	34
三井物産	(国内)	東京通信ネットワーク	45	ホウライ	41
	(海外)	Unisys	232	Mineracoes Brasileirus de Mineracao	56
伊藤忠商事	(国内)	栗田工業	48	国際デジタル通信	55
	(海外)	起亜自動車	35	MagyarSuzuki	26
住友商事	(国内)	住友石油開発	32		
丸　　紅	(海外)	NissanMexicana	69		
各社共通	(国内)	日本アサハンアルミ23	23		

出所：各社有価証券報告書

　の境界はかなりあいまいなものもある。また動態的には投資先が系列化されて関係会社になる方向と、逆に関係会社からスタートしてその後関係を弱くしていく方向とがある。

　関係会社を含む固定的な投資が取引とどう関係しているか、具体的にみていくと、まず国内の事業投資の場合、仕入れ面では、海外の資源開発や現地生産のプロジェクトのための国内投資会社に出資している。国内の小規模な鉄鋼メーカー、砂糖メーカーへの投資も多い。個別的にみると三菱商事では食料関連（日本食品化工、カンロ、リノール油脂、日東製粉など）が注目される。三井物産はコンピューター（日本ユニシス）、合成樹脂製品等（本州化学）、ダンボール原紙（高崎製紙）があり、伊藤忠商事でもダンボール原紙・板紙（三興製紙）、石油製品（伊藤忠燃料）、住友商事では船舶（大島造船）、油脂・油かす（吉原製油）、丸紅でも紙製品（丸住製紙）などがある。海外の投資先からの仕入れも事例は多い。例えば三菱商事の米国アリスデック・ケミカルは買収先としてよく知られているが、少なくとも現地では取引関係がある。

　他方販売面では国内・海外の販売網に投資する例が多いことはすでに述べたが、とくに菱食を頂点とする三菱商事の食品問屋への投資、海外での各社の自動車の販売網が注目される。

IV 商社の投資対象の拡大と組織構造

1 商社の組織におけるふたつの類型

　実際の商社の投資活動はより多彩になり、国際的にも大きく拡大してきた。そこで内外の膨大な関係会社のグループを含む商社の組織構造をどのように構築したらよいかという問題が生じている。

　もともと商社の組織においては三井物産の部店独立採算制（横割り）と三菱商事の商品部門別の縦割り制とがふたつの対立する原則として優劣を競ってきた。他の商社は概ね両者の中間ないし折衷的形態を採用しているが、縦の商品別の指揮系統に、より強い力が与えられていることが多い。そして縦の組織原理は、商社の行う投資のコスト負担と利益の帰属に及んでいく。すなわち例えば鉄鋼メーカーの株式は鉄鋼部門の負担で行い、同時にそのメーカーから仕入れた鉄鋼の販売収益はその部門に与えるのである。この原則は仕入れと販売の部店が違ってくると、利益の配分が問題になる。またこの鉄鋼メーカーが化学品も販売しているときには、商品別の他の部門との関係が問題になる。そこで負担と受益の関係の調整が必要になる。こうした関係を端的に示すひとつの例として、丸紅が子会社として所有している日本インドネシア石油化学投資という会社の株式75億円は、同社の機械・建設部門に計上されている。すなわちこの投資の差し当たりの受益者は、機械を販売する部門とみられたからであろう。

　ところで一般に企業の多国籍化は、地域別組織の重要性を高めるといわれるが、商社は早くからそのことを認識していた。それが三井の組織に表れているわけで、部店ごとの採算を重視していくと、投資に関してもそれぞれの地域の店部の負担と受益を調整する必要が生ずる。近年海外の関係会社への投資に当たり、日本の本社と海外現地法人が共同で投資する例が増えているのはこうした状況を反映している。これが発展すると、例えば中国の特定の企業に対する投資を日本と米国法人とで行うといったことが生ずる。

2 権限委譲と社内資本金制度

　もともと部店独立採算制度は、各部店に権限と責任を与えるものであった。また商品別部門制のもとでも本部制を採用して、本部長に権限を委譲した。しかし組織が大きくなると、一層の権限委譲が求められ、本部は少数の部門ないしグループにまとめられた。こうした方向を一層推し進めようとする試みが社内資本金制度といわれるもので、これは商品部門別の組織であり、差し当たり住友商事と三菱商事が実行に移しつつあるほか、伊藤忠商事では社内カンパニー制度を計画している。

　他方海外では地域統括会社あるいは地域の支配人、監督といった制度が設けられ、現地法人の強化と相俟って、地域的経営自立が要請される方向にある。

　ところでこうした方向が推進されると、商社は持株会社になる、あるいはそうなるべきだという議論があるが、ある意味ではすでに商社は持株会社であるし、また現に海外では持株会社を利用している。ただそれがいわゆる純粋持株会社形態のもとで日本の本社を改組することになったとき、どういう関係が生ずるのかについては、もう少し具体的な検討が必要である。ここではまず各商社の関係会社のグループに関して三井の横組織、三菱の縦組織、その他の折衷の具体的内容をみておきたい。

　三井物産の組織は、世界を国内、米州、欧州、大洋州とアジア中東地域に分けている。国内では本店と四つの支社及び44の事業所が商社本体を形成し、そのほかに国内子会社323社と国内関連会社265社がある。米州は米州監督のもと、北米地域と中南米地域に分けられるが、北米は現地法人2社、地域子会社106社、関連会社40社がある。中南米は国の数が多いので現地法人が11社、関係会社も73ある。欧州関係では欧州三井物産社長のもと、欧州とアフリカの現地法人14社と関係会社がある。大洋州も監督のもとで同様の組織がある。アジアと中東は日本本社直轄で現地法人と関係会社がある。以上のように三井物産の関係会社は国内、海外とも部門別の組織系統には属していないことが特徴的である。

　次に三菱商事は、海外現地法人28社を別にして、それ以外の子会社と関連会社をそれぞれ6つの商品部門に分けて組織している。その場合国内と海外の区

図1　三菱商事の関係会社の組織

		主な会社名	所在地
現地法人 (28社)		米国三菱商事会社	アメリカ
		英国三菱商事会社	イギリス
		香港三菱商事会社	香港
		独国三菱商事会社	ドイツ
		オーストラリア三菱商事会社	オーストラリア
子会社（現地法人以外）	燃斜 (46社)	三菱商事石油	日本
		小名浜石油	日本
	金属 (79社)	宝和鋼材	日本
		Mitsubishi Development	オーストラリア
		Tril and Metals	イギリス
	機械・情報産業 (145社)	エム・シー都市開発	日本
		三菱事務機械	日本
		Diamond Energy	アメリカ
	食料 (103社)	菱食	日本
		リノール油脂	日本
		Princes	イギリス
	化学品 (47社)	三菱商事プラスチック	日本
		Aristech Chemical Corporation	アメリカ
		Atlanta Precision Molding	アメリカ
	繊維・資材ほか (118社)	河越商事	日本
		菱光倉庫	日本
		エム・シー・ファイナンス	日本
		MC Forest Investment	カナダ
		Mitsubishi Corporation Finance	イギリス
関連会社	燃料 (33社)	三菱液化ガス	日本
		Japan Australia LNG (MIMI)	オーストラリア
		Brunei LNG	ブルネイ
	金属 (64社)	五十鈴	日本
		Iron Ore Company of Canada	アメリカ
	機械・情報産業 (109社)	宇宙通信	日本
		MMC Auto Deutschland	ドイツ
	食料 (58社)	中京コカ・コーラボトリング	日本
		日本ケンタッキー・フライト・チキン	日本
	化学品 (52社)	東和化成工業	日本
		Export adorade Sal	メキシコ
	繊維・資材ほか (86社)	興人	日本
		Crestbrook Forest Industries	カナダ

（出所）同社有価証券報告書（平成7年版）

第10章　総合商社の取引関係と組織構造　287

図2　伊藤忠商事の関係会社の組織

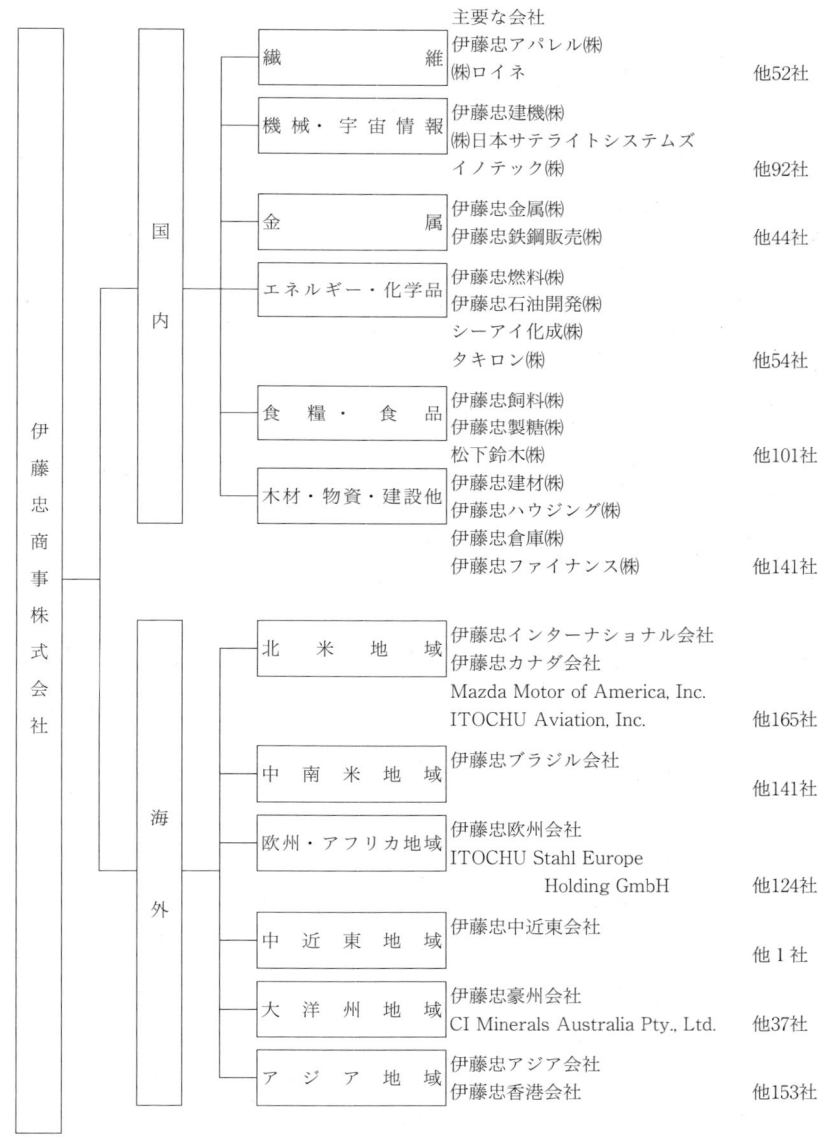

区分	部門	主要な会社	その他
国内	繊維	伊藤忠アパレル㈱ ㈱ロイネ	他52社
国内	機械・宇宙情報	伊藤忠建機㈱ ㈱日本サテライトシステムズ イノテック㈱	他92社
国内	金属	伊藤忠金属㈱ 伊藤忠鉄鋼販売㈱	他44社
国内	エネルギー・化学品	伊藤忠燃料㈱ 伊藤忠石油開発㈱ シーアイ化成㈱ タキロン㈱	他54社
国内	食糧・食品	伊藤忠飼料㈱ 伊藤忠製糖㈱ 松下鈴木㈱	他101社
国内	木材・物資・建設他	伊藤忠建材㈱ 伊藤忠ハウジング㈱ 伊藤忠倉庫㈱ 伊藤忠ファイナンス㈱	他141社
海外	北米地域	伊藤忠インターナショナル会社 伊藤忠カナダ会社 Mazda Motor of America, Inc. ITOCHU Aviation, Inc.	他165社
海外	中南米地域	伊藤忠ブラジル会社	他141社
海外	欧州・アフリカ地域	伊藤忠欧州会社 ITOCHU Stahl Europe Holding GmbH	他124社
海外	中近東地域	伊藤忠中近東会社	他1社
海外	大洋州地域	伊藤忠豪州会社 CI Minerals Australia Pty., Ltd.	他37社
海外	アジア地域	伊藤忠アジア会社 伊藤忠香港会社	他153社

（親会社：伊藤忠商事株式会社）

（出所）同社有価証券報告書（平成7年版）

別がないことが注目される（図1参照）。

　大手5社の残り3社はいずれも、国内関係会社を商品部門別に、現地法人を含む海外関係会社を地域別に組織している。ここではそのなかの伊藤忠商事の例を図2に示す。

　さてこうして関係会社を含めた組織をみたうえで、これを持株会社に発展させていったときの形態を想定すると、それぞれが違った道を歩むと考えざるをえない。縦割りの強い三菱商事は社内資本金制度を通じて、各部門が国内・海外の関係会社を所有する事業持株会社の形態に移行し易いことがわかるが、ただその場合に現地法人の内部の商品別組織を解体してしまうかどうかが問題になる。他方三井物産は地域ごとに持株会社をつくることができよう。これは純粋持株会社でもよい。その他の折衷的組織において国内は商品別、海外は地域別ということになるが、これらは持株会社にしたときには、種々の異なったタイプのものをつくらざるをえない。

3　商社の持株会社化の問題点

　以上、商社が内外に多くの関係会社をもつという事態を前提に持株会社の問題を考えてみた。以上の検討は形式的なものであるから、持株会社形態になったときの実質的な問題点は検討していない。それはどのようなものか。

　組織の巨大化と製品、地域の分化は、分権化と組織単位ごとの経営的自立を要請するが、他方商社は機能的総合力とともに取引先に対する多面的顧客関係（国内と海外の販売、仕入れ、金融などの機能と原料、資材、製品、包装、設備、輸送などを含む一貫したニーズの存在）に対応できるという、多面性・総合性を売り物にしている。言い換えれば多くの異なった分野の事業会社に対して、一個の統一的な企業としての総合商社が、上記のどれにも対応できるところに意味がある。これを専門商社のように分化した別々の会社にして、鉄鋼メーカーには鉄鋼商社、自動車メーカーには自動車商社が対応するというのでは総合商社のメリットの大切な部分が消えるのではなかろうか。総合的な部分を持株会社たる本社に残すという考え方も観念的にはあり得るが、これは実現

が難しい。

　例えば海外に派遣されている商社の人員は現在すべて本社の従業員の身分をもつ。これをより小規模の持株会社のメンバーと事業部門のメンバーに分けて運営することができるだろうか。大手商社から海外に派遣されている人員数は800人前後であるが、それぞれが何らかの専門をもつと同時に同じ商社のメンバーとしてグローバルに連携している。これには日本側で相手をする国内人員も同数ないしそれ以上要るであろう。これらが交替しながら貿易と海外のビジネスを行っているのである。商社の組織の問題は今後も試行錯誤が続くであろう。

注
1 ）企業集団については、公正取引委員会事務局『企業集団の実態について』1994年7月がある。これは同事務局による継続的な調査の5回目のものである。
2 ）企業集団における商社の地位や取引関係の特徴については、奥村宏、1976が先駆的記述を行っている。
3 ）本書第8章参照。
4 ）文献リストの企業集団関連の各著書を参照。
5 ）顕著な例として橘川、1995がある。
6 ）これは集団内株式所有率といわれ、六大企業集団平均で22％、三菱では38％、住友28％、三井20％となっている。
7 ）奥村宏、1991b、p.213以下参照。

第11章
商社における投資依存の実態

　商社は21世紀への課題というテーマを1980年代後半から検討していた。その時に商社が考えたことは今日でもそのまま通用するものだが、その後に日本経済のバブル化とその反動の崩壊現象を経験し、さらにアジアの経済危機が起こった。これらは商社の経営に対する見方を一層厳しいものにさせる要因になった。

　こうした状況下、商社はその経営における収益の源泉を、いわゆる口銭収入に頼ることがますます困難になってきたといわれている。そのことが投資と事業への参加からの収益を期待させ、また現に収益源泉として投資への依存度が高まってきたという印象がある。しかし、この事がどうして起こり、何を意味するか、問題は単純ではない。

　以下、商社の収支面を中心に、商社経営における投資依存の意味を考えてみたい。

I 商社における営業利益の減少と要因

1 商社の売上高と利益の現状（1998年当時）

　商社の売上高は1997年までの過去7年間、減少し続けた。大手9商社の売上高合計は1989年度（90年3月期）に130兆円に達したあと、毎年減り続けて、96年度には85兆円弱と、89年度の65％の水準にまで低下した。各社別にみると、

いくらか減少率に差があるが、全体として商社の売上高の減少傾向を際立たせている要因として、比較の基準とした89年度という時期の異常さがある。この年には一挙に大手商社合計の売上高が32％も増えた。これには特殊要因もあったので商社に利益をもたらす実体的な取引は公表の数字ほどには減っていないといえるが、それでもバブル期の89年度ないし90年度が実質的な売上高のピークだったといえるだろう。それは日本経済の活動水準の変動を反映している。

商社の経営は国際化が進んだ今日でも、日本の経済、とりわけ生産活動の水準と相関関係が高い。そこで日本の鉱工業生産指数の動きをみると、90年を100として、96年までずっと100に達しなかった。97年は辛うじて101.8だが、10月から再び100を切っている。また国内卸売物価もバブル崩壊直後は下落傾向を続け、その後の円安にも拘わらず弱含みで推移している。こうした経済環

表1　9商社の売上高、利益指標の推移

(ピーク時期=100)

	売上高	売上総利益	営業利益
90年3月期	100.0	87.2	74.9
91年3月期	97.5	98.9	100.0
92年3月期	91.8	100.0	91.2
93年3月期	85.6	93.3	65.7
94年3月期	79.4	87.8	45.7
95年3月期	76.8	88.0	53.7
96年3月期	74.5	87.0	41.2
97年3月期	65.1	88.5	44.0

注：売上高は公表ベース、すなわち計上基準の変更を調整していない。
出所：『ブレーンズ』誌の数字をもとに算出。

表2　商社営業利益の変動要因

	91年3月期と97年3月期の比較			94年3月期と97年3月期の比較		
	増減額(億円)	収入要因(％)	経費要因(％)	増減額(億円)	収入要因(％)	経費要因(％)
三菱商事	-714	5	35	-87	収入増	-153
三井物産	-473	57	43	+77	197	-97
伊藤忠	-415	32	68	-170	-63	-37
丸紅	-318	60	40	+90	92	(経費減) 8
住友商事	-289	35	65	+93	129	-29
日商岩井	-150	107	経費減少	+12	192	-92
トーメン	-104	105	経費減少	-3	-204	経費減少

注：各社有価証券報告書に基づいて算出した。左側はすべて利益が減少しているのでその寄与率を示した。右側は利益増加企業、減少企業があるので、利益減少要因にマイナスの符号をつけた。

境では、商社が売り上げを増やすことは難しい。このほかに商社の取引が伸びない理由には構造的要因があるが、それが短期的に商社の取引を収縮させるわけではない。バブル崩壊以後、日本経済が活況を取り戻せなかったことが商社の取引を萎縮させた基本的要因だといえる。

取引が伸びなければ収益の基礎になる収入は増えない。商社の収入に当たる売上総利益の動きをみると、91年度をピークに減少に転じ、95年度を底に96年度にはいくぶん増加したが、ピーク時の89％に止まっている。

この段階の商社の売上総利益（粗利益）がバブル期の90％程度であるということをどうみるか。バブル期の利益は異常なものだったとみれば、一応それなりの収入があるともいえる。ただ、企業の成長が止まっているという点では深刻な問題がある。商社の収入には安定的な要素もあり、これは取引分野や地域、取引形態が多様であるからリスクが分散されることによるものであるが、成長性が弱いという点に構造的な問題がある。これは商社機能の発揮できる局面が限られてきたことによるといえる。

収入が伸びないことは、どのような事業の場合にも問題だが、商社の場合、収入が増加しなくても費用は増えるという構造がある。そのことが営業利益の大幅な減少となって表れている（以上、表1参照）。そこで次に費用面の動きを検討する。

2 傾向的に増える販売、管理費

商社のこの時期の営業利益はバブル期の半分以下になっているところが多く、三菱商事の場合は、ピーク時には年間1,000億円に達していたものが、96年度には267億円に止まった。総利益は相対的に安定しているが、人件費や経費の増加を抑制できないことがこのような結果を生み出すこととなった。

商社の経理において営業利益とは、売上総利益から販売費及び一般管理費を差し引いた残余というかたちで示される。大手商社の6年間についてこの3者の動きをみていくと、売上総利益も営業利益も、91年3月期に比べると97年3月期は大幅に減っているが、94年3月期を間に置いてみると、この後は売上総利益が増

加した商社が多い。そしてそれらのほとんどは営業利益も増加している。これを基本的なパターンとみるならば、三井物産、丸紅、住友商事、日商岩井がこれにあたる。他方このパターンに当てはまらない他の商社はどうか。三菱商事は後半3年に売上総利益は回復したが販売、管理費が増加を続けているために営業利益が減少した。伊藤忠商事は経費の増大が続いているのに、売上総利益は増えていない。トーメンは販売、管理費の圧縮にも拘わらず、売上総利益の減少がより大きいために営業利益が減少を続けている（詳細は表2の分析を参照）。

このような動きを通じていえるのは、総じて商社にとって管理、販売費の抑制が容易でないことである。その抑制には各社努力していることがうかがえるが、もともと商社にとって人材こそがメーカーの設備のようなものであるし、

表3　大手商社の人員数と人件費

（単位：人員数は人、人件費は100万円、％）

		93年3月期	97年3月期	93・3＝100
三菱	人員数	9,827	8,794	89.5
	人件費	121,986	125,282	102.7
	人件費比率	57.7	55.1	
三井	人員数	8,929	7,783	87.2
	人件費	116,861	120,589	103.2
	人件費比率	59.4	57.9	
伊藤忠	人員数	7,449	6,999	94.0
	人件費	79,072	82,903	104.8
	人件費比率	43.4	42.9	
丸紅	人員数	7,218	6,386	88.5
	人件費	73,085	70,851	96.9
	人件費比率	43.8	43.0	
住商	人員数	6,628	5,931	89.5
	人件費	84,780	86,859	102.5
	人件費比率	48.7	48.3	
日商	人員数	5,210	4,330	83.1
	人件費	55,036	54,736	99.5
	人件費比率	59.8	51.1	
トーメン	人員数	3,509	2,795	79.7
	人件費	31,133	29,825	95.8
	人件費比率	46.4	47.6	

注：1．人件費とは役員報酬、従業員給与および賞与、退職金および同引当金繰入額、福利費の合計
　　2．人件費比率は販売費および一般管理費に占める人件費の比率
出所：『九大商社の比較経営分析』(1997年版)（ブレーントラスト社）から抜粋

その活動費が経費である。管理、販売費の抑制が進んでも、それが商社活動の縮小をもたらしたのでは、利益の源泉を枯らすことにもなりかねない。

　そこで各社の販売、管理費の動向と関連させながら、その主要部分を構成する人件費の現状を検討してみる。第3表は最近の各商社の人員数、人件費総額および人件費比率を4年前と比べてみたものである（各項目の内容については表の注参照）。表3にみる通り人員数、人件費が一番多いのは三菱商事、人件費比が高いのは三井物産、人員の削減率が少なく人件費の伸びが大きいのは伊藤忠商事である。人件費比率は総じて低下の方向にあるが、これを人員規模の動きと対比してみると、93年3月期を100として97年3月期の社員（従業員）数は、伊藤忠商事は94と減少率が6％に止まるが、トーメン、日商岩井は2割近く人員が減っている。この2社のリストラぶりが激しいことがわかる。表にはないがこの2社以外でもニチメン、兼松の人員減少率は同様に大きく、下位の商社の経営環境は厳しいといえよう。

　伊藤忠以外の上位4社の4年間の人員削減率は10％強で大差はないが、その前の状況に違いがある。そこで人員規模では、かつての三井と三菱、伊藤忠と丸紅という桔抗関係が崩れてきた。現在は表にみる順序で上位5社がなだらかな格差をもつ格好になっている。ただその中で、三菱と三井はともに人件費比率が高いこと、逆に伊藤忠と丸紅は人件費比率が低いことで共通している。このような結果になるまでの人員政策の特徴を挙げれば、三菱と伊藤忠は相対的に多くの人員を維持している。それはリストラが足りないという見方も出来るが、人員の維持、確保の中で積極策を講じていた面がある。

　結局、商社の経営はその事業規模に応じた人員の維持とそれに伴う費用の負担を行いつつ、他方で外部の子会社などの利用によるメリットをどのように確保するかという問題をもっている。それと同時に商社が行う事業は、ほとんどの場合、取引にせよ投資にせよ資金を使うことになるので、それが採算に乗って資金コストの回収が出来るかどうかが問題である。

II 収益動向の実態と配当収入拡大の背景

1 業務利益段階における収益の実態

　以上の検討は、営業利益の動きとその要因の分析というかたちで行ってきたが、それは金融面の要素を考慮していない。損益計算書では金融収支を営業外に置くようになっている。しかし、商社の営業は資金の裏付けによって成り立つ場合が少なくない。そこで商社の経営分析には金融収支を含めた業務利益という概念が登場する。

　これは営業利益にネットの金融収支を加えるかたちで算出される。収入面では受取利息と配当金が加わり、支出面では支払利息と割引料が利益から差し引かれる。商社が多額の資金を使って取引をし、その資金の借入金利が高いという状態においては、業務利益は営業利益よりも少なくなるが、金利が下がり、さらに受取配当金が増えると、業務利益は営業利益よりも多くなる。表4は97年3月期の大手商社の業務利益とその構成をみたものだが、上位商社では業務利益が営業利益より大きい。トーメンと兼松だけはそうなっていないが、この2社は株主資本比率が低く、借入依存度が高いことと投資効率が低いことが上位との違いを生み出している。

　このような状況における収入面の構成をみると、上位3社で受取配当金が営業利益を上回っている。そこでこれだけをみると、まさに今や商社経営は収益面で取引よりは配当に依存しているかのような印象を受ける。しかし注意しなければならないことは、これが今急にそうなったわけではないことである。表5にみるようにその傾向はすでに91、92年度あたりから現れていて、93年度がピークであった。その後は利益面での受取配当への依存度は低下している（業務利益の構成比において76％から56％へと20％ポイントの低下）。ただしこの比率は、分子である受取配当金の方は比較的安定しているのに対して分母である営業利益と金融収支が激しく変動することによって変動する。ただし上位商社だけを取ってみるならば、利益における配当依存はより高い水準を維持する可能性がないわけではない。

第11章　商社における投資依存の実態　　297

表4　大手各商社の業務利益（97年3月期）

(単位：億円)

	営業利益	受取配当金	受取利息	金融費用	業務利益
三菱商事	267	439	492	584	614
三井物産	386	393	632	696	715
伊藤忠	237	258	520	710	306
丸紅	340	137	453	548	383
住友商事	234	214	393	399	442
日商岩井	189	116	412	512	205
トーメン	197	53	200	282	167
ニチメン	107	45	172	195	129
兼松	153	25	111	230	59

出所：表3に同じ

表5　大手9商社の利益に対する受取配当金の比率

(単位：金額は9社平均で億円、比率は％)

	受取配当金 (A)	営業利益 (B)	業務利益 (C)	(A)/(B)	(A)/(C)
90/3	148	400	427	37	35
91/3	161	534	410	30	39
92/3	169	497	308	34	55
93/3	163	351	257	46	63
94/3	146	244	193	59	76
95/3	150	267	223	56	67
96/3	165	220	261	73	63
97/3	187	235	335	80	56

注：業務利益＝営業利益＋純金融費用（受取利息・配当金―支払利息・割引料）
出所：第4表と同じ

2　受取配当金の利回り

しかし、ここでもう1つ明確にしておくべきことがある。それは商社に配当金を生む投資の利回り（投資効率）の問題である。これが借入利率を上回れば、受取配当金はネットの利益になるが、それは保証されているのだろうか。

いま商社の投資効率と借入利率の推移をみると、投資がネットの利益に貢献するのは、かなり好条件に恵まれたときだけだということがわかる。逆にいうと、もし少し金利が高くなれば配当の利回りはこれに追いつかない可能性が高いのである（表6参照）。だから借り入れでなく自己資金で投資をするのでないと投資が逆鞘になる可能性が少なくない。

しかも自己資金といっても、これには配当負担を避けられないのであるから、

表6　大手商社の投資効率と借入利率

(単位：％)

	93年3月期		97年3月期	
	投資効率	借入利率	投資効率	借入利率
三菱商事	4.0	4.9	3.3	2.0
三井物産	2.3	4.6	4.0	2.3
伊藤忠	2.2	6.1	2.6	2.6
丸紅	1.5	5.1	1.5	2.2
住友商事	2.0	4.5	2.7	2.0
日商岩井	2.3	5.4	1.7	2.7
トーメン	1.1	6.0	1.8	2.5
ニチメン	0.9	5.3	1.3	1.8
兼松	1.1	6.0	1.5	3.3

注：1．投資効率＝受取配当金／有価証券＋関係会社株式＋出資金
　　2．借入には社債・割引手形を含む
出所：表3に同じ

少なくとも借入利率程度の利益を生まなければ意味がない。言い換えれば、営業利益はほぼネットの利益であるのに対して、配当金はそのままでは資金コストを負担しないグロスの収入を意味する。端的にいえば受取配当金が増えるのは、何よりもそれだけ多くの資金を投下した結果である。従って、それが本当に利益をもたらしたかどうかは資金効率の面から検討してみる必要がある。

　ここでもう一度表6をみれば、商社の投資の利回りは、上場会社の株価をもとに算出した単純利回りに比べるとかなり高い。それは後でみるように関係会社への投資の利回りが高いことによる。しかし実は投資の利回りをそのような単純な表面利回りによって論じてみても、実態からは程遠いのである。

3　繰り返される投資の償却と益出し

　商社の投資効率の計算には大きな問題がある。表6における投資効率の計算の分母は、貸借対照表における有価証券（一時的所有とされるもの、大企業を中心とする上場企業の株式）と投資（流動性がないもの）および関係会社株式（他に若干の関係会社への出資金）からなるが、これらの投資採算の実態は、表面的な利回りとはかなり異なったものになっている。

　有価証券に属するものについては、大手商社ではかなりの含み益がある。しかもこれまでにすでに多額の益出しを行ってきた。すなわち古くから持ってい

表7　商社の投資関連償却と益出し

(93/3～97/3の5年間の合計、億円)

	関係会社整理等損	投資有価証券売却、評価損	有価証券売却益（評価損差引）	有価証券含み益（97年3月末）
三菱商事	1,560	522	1,697	8,474
三井物産	854	429	949	4,298
伊藤忠	961	196	1,240	1,967
丸紅	1,098	417	1,477	1,813
住友商事	584	341	1,454	1,980
日商岩井	805	16	646	279
トーメン	358	20	339	17
ニチメン	427	20	586	9
兼松	309	48	286	-17
合計	6,956	2,009	8,675	18,820

出所：表3に同じ

　る株式は、時価の利回りは低くても十分な利回りを与えてくれたといえる。逆に益出しの結果、現在は利回りが低下したものが多いが、それでも取引関係を考えると採算に乗る可能性がある。さらに取引の利益を蓄積することも出来る。バランスシート上の額は低価法の評価によって時価が下がれば下げ、評価損を出して取引の利益と相殺し、その後に株価が高くなれば含み益がつくられる。

　投資に属するものは、もともと長期の採算ないしは取引メリットをもとに投資をしているから、高い配当利回りが生まれるのは一部の特殊な成功例に限られる。

　関係会社への投資については、後で検討するが、貸借対照表に計上されている金額は、失敗した投資を償却したり、評価を下げたりした結果である。

　以上のように商社の投資の利回りは、益出しと償却の繰り返しの結果を示している。関係会社に対しては、債権放棄などのかたちで支援している例も多い。ともあれ投資関連のバランスシート調整がどの程度の金額規模になるかをまとめてみると表7のようになる。各社ごとに状況の違いはあるが、大まかにみれば関係会社と投資勘定の損を有価証券の益出しで埋めてきたといえる。

III 商社経営における投資、与信と関係会社の地位

1 資金力に依存する商社経営

　商社の経営の中で、自己の採算によりリスクを負って取引するというタイプのものはリスク回避の必要性から重要性が低下してきた。

　他方金融機能を利用する場合も単にプロジェクトへの参加や提携では、相手の戦略に影響されるから、より主体的に自身の意志を貫ける取り組みへと重点を移す必要を感じたといえる。そこで戦略的にみて重要な業態や地域に自己の支配下にある拠点企業を設けることになった。これが関係会社である（なお支店にも地域拠点の役割があることはいうまでもないが、ここでは商社本体の組織の問題は検討しない）。例えば、商社の販売力を補強するために特約店を系列化し、あるいは鉄鋼の加工センターを経営するといったことが挙げられる。三菱商事の食品部門についていえば、多数の関連メーカーに資本参加するだけでなく、より戦略的に重要な菱食という強い食品問屋をもつことによってこの分野での取引の流れに食い込むことができる。このようにしていわば支配型の投資をすることが商社の行動パターンのひとつの特徴になった。

　その場合でも、上記の例は従来の商社の商権を補強する投資であり、そこでは取引の形成、維持が主眼になっているが、商社が新たに投資して進出を策する分野、あるいは投資を大きく追加しようとする分野には、従来の取引とは関係のないものもある。つまりその事業が事業そのものとして魅力があるから、そこに投資メリットを求めるというものである。これを多角化という観点からみれば、従来のビジネスと関連のない非関連多角化である。

2 投資と配当収入における関係会社の比率の上昇

　さて表8によれば全体として商社の投資が関係会社に集中してきたことは確かである。それは上場大企業や銀行への投資額が減少しているのに対して、関係会社への投資は増えているからである。前者（有価証券に計上）の額が減っているのは、ひとつには株価の下落によってその評価額が減ったことによる。

同時にこれらを売って利益を出したことも大きい。益出しのための売却のあと買い戻して1株当たりの単価が）上昇したものも多いが、そうした増加を打ち消して、減少圧力が加わってきている。それにはいわゆる持ち合い解消による減少もあるであろう。商社の場合、主要な相手との間で持ち株をゼロにする例は少ないから、持ち株の放出を直ちに持ち合いの崩壊と呼ぶべきか問題はあるが、従来の持ち合い関係を見直す動きがあることは確かだろう。

　これに対して、流動性のない事業投資と、関係会社への投資は増えている。94年3月期まで投資の項目に減少がみられるのは、バブル期に行った利殖目的の外国債券などへの投資が減少しているからで、固定的な事業投資（合弁による大規模な投資など）は、ほぼ一貫して増えている。また関係会社への投資はさらに明確な増加趨勢を堅持している。

　商社の関係会社といっても文字通り千差万別であるが、関係会社への投資については、多額の整理損が計上されているにも拘わらず、これを補って余りある新規投資が行われてきたからこそ、このような投資残高の増加がみられるのである。それでは関係会社への投資（およびそれ以外の海外投資）はどのような伸びを示しているかというと、海外現地法人の伸びは相対的に小さく、事業投資がより大きく伸びる傾向がうかがえる。商社は内外で新たな事業機会を求めて投資しているといえる（表9）。

　次に、配当収入における関係会社からの配当の比率をみると、三菱商事以外ではこれが65％を超えている。また国内と海外の比率をみると海外の方が高い（表10、11）。特に97年3月期にそれが高まっているが、これは現地法人からの配当を増やしたことが大きな要因である。こうして関係会社からの配当の利回

表8　大手9商社（合計）の投資動向（残高）

（単位：億円）

	有価証券	投　資	関係会社株式	関係会社出資金	合　計	資産合計の指数
93/3	29,366	12,714	21,364	1,152	64,596	100.0
94/3	26,986	10,439	22,214	1,311	60,950	91.4
95/3	26,030	10,668	23,035	1,423	61,156	89.4
96/3	26,552	12,706	23,701	1,656	63,985	88.8
97/3	23,924	13,261	25,175	1,913	64,273	84.7

出所：表3に同じ。ただし原資料には9社の各社別と平均が記載されている。

表9　大手9商社の関係会社等への投資動向（合計）

(単位：億円)

	国内関係会社	海外関係会社 海外現地法人	海外関係会社 その他特定	海外一般事業	海外合計
93/3	5,560	7,626	8,604	2,411	19,509
94/3	6,092	7,787	8,781	2,458	20,135
95/3	6,372	7,924	9,088	2,507	20,747
96/3	6,754	8,143	9,289	3,507	22,298
97/3	7,166	8,341	10,588	3,859	24,431

注：海外関係会社のうち、その他特定とは、現地法人以外で株式の銘柄が特定できるものをいう。それ以外の特定できない海外関係会社の件数は多いが、金額的にはごく一部である
出所：表3に同じ。

表10　主要商社の関係会社投資効率の検討（97年3月期）

(単位：億円)

	関係会社からの受取配当金(A)	受取配当総額(B)	依存度(A)/(B)(%)	関係会社株式簿価(C)	同左取得額(D)	利回り (A)/(C)(%)	利回り (A)/(D)(%)	関係会社整理損等
三菱商事	242	439	55	5,237	5,896	4.6	4.1	426
三井物産	299	393	76	5,066	5,348	5.9	5.6	399
伊藤忠	179	258	69	3,680	3,890	4.9	4.6	113
丸紅	91	137	66	3,215	3,468	2.8	2.6	45
住友商事	158	214	74	2,877	3,024	5.5	5.2	143
日商岩井	77	116	66	2,234	2,260	3.4	3.4	52

注：関係会社整理損等の範囲は表8と異なっている場合がある。
出所：各社有価証券報告書。

表11　各商社受取配当金とその内外内訳

(単位：億円)

	93年3月期 国内	93年3月期 海外	93年3月期 合計	97年3月期 国内	97年3月期 海外	97年3月期 合計
三菱商事	144	322	466	122	317	439
三井物産	98	146	244	86	307	393
伊藤忠	81	139	220	95	163	258
丸紅	83	57	140	61	76	137
住友商事	74	58	132	91	123	214
日商岩井	90	80	170	35	81	116
トーメン	18	17	35	17	36	53
ニチメン	21	16	37	16	29	45
兼松	12	7	19	9	16	25

出所：表4に同じ

りは4〜5％になっている商社が多い。しかし、このことから関係会社への投資が全体としてペイしているかというと、問題がある。それは関係会社整理損が配当収入と同じくらい大きいからである（表10）。

IV　商社グループとしての経営と本社の役割

1　商社の投資指向の背景と問題点

　商社の投資への依存姿勢はすでに定着してきたというべきであろう。すでに売上総利益の伸びに期待するよりは、投資の成果に期待するという風潮が商社には強くなっているようである。しかし、これまでの検討によれば、商社の投資の実態は、投資からの配当の再投資というかたちで拡大していける状態にはなっていない。

　それでも投資に執着するのには、子会社の上場による創業者利益への期待や、配当収入に対する税制上の優遇などの要因もあるであろう。しかし、同時に、新規投資の中には、既存のビジネスにはない発展の可能性があるという思い込みがあると思われる。その場合、確かに現在の世界の経済は、かつてのようにモノの取引が盛んに伸びる状況にはない。金融やサービスあるいは情報・通信分野、福祉、環境保全などビジネスの様相が変化している。規制緩和がビジネスに結び付くことも多い。

　従って、これらに果敢に挑戦する意欲と行動が商社に求められている。通信や放送の分野で商社が示した積極性はすでに消すことの出来ない足跡を残している。

　そうした状況を認めた上でなお、あえて指摘しなければならないのは、現在のビジネス環境のなかで商社が行う投資は、十分な競争力をもっているのかどうかということである。伝統的に商社が行ってきた資源開発への参加や、素材取引関連の加工業への投資、あるいは資材や機器などの流通そのものへの投資などは、うまくいけば投資から取引を生み、また投資そのものが配当を生む可能性があるが、商社が80年代から重視してきた川下、サービス、レジャーといった分野で商社は、投資を成功させたといえるのだろうか。通信、放送の分野ではプレゼンスは大きいが、これらが主要な収益源になるには、うまくいくとしても、まだ時間がかかりそうである。

　つまり投資といっても実は伝統的な商社のビジネスに関連ないし付帯する分

野で、資金を投下して取引に加わるという従来型のパターンのものが、商社の利益を支えるという事情は差し当たりあまり変化しないのではないかと思われる。

2　商社経営における企業グループ化の理念は何か

　商社経営における関係会社などへの投資の拡大傾向は逆戻りの出来ない趨勢になっているが、それによって生まれる商社のグループがどのような理念の下で管理、運営されようとしているのか、あまり明確な方向はみえてこない。

　問題のひとつは商社の本質は何かということである。

　近年商社にはその本質を総合的な事業会社というように捉える傾向があるが、それだけでは意味がはっきりしない。商社の本業は何かが問われている。例えば、販売力の強化というような古くて新しいテーマを地道に実践する気風を育てないと商社の機能を評価してもらうことは難しいのではなかろうか。

　もうひとつ重要なことは関係会社に対する基本方針である。

　関係会社は育成し、自立させた上でグループ化していくのか、さらにはグループという場合に取引関係や持株関係をどうするのか。最終的には取引も持ち株もなくてもよい、ただ創業者利益さえ得られればよいという考え方もあろう。あるいは逆に関係会社は本体の企業の業務に奉仕させることを主眼にするという考え方もありうる。日本では子会社を育成し、自立させるという考え方が強いが、徹底した株主本位の考え方をとれば、子会社は要するに本体の企業の株主のためにあることになる。この問題は一部に取りざたされている商社の持株会社化というような場合においても、その理念が問われる重要な問題である。

第12章
総合商社の経営改革と戦略思想の分化

　総合商社（以下単に商社ということが多い）は、日本経済の高度成長期に一定の発展を記録したが、産業構造の変化とともに成長の限界に直面した。そこで一方では新たな事業機会を求めて新規事業などへの投資を行いつつ、コストの削減、経営再編などに努力してきた。その取り組みはまだ終わったわけではないが、上位商社では一応経営の安定にこぎつけたといえる。この段階での各社の経営戦略をみると、その考え方にかなり顕著な違いがある。このことは、今後の商社の発展過程の多様性を示唆するとともに、商社の本質についても多面的な検討が要ることを物語る。本章は商社の経営改革への取り組みを概観しながら、戦略の重点が商社ごとに分かれる状況と要因を分析しようとするものである（2000年頃の状況を捉えている）。

I　総合商社における発展制約要因の顕在化と対応

1　商社経営の本質と発展の制約要因
　商社は戦後、かつての両雄三井物産（以下物産という）と三菱商事（以下商事という）の解散、再編という苦難を経験しながらも、高度成長期とくにその前半の時期に、目覚ましい発展をとげた。それは戦後復興という特異な状況のなかでモノを扱う商社に経営のメリットが与えられたこと、貿易とくに輸出増進を図ろうとする日本政府が商社の海外市場開拓力を評価し、支援していたこ

と、その場合の主な輸出品が繊維や鉄鋼などの素材、あるいは船舶、プラントなどの重機械あるいは肥料その他の化学品など主に産業財で商社の扱いなれたものだったことなどによる。併せて日本の輸入も原料中心であったから、これを納入する相手の企業との関係が深い商社が有利であった。

このように、商社がメーカーとの取引関係を基礎に置きながらビジネスを行っている場合に、その関係あるいはそれによってできているビジネスを、商社では商権と呼んで重視している。つまり優良な商権を多くもっている商社は、そうでない商社より経営的に優位に立つことができる。そこで商社の発展はとりも直さず商権の確保と伸長によって可能となる。このような商社の特質を捉えて私は、「商社は商権によって成り立つ」ないし「商社とは商権の集合である」と主張した。[1] これは商社の本質を、その行う取引から捉えることを当然視し、取引こそが商社の経営の基盤であることを前提とした議論である。そしてこのことは現在でも基本的には変わっていないと考えるが、商社に関する種々の状況は変化してきた。

何よりも大きいのは商社の売上高が減っていることである。この減少度合いは特に近年激しいものがある（表1）。これには後で述べるように、多様な要因があるのでこれを額面通りにみてはならないこと、他方実際売上高が構造的に減少すれば商社経営の危機に繋がる点でまさに商権の重要性を物語ることなど、その意味するところは単純ではないが、利益を伴う売上が伸びないという現実が、商社の戦略に影響したことは確かである。

それではなぜ商社の売上高は伸びなくなったか。かつて計数の操作に近い人為的要因により売上を増やしていたことの反動[2]という要因を除いて実体からみていくと、そこには大きくふたつの要因がある。ひとつは経済産業構造の変化であり、もうひとつは日本経済の規模の縮小である。

第1の要因としての経済産業構造の変化に関しては、商社が新しい時代の変化に適応できず、乗り遅れたといわれることが多いが[3]、これはかなり一方的な見方である。商社には商社に適した事業分野があるわけで、成長する商品のすべてを商社が扱ってはいないことをもって、変化への不適応というべきでは

第12章　総合商社の経営改革と戦略思想の分化

表1　総合商社各社売上高等の推移

(単独売上高)　　　　　　　　　　　　　　　　　　　　　　　　　　　　　　(10億円)

	三井物産	三菱商事	伊藤忠商事	住友商事	丸紅	日商岩井	トーメン	ニチメン
91.3月期	18,234	17,421	20,596	19,213	19,016	13,343	6,768	6,185
96.3	15,182	13,496	15,492	14,389	14,659	8,689	6,019	4,551
01.3	10,219	10,927	9,857	9,001	8,154	4,515	2,017	1,753
02.3（予想）	10,500	10,300	9,000	9,000	7,000	4,000	2,000	1,500
(連結売上高)								
01.3	13,048	13,995	12,000	10,101	9,000	6,474	2,517	2,500
(単独営業総利益)								
91.3	274	301	230	213	218	142	93	70
01.3	227	217	154	173	153	87	45	43

出所：『日経会社情報』「ブレーンズ」誌各年版

なかろう。リース業、情報サービス業、放送通信業などの分野では商社はかなりのプレゼンスを示している。ただ製造業が流通を内部化するような場合（家電、自動車、医薬品、化粧品、一部の食品など）商社は排除され、しかもそのような産業の収益性が高かったので、商社の業績は見劣りすることになった。また商社の得意分野の成長力が80年代から鈍ってきたことが、商社の業績に影響したことは確かである。これは商社が成長産業の代表ではなくて日本の産業全体の縮図であることを意味する。

　第2の要因として日本経済の規模を、鉱工業生産と卸売物価指数からみると、90年代には停滞から縮小への道を歩んでいる。商社は必ずしも日本経済に依存しなくても海外での活動の余地がある、ということが一応はいえるが、実際には商社の業績は国内経済動向に左右される度合いが高い。そして経済規模の縮小に加えて、競争激化に伴う口銭率引き下げの動きが起こってきたことも、商社の経営に困難をもたらした。

　このような売上や利益の減少に対する最も的確な打開策は、国内の成長部門と海外における新規市場を相手に新たな商権をつくることで、そういう努力は行われたのではあるが、容易ではなかった。それは国内の成長部門の多くが商社の伝統的事業分野と異質であること、および海外での販売が相手国の自国企業中心主義などにより阻まれがちであることによる。同時に商社の側にも問題があった。商社は一方で低収益でもよいから売上を増やすという方向で売上高

競争を行ったために販売力強化に立ち遅れ、他方そのことを棚に上げて取引に利益が伴わないことに不満を募らせて、取引以外の方法で利益を確保しようとしたのである。

2 商社の投資重視論と情報通信産業への進出

　商社はリスクを取らない仲介取引が利益率低下の原因だと捉え、リスクを取ることが収益確保の条件になるという認識のもとに、投資重視論を展開するようになってきた。このことは、売上高競争がもたらした矛盾に気づいたという点では一定の意味がある。だが問題は複雑である。

　商社は自身の販売力の限界と人件費などのコスト高のために、正常なかたちの仕入れと販売（一般的にいえば一次販売店として、代金回収のリスクだけを負う取引）を思うように増やすことができなかった。そのため名目的な売上高の増加に走り、結果的に売上高利益率の大幅な低下を招いたのである。そのような売上高競争のなかで、清算取引のような実需を伴わない取引を膨らませ、その過程で結果的に本来禁じられていた過度の投機に陥った例が住友商事の銅事件であった。商社としては利益が薄いからといって、単にリスクを負った取引をすればよいというわけではない。

　ともあれ取引からの利益の限界を意識して商社は取引から投資へと視点を転換したとみられるが、商社は投資に何を求めたのであろうか。商社にとって取引か投資かという選択が戦略的課題になりうるかどうかは微妙だが、商社が投資重視を打ち出した要因としては、投資を伴うことなしには成長可能な新規産業への参入ができないという状況がある。またそれらの新規産業の多くがサービス業であるために、これに投資しても売上増加への期待は相対的に小さくならざるをえないことが、従来の取引本位の考え方の修正を迫ったという事情がある。

　実際の商社の投資には、取引を補強するものが多いのであるが、それら以外の分野にも積極的に投資するという姿勢が、投資重視論を通じて表明され、その具体的な例としてクローズアップされてきたのが、情報通信産業に対する投資であった。情報通信産業に対する投資は、その産業からの利益という点では

実効がなかなか上がらないため、商社の収益力の改善に対する貢献はまだそれほど大きくはない。ただ近年資本市場において、将来の収益見込みの高い企業への投資を前倒しで評価する傾向が現れたことによって、状況がある程度変化している。

3 営業部門の独立経営と社内資本金制度などの採用

　商社が発展の限界を打破し、利益を増やすために採用した手段のひとつが、組織面からのインセンティブの付与であった。商社の営業部門はもともと、取引を通じて利益を上げることを目的に組織されていて、そこでは販売与信などのかたちで金融機能を果たしているから、必要な資金の使用が認められなければならない。ただ従来その資金は本社のもとに集中されて、営業部門は決算期ごとに本社との間で資金の貸借関係をもち、使用資金に対しては社内金利を払うことになっていた。言い換えれば営業部門は自身が稼ぎ出した利益を留保することができずに、常にゼロベースで金利のついた資金を使って採算をとることを求められた。そこでこういう体制では、全社的観点からみて必要な投資が行われない可能性があることから（差し当たり利益の出ない投資をすると営業部門の損益が悪化する）、営業部門の単位を大きなグループごとの組織にし、その長に権限を与えて大規模な投資に対応させ、あるいは全社的開発部門を設置し、また投資の本社負担や補助の制度をつくったりして投資への対応をしてきたのであるが、それでも営業部門が投資を通じて収益力を高めるというインセンティブは十分には生まれない恐れがあった。

　そこで営業部門を取引と投資の主体にしたうえで自立させることを目指して採用されたのが、社内資本金制度であった。もっとも営業部門に、ある程度利益の留保を認める制度はその前から各社にあり、例えば物産では88年10月に「社内損益積立金制度」を導入している。その考え方を推し進めて、営業組織の大きなグループ単位ごとに、バランスシートを意識しつつ、自律的な経営を行わせようとしたのが、社内資本金制度（94年に住友商事＝住商、95年4月に商事が採用）や、ディビジョンカンパニー制度（97年4月に伊藤忠商事が採

表2　大手商社の社内資本金制度と損益積立金制度

(99年現在)

社名・項目	制度名	導入時期	適用組織	内容・特徴
三菱商事	社内資本金制度	95/4	グループ	・約4000億円を分配。税引後利益の5割を積立てる。
	グループ期待収益	99/4	〃	・単体社内資本コストを算出し、期待収益とする。
伊藤忠商事	社内資本金制度	97/4	Div.Co.	・約2500億円を分配。①社内配当制度　②剰余金制度　③業績評価制度がある。
丸紅	社内資本金制度	99/4	本部	・約2600億円を分配。連結ベースが特徴。
	社内剰余金制度	90/4	〃	・税引後利益の50％を積立（赤字も50％）。
住友商事	社内資本金制度	94/10	本部	・1000億円を分配。国内支社店にも分配した。
	損益積立金制度	〃	〃	・税引後利益の黒字25％、赤字50％を積立てる。
三井物産	社内損益積立金制度	88/10	本部	・年2回実施。黒字50％、赤字100％を積立てる。
ニチメン	損益積立金制度	96/4	本部	・純利益の25％を積立（赤字も25％）てる。
日商岩井	社内損益積立金制度	95/4	本部	・純利益の黒25％、赤字50％を積立てる。

(出所)「ブレーンズ」誌　No.1346、99年10月27日

用）である。これらの制度には、単にインセンティブを付与するだけでなく、コスト意識を高める狙いもあるが、そこには商社が投資主体として機能するという状況が反映されている（制度の概要については表2参照）。

なお商社が利益重視の経営を推進するうえで、人事制度における成果主義の採用も行われたが、説明を省く。

II　商社における経営改革の諸側面

1　バブル崩壊以後の経営危機とリストラ、再生策の展開

1990年頃商社は日本経済のバブル的膨張の下で高収益を取り戻し、80年代に計画されていた合理化の取り組みをなおざりにしていたが、バブル崩壊とともに状況は一変した。そのことは商社経営の利益率の低さやリスクの大きさを改めて認識させることになった。日本の企業は全体として利益率の低下傾向に悩み、そこには売上重視、利益軽視という共通の傾向があるとされたが、その中で商社は日本企業のもつ経営的な弱さの代表ともいえる体質をもつとみなされ

ることになった。

　商社はもともと自身の経営の問題点が収益性の低さにあることを強く意識していたから、目標として利益重視を掲げることは格別新しいことではない。しかし事業環境が厳しく、利益の回復が困難で、しかもアジア経済危機などでリスクが顕在化する状況のなかで、一定の利益を確保できるような経営体質を備えていない場合には、株価の下落や格付けの引き下げなどを通じて、一挙に経営危機に陥るかもしれないという切迫した問題意識が生まれることになった。このような危機意識が強くなったのは97〜98年のことで、それは山一証券の倒産や日本長期信用銀行（当時）の経営危機が日本経済を大きな不安に陥れていたことと関係がある。商社は前記Ⅰ-3に示した収益改善策と併せて、リストラを通じて経営の基礎を固めるべく、人員および有利子負債の削減、関係会社の整理などに取り組んだ。

　リストラといえば人員の削減が課題となる。とくに商社では賃金が高い上に、中高年の比率が高くなっているので、人件費の負担が利益を圧迫する。そこで早期退職の優遇措置や転職の支援などを通じて中高年の職員を減らすことが、各社の人員対策の中心になってきたが、同時に不況期には新規採用を控え、またとくに女性事務職の採用はしないことによって総人員数を抑えてきた。その結果2001年3月段階で、総人員は概ね物産、商事は7,000人、伊藤忠、住商、丸紅は5,000人の水準に落ちついた。

　この水準は各社のピークの人員数からみると2,000〜3,000人の大幅な減少であるが、人員の削減が比較的長い年月をかけて行われたことと、その間にいわゆる商社マンないしその補助者としての事務職員の業務が変化してきたことが特徴として指摘できる。すなわち商社マンは単なるセールスマンではなくて、ビジネスマンとして顧客の各種の要求に応えるような能力を求められ、また取引関係の事務はコンピューター化されたり、子会社に移されたりして単純な事務処理労働が少なくなり、その結果補助的業務でも相対的に高度な情報収集・分析などの能力、あるいは外国語の能力が求められるようになった。つまり商社の人員数の減少は単なる量的な変化ではなく、質的な変化を伴っているといえる。

なお商社各社が人員の減少を図ってきた最近数年において、物産だけはそれを意図していなかった。これは同社がより早い時期に人員の削減をし終わっていたことと、後述するように商社本体によるビジネスの維持に執着していることを反映するものである。

　商社が課題としたもうひとつの大きなテーマが借入金、広くは有利子負債の削減である。商社はもともと金融機能をもち、時には銀行に代わる与信活動によって取引の円滑な遂行を支えてきたという面があるので、巨額の借入れは商社の資金力の象徴でもあったのだが、とくに外国のアナリストなどから、多額の資金を使いながら効率的な経営をしていないという批判が強くなった。同時に借入れの利子負担を減らして金融収支を改善することが、商社が収益力を回復するうえで必須の条件とみられた。そこで商社は不良債権の整理や資産の売却を通じて債務の圧縮に努めるようになり、とりわけ90年代の終わりにその勢いを強めた。

　表3によって各社の借入れないし負債の推移をみると、90年代後半にかなり急ピッチで借入金の減少が進んだことがわかる。中でも商事と伊藤忠の減少が著しい。このうち商事はその後減少テンポが緩んでいるが、伊藤忠は削減スピードを加速させている。これは00年3月期に巨額の特別損失を計上して大幅なリストラを行ったことを反映しており、同社の経営姿勢に対する評価が相対的に高いひとつの理由がここにある。なお下位商社は経営危機に陥って、いわば強制的に債務の削減を迫られた。これについては別に述べる。

　収益力の向上と債務の削減のために求められたことのひとつは関係会社の整理であった。商社の関係会社（子会社と持分法適用会社の合計）の数をみると、ピークは概ね97〜98年で、伊藤忠の場合は98年3月期に合計1,092社を数え、物産が905社、それ以外の大手商社は600〜700社であった。そして伊藤忠ではその数を01年3月には640社に激減させ、減少幅の大きさが目立っている。その他の商社でも数が減ったものが多いが、IT関連などで新設した会社がかなりあることも影響して、商事は2000年度には関係会社を増加させた。

表3 商社借入金・有利子負債の推移

(億円)

	単独借入金			単独有利子負債		連結有利子負債	
	1995年3月	1998年3月	2000年3月	2000年3月	2001年3月	2000年3月	2001年3月
三菱商事	33,020	27,247	21,652	26,582	26,518	45,800	45,110
三井物産	27,246	22,905	19,226	23,068	22,003	35,959	35,866
伊藤忠商事	25,421	24,212	16,433	21,753	17,329	41,282	31,319
住友商事	17,527	18,039	16,635	18,023	17,736	24,670	26,147
丸紅	20,948	17,412	14,727	19,847	18,910	37,770	35,053
日商岩井	18,694	17,682	15,853	17,036	14,379	28,744	24,793
トーメン	10,572	11,027	8,656	8,956	8,156	12,669	11,560
ニチメン	10,922	8,598	7,247	8,348	8,694	12,419	12,257
兼松	7,148	5,918	3,669	不詳		6,295	5,288

(出所)『日経会社情報』各年版から抜粋した。

2 下位商社における厳しい経営再建策の実施

　バブルの後遺症などもあって経営悪化の度合いがひどくなった商社の場合、リストラへの要請は厳しく、商社の本質にかかわる大きな変化が起こった。まず兼松の場合は、東京三菱銀行を中心に、1,700億円の債務免除を受け、人員を3分の1に減らす（実際には99年3月の1,938名が01年3月には565名になった）という荒療治と併せて事業分野を電子、食料の2部門に集約して総合商社の看板を下ろし、専門商社になるといわれた。ただし01年3月期の売上構成は多くの部門から成り、ミニ総合商社の体を示している。

　トーメンの場合も株価下落に促されるかたちで再建策を検討していたが、自力再建ができなくなって00年3月期に東海銀行を中心に2190億円の債権放棄を受け、豊田通商からの資本を受け入れ、営業部門の選別を行って、分社化と縮小、売却、撤退などを行った。例えば貴金属部門は住商へ、残りの金属部門は豊田通商に移った。トーメンの人員は99年3月の2,397名が01年3月には975名になった。

　もう1社日商岩井は債務免除を受けなかったものの、三和銀行、第一勧銀など取引銀行に資金確保を依頼し、経営陣を受け入れて、大幅人員整理、不採算事業からの撤退、ドラスチックな分社化を行った。とくに情報通信部門は本社機構を含めてすべて分社化した。同社ではこれを社外カンパニーとして、社内

のカンパニーと同列に扱っている。

　経営難に陥った下位商社のリストラはコスト削減効果による損益の改善を果たしたものの、成長要因を生み出せるか確かではない。選択と集中という戦略は、それだけで直ちに優位性獲得をもたらすとは言い切れず、選択された部門で中期的に競争に打ち勝つ力がなければ縮小から消滅への可能性もあるといえる[4]（日商岩井とニチメンは合併して双日となり、トーメンは豊田通商に吸収された）。

3　コーポレート・ガバナンスと経営機関の問題

　日本企業の業績が90年代に入って長期に亘る低迷を続けたことに対しては各種の批判がなされたが、根源的な批判として日本的なコーポレート・ガバナンスの構造に原因があるという見解があった。それは業績低迷の原因が外的な事業環境にあるというよりは、日本企業の経営のあり方そのものにあるとみることにより、経営の支配構造を問題にした。そしてこのような批判のほとんどはアメリカ的なガバナンスが合理的、効率的であるという立場をとり、その本質を株主本位の経営として捉えている。[5]

　アメリカ的なコーポレート・ガバナンスの押し付けに対しては経営者に抵抗もあるが、日本企業の経営に対して現実に影響しつつあるのは経営機関の改革である。これは決定機関としての取締役会のメンバーと決定の執行責任者とを分けること、また決定機関である取締役会に社外重役を加えるべきこと、などの主張をとりいれるもので、執行役員制度の採用（商社では伊藤忠や商事をはじめ各社にひろがった）や社外取締役に有力な外部の人材を迎え入れることなどが多くの企業で実行されている。

　ただしそれらの効果が現実の経営の上にどれだけ現れているかは定かではなく、こうした改革に対する各企業の態度には温度差がある。これまでも、会社の重要な決定は、実質的に経営会議などにおいて幹部経営者によって行われていたから、改革はこれを衣替えしただけだともいわれ、また社外取締役に何を期待するかはっきりしないまま、単に名目的に就任させたというケースが少な

くない。

とはいえ、いわば議論が先行したかたちのコーポレート・ガバナンス改革は、商法改正や銀行の保有株式制限などの制度改革の実現によって、実体的な機能の改革に発展して行く萌芽を産み出しつつある。

4　改革の進展と大手商社経営の積極化

以上のようにして経営改革を重ねてきた商社は、人員面ではほぼ削減の限界に達したといえる。01年度に入って赤字事業の見直しと保有株式の含み損処理などのためのリストラ損を2,000億円計上することにした丸紅の場合も、人員は現状（総人員約5,000人）以上には削減しないという。商社の場合社員のコストは高いが、同時に人員が利益の源泉でもあるという認識がある。商社の人員の配置面では投資に伴う出向も増えてはいるが、本体人員は商権をベースに適正化を図ることが基本になるから、適正人員数を下回れば商権が維持できなくなる恐れがある。

こうしてほぼ商権に見合った人員になった商社は、総じて経営態度を積極化させている。01年9月のアメリカにおける同時多発テロ以降のアメリカをはじめとする世界的な不況は商社の経営に再び困難を加える要因ではあるが、すでに体制を整備した商社には経営方針の大きな転換は起こっていない。

それでは経営における積極性は具体的にどこに示されているかというと、代表的なものには商事が01年度からスタートさせた成長戦略、すなわちMC2003という3年計画がある。これにはポートフォリオ戦略、ドットコマース戦略、R&D戦略があるというが、組織面では00年度から「新機能グループ」という事業グループを発足させている。これに属する事業は、商品の種類ではなくサービスの面から捉えられ、そこにはIT、eコマース、金融事業、コンシューマー事業、物流サービス、ヘルスケアその他が含まれている。

商事とはやや形態は違うが物産も新組織「バリュー・クリエーション・ハブ」を設置した（01年9月11日発表）。この組織はIT、物流、金融などの機能を通じて営業部門と横断的に協力しつつ、自身でも独自の事業を行うという。

その他各商社それぞれ経営計画などを通じて同様に事業展開の積極面を強調している。その他象徴的な動きを少しだけ挙げると、伊藤忠では01年3月に子会社伊藤忠食品を東証一部に上場した。日商岩井、住商はそれぞれ01年春に新社屋に移転している。

さて以上では商社経営の大きな流れを捉えて、改革の進展状況を確認しようとしたが、もうひとつ見逃せないのは、ここにきて商社ごとの経営思想に違いが看取されることである。それはどのような違いで、違いが生まれた要因はどこにあるのだろうか。

III 商社の経営戦略における考え方の分岐点

1 事業投資への傾斜をどう位置付けるか

利益率の低下に悩むようになった商社が、投資によって利益の回復を図りたいと考えていることは前述したが、投資重視は従来からの取引重視と対立することなのであろうか。そうではなく、取引機会の創出に投資がいっそう必要な状況となったことが商社のひとつの現実であり、さらに取引にこだわらずに投資することにより投資機会を広げたいと考えるようになったことがもうひとつの現実だとみられる。

商社が80年代後半以降に、投資重視を打ち出した（すなわち自身を国際総合企業とか総合事業会社と呼んだ）のは、必ずしも取引よりは投資という二者択一ではなかったはずで、そのことは実際に取引と投資が並行する例が多いことからみて当然である。ところが90年代に入ってますます取引に伴う口銭収入が伸び悩んだことから、商社内部および商社関係のジャーナリズムに、投資重視への傾斜を示す言説がにわかに強まっていった。そしてそのような議論の根拠となったのが、商社の受取配当収入の大きさであった。確かに商社の営業利益と受取配当を比べると、後者の方が大きいというような状況が、大手商社に現れた。この場合にも、実は受取配当金の多くが海外現地法人からのものであるというように、それは取引と不可分のものだったのだが、[6] その点は深くは論

じられず、商社幹部の間にも、商社の収入源として、取引の利益と配当などの利益を並列して捉える動きが生まれている。[7] また投資重視のひとつの要因は株式市場において創業者利益を回収する機会が増え、これが容易になったことにある。

そこで商社の投資も、それに伴う収入も多様になったとみる場合に、それをどう位置付けるかが問題である。投資の多様化によって、あたかも商社が投資会社あるいは持株会社として、それだけで存立できると考える、あるいは少なくともそういう方向に向かうと考えるのかどうかということである。この点についての各商社の認識は分かれているようにみえるが、これまでの商社の現実は投資に伴う整理損などを取引の利益によって償却する必要があった。商社の実態はまだ投資収益の蓄積から新たな投資を累積させていけるほどの自立的な投資家にはなりえてない。[8]

商社の行う投資への視点として重要なことは、商社を中心とする強い企業間結合（関係会社）と少数持ち株による弱いグループ関係（これまでは有価証券所有とされてきたが、現在は投資勘定になっている相手）とがあり、それらの中で取引への関与があるものとないものが生まれるという全体像を直視することである。そこには同時に利益とリスクの可能性が含まれる。リスクを負わなければ利益は得られないという言説は間違ってはいないが、そのことだけを強調して投資に走ることは危険であり、そのことは多くの商社が現在リスク管理に腐心していることから容易に理解できる。

2　選択と集中か総合化か

総合商社のように、業態として総合性を掲げた企業は、収益力の劣る部門を捨て切れないために、本来企業が目指すべき利益本位の経営ができないという批判が近年盛んに行われ、「選択と集中」すなわち事業分野を得意な分野に限定して、そこに経営資源を集中せよという主張が重んじられるようになった。ただし総合商社は専門商社とは違って極端な集中はできないことから、そこでは総花的総合化ではなく戦略的総合化をせよという提言がなされている。[9]

もともと商社における総合化の意味に関しては、事業分野の多角化のほかに取引形態の多根性（国内、輸出、輸入など）、機能の多様性（取引、金融、情報など）があるとされているが、[10] 戦後総合化を目指した繊維商社の場合には、取引分野の大半が繊維であったから、総合化とは少しでも繊維の比率を下げていくという企業としての構造改革であり、重化学分野への挑戦でもあった。そしてこのことは戦後の日本産業の成長分野に焦点を当てることにもなったのであるが、早くから商社としての総合化を成し遂げていた物産や商事の場合は、戦後の解散と再編による出遅れはあったものの、再発足以後、総合化は課題ではなかった。そして現実にある企業の業態として総合性を選ぶということは全社的には安定性を選ぶということでもあった。つまり総合化というのは、単に成長分野だけに集中するのではなくて、現にある産業全体と広く関係をもち、その全体の変化に応じて商社も変化するという意味がある。

このことは総合商社にとって、一定の企業規模をもち、専門商社や問屋と違う地位を得て、多様な日本の代表的メーカーとの直接取引を維持しつつ金融や情報の機能を発揮するという特徴をもつ。これはそのような戦略グループの地位を選んだとみることができる。現在、そのような意味での商社の地位に存在理由を賭けるかのようにみえるのは物産で、同社は重点分野の選定というようなことも軽軽には行うべきでないという。また住商はコアビジネスという捉え方によって重点を決めるようにしているが、各部門それぞれにコアがあるといい、全体としては総合力を重視している。

これに対して商事は選択と集中を強く意識し、また変化への対応、成長戦略の推進に力を入れるという。そして商事が01年にポートフォリオ戦略の中で重点分野としているのは、エネルギー・資源、IPP（民間電力事業）やインフラ関連等のプロジェクト開発、食品流通などとなっている。この外にもドットコマース戦略、R&D戦略などの対象分野も挙げられているが、全体としてかなり特徴がはっきりしている。また同様に選択と集中を唱える伊藤忠の場合、その重点分野、地域として、「情報産業分野、生活・消費関連分野、資源開発分野、金融ビジネス分野及び北米地域」が挙げられている。

このようなビジネスの方向性の示し方によって、現実にどこまで異なる効果が生まれてくるのか必ずしもはっきりしない。それは社内での事業分野や新規投資先の選別の実務が絡んでくるからである。ただ各社の現実と関係させてみると、商社単体の部門別営業総利益において、物産は金属、機械情報および化学品において首位にある。他方商事は燃料と食料が首位で、伊藤忠は繊維で首位、住商は不動産に強い。物産は食料でも2位にあり、商社の伝統的な取引分野では他の追随を許さない。他方商事は各部門でそれぞれかなり強いが、首位にある燃料にはLNGが、食料には加工食品の流通が含まれていて、これらは相対的に新しい分野である。つまり商事は戦略的な対応により、新しい分野で優位に立ったという歴史がある。これに対して伊藤忠は、繊維以外の分野で、自社中心のグループ形成に努めたが、伝統的な他商社の地位を奪えなかった。これが、より新しい事業でのグループ形成に向かわせる要因であろう。住商は、不動産部門で一応安定した利益を期待し、リスクを抑えつつ後発の不利益を克服するため各部門で商権をつくろうとしてきた歴史がある。例えば最近日商岩井とLNG開発で提携し、いわば相手の投資権益とリスクを分担するかたちで後から進出しているのがそのひとつの例である。これは住商の場合通信衛星でもみられた方法である。

このように各社の戦略にはそれぞれの歴史が反映されているが、住商は物産と並んで、鉄鋼部門の本体からの切り離しは行わない方針で、これは商社の総合力に関する考え方と関係がありうる。そこでもうひとつのテーマである分社化の動きについてみていく。

3　本体か子会社か

最近商社が特定の営業部門を分離独立させてその取引を移管する例が増えている。最も大きなものは伊藤忠と丸紅が鉄鋼部門を統合して、伊藤忠丸紅鉄鋼株式会社を発足させた（01年10月）こと、および三菱商事と日商岩井が金属部門の統合を図る（02年10月目標）というものである（ただし三菱の場合、移るのは鉄鋼の製品だけだという）。これらの統合は規模の利益を追求しようとし

ている点で単なる分離だけの場合とは違うであろう。統合を伴う分離としては、三井物産と住商の建材部門や肥料部門にも同様の動きがある。

　商社が部分的な統合をかなりいろいろ行いはじめたのは、商社間の過当競争回避の必要やメーカー段階での統合などの要因があるが、それらを必要とさせた根本の原因は何か。一般的に商社の行う取引が、全体としての規模の縮小や口銭率の引き下げなどによって、収益性を低下させてきたために、従来のままの形態では維持し難い状況に陥っていることが挙げられる。

　それならば商社は収益性の低い取引から撤退すればよい、というのがひとつの答えであり、商社は相対的に大口の取引に特化して採算を維持するべきなのかもしれないが、一方にはメーカーが直接取引に乗り出す動きもあるので、商社が有利な取引を確保することは容易ではない。現実にはむしろ、より小口の取引にも関与する必要が出てくる。そこでより低いコストで流通機能を果たすために、商社が販売子会社を分離する例が増えているのである。

　商社が国内の小口取引を行うためにいわゆる内販会社を設ける例は早くからみられた。一頃内販会社の役割を評価されていた住商は1966年に物資、68年に化学品、69年に建設機械というように、早くから国内販売会社を設立しており、同様の動きは他の商社にもみられた。そしてこれらの販売会社は、小口の顧客に密着したサービスを行うために、いわば商社の手足となって働くことが期待されており、原則としていわゆる二次店の地位に置かれていた。それはひとつには商社の売上高競争の影響で、こうした会社の仕入れには商社が介在するようにしていたことによる。

　しかし、いよいよ連結会計が基本となってくると、商社本体と子会社との取引は内部取引になるから、あえてこれを計上してから消去する必要はない。そこで商社の商権を子会社に移管して、メーカーと内販会社が直接取引する場合が増えてきた。例えばプラスチックの販売については、子会社に任せる動きが広がっている。その場合商権移管により内販会社がメーカーから直接仕入れることができ、これまで商社本体の傘下にあった問屋を内販会社のもとにつける例もある。他方二次店の地位にあった内販会社が一次店であった商社の地位を

取り込んで、取引の段階をひとつ減らす場合も多い。これらの場合いずれも商権は広い意味では商社内部にあるにせよ、取引が商社本体を通らないものに変わった点では一種の商社中抜きが起こったことになる。

　それではこういうかたちの営業部門の分離に対して商社の考え方は一致しているかというと、そうではない。強く反対しているのが三井物産で、物産は自身が強い力をもつ化学品部門で、分社化の動きに同調しないことを明言している。それは仕入れ、販売先のメーカーや問屋との接触を商社本体の人間が絶えずもつことによって、商社本来の情報機能が果たせるとみていることによる。物産は化学品に強いがゆえに、取引先のメーカーや問屋の数が多い。そこでこれらとの取引を維持することが自身の利益になり、また業界のためにもなると考えているのであろう。物産では取引の効率化には、コンピューターの利用や、退職後の嘱託職員の活用などによって対処するとしている。[11]

　ここで物産は、行き過ぎた分社化は商社の総合力を殺すとみているのだが（物産にも分社化している部門がないわけではない）、化学品に関しては住商は分社化を推進している。ただし同じ分社でも、農薬などは本社の仕入れ部門まで社外に出すことはしていない。コア事業では本体の仕入れ機能までは分離しないというように住商にも歯止めがあるように思われる。そして物産と住商は共に総合力に意味を認めている。

　以上、戦略的選択の課題として、取引本位か投資本位かという企業の性格の位置付け、総合か特化か、本体か子会社かという三つの区別を設けて検討してきた。そしてこれらのうち前者よりは後者の方が相対的に新しいビジネスの方向であるという認識が少なくとも一部にはあるといえる。他方前者の方が典型的な商社の存在形態だということもできる。そうだとすると新しい動きはまさに商社が自己否定に繋がるような構造変化を遂げる可能性を示唆するのかもしれない。そしてそのことの企業組織面での表現は最終的に純粋持株会社になることだとみることもできる。その場合純粋持株会社は自身では取引を行わず、傘下に多部門の異種企業をもつことになるが、傘下の事業部門に効率的な経営を求めていくので、その結果がどのような産業的構成になるか、また傘下企業

相互の関係がどうなるかは予断を許さない。

ところで私は総合商社が純粋持株会社になるという一部の見方には否定的な立場から批判してきた。[12] そして現在では純粋持株会社への移行方針を明らかにしている商社はなく、同時に商社本体が行う取引そのものに否定的な商社も存在しない。[13] その意味では各商社の戦略的な違いはまださほど決定的なものにはなっていない。その中で連結経営を通じてグループの発展を目指す伊藤忠の経営は、戦略思想の具体化という点でかなり目立っているので、その特徴を検討し、さらに他の商社の経営における管理面の動きをみることにしたい。

IV 戦略思想の具体化と管理、組織のあり方

1 連結重視と投資戦略

伊藤忠は2001～2002年度の2か年の経営計画において、「業界トップクラスの企業から形成される収益1,000億円規模の企業グループの構築」を目指すという（同社2001年3月期有価証券報告書）。同社は01年3月期に連結純益705億円を達成しており、これは商社の中で三菱商事（921億円）に次いで大きい。そこでこの点を強調するとともに、これをあと2年間で1,000億円にするという目標を示したものと思われる。そして伊藤忠の連結対象には系列化や新規投資を通じて育てた異業種の有力企業が多い。それらには伊藤忠の取引先が多いとはいえ、伊藤忠本体が利益を吸い上げるよりは相手の自立を支援することにより、グループとしての繁栄を目指す方が得策だと判断されているとみられる。

他方連結経営を軽視するわけではないにしても、商社本体の力を重視する傾向が強いのは三井物産である。それは商社としての総合力に期待するからで、物産の連結対象の有力なものは自身の分身である海外現地法人や、異業種でも仕入れ先など、本体の取引相手としてメリットを与え合うべき相手になる傾向が強い。

商社の2001年3月期の財務指標における連結と単独の各社の状況を対比してみると、とりわけ目立つのは、営業利益面で単独では三井物産が商社中首位で

第12章　総合商社の経営改革と戦略思想の分化　　**323**

伊藤忠は低位にあるのに対して、連結では伊藤忠が首位、物産はかなり劣るというように対照が著しいことである（表4）。これは物産の場合、もともと有力な取引先が多くそれらとの取引が重要だから、自身のグループをつくることにはさほど注力しなかったのに対して、伊藤忠は逆の立場から自身のグループの形成に努めたためとみられる。そして他の商社はそれぞれ違いはあるものの、この両社の中間の地位にあるといえる（なおこの期は制度的にも経済実態面でも激動期で各社の決算の数字は安定していないことを一応は念頭におくことが必要である）。

　ところで表4によって、株主資本ストックをみると、連結のもつもうひとつの側面がみえてくる。それはフローの連結利益が大きい伊藤忠の連結株主資本がさほど大きくないばかりか、その単独の株主資本に対する超過額が、物産よりも少ないことである。これは連結対象企業の利益の蓄積状況をある程度反映しているだろう。

　さて商社が子会社の育成からメリットを得ようとするもうひとつのルートは子会社上場によるものである。これは日本の株式市場では、優良な子会社の株式公開が、親会社に創業者利潤をもたらすだけでなく、総じて投資家に高く評価されて親会社の株価にプラスに働くことによる。しかし子会社上場は親会社の支配力の低下や子会社の一般少数株主との利益相反問題をもたらす懸念があるという見方もある。[14] さらに別の観点からは、日本のように、子会社を上場

表4　商社決算における連結と単独の比較

(2001年3月期、億円)

会社名	売上高 連結	売上高 単独	営業利益 連結	営業利益 単独	総資産 連結	総資産 単独	株主資本 連結	株主資本 単独
三菱商事	139,953	109,274	781	216	80,672	54,137	9,694	7,536
三井物産	130,482	102,194	551	306	67,101	45,472	8,344	7,573
住友商事	101,007	90,013	895	155	49,022	32,791	5,982	5,809
丸紅	94,369	81,542	415	213	3,206	31,434	3,423	4,217
伊藤忠商事	121,353	98,570	1,086	113	51,575	27,827	3,169	2,645
日商岩井	64,744	45,151	623	137	6,140	22,085	1,203	2,028
ニチメン	24,193	17,533	231	72	16,639	12,050	1,009	886
トーメン	25,165	20,169	349	134	15,513	11,206	83	461

出所:『日経会社情報』2001夏から抜粋

しても なお親会社が支配的地位をもち続けることへの疑問を示す向きもある。これは100％支配か企業の売却かという二者択一であるべきだとし、日本型の企業グループの不透明性を批判するものである。これに対して日本の商社は100％支配から少数持ち株の資本参加に至る各段階の支配形態を駆使して、上場、非上場両方の多数の企業から成るグループを維持しており、そのことの利害得失や投資家にとっての問題点の解明は今後の課題として残っている。

2 営業部門と管理の組織

　商社の企業組織は従来本体の営業部門がプロフィットセンターとして取引を行うことを前提に、その部門編成とこれらを管理し支援する非営業部門の関係を中心に論じられてきた。これに対して社内資本金制度や社内カンパニー制度は、営業部門の自立とそこでの長期的視点に立った投資への取り組み、すなわちインベストメントセンター機能の付与を意味するものであった。

　このような意味での営業部門の自立体制を堅持し続けているのは伊藤忠で、同社の各カンパニーは明らかに投資主体でもある。例えば01年3月に東証第一部に上場された伊藤忠食品では、自身を伊藤忠の食品カンパニーに所属すると規定している。伊藤忠は投資重視、連結経営の実現をカンパニーの主体性の下で行うかたちにしている。ただし伊藤忠のカンパニーの区分が状況により変更されていることからみると、経営の基本構造面で本社の権限は強いといえる。

　他方物産の場合、組織面では伝統的に部店独立採算制をとり、その上で総合力を重視している。具体的には一方でグループ化による商品部門別の統括が行われると同時に、前記の「バリュー・クリエーション・ハブ」による横断的な支援が加わるかたちになっている。伊藤忠と物産は、共に営業部門への分権により、執行面でインセンティブの刺激と自主管理を重視する経営になっているといえるが、違いは伊藤忠がいわば小さなカンパニーと大きな子会社の組み合わせでよいとみているのに対して、物産は大きな本社営業部門を維持しようとしていることであろう。

　ところで自立的営業部門においては、それぞれが行う投資などの資金運用の

リスクをどう管理し、それをいかに全社的なリスクの低減に結び付けるかが、管理上の課題になるが、この点では、住商のリスク・リターン（比率）による管理がひとつのモデルとなっている。これは、分母にその事業のリスクが現実のものとなった場合に生じうる最大損失可能性額（リスクアセット）を算出し、分子にはその事業で得られるキャッシュフローベースで捉えた収益（リターン）を置いてその割合をみるもので、この方式はもともと自主管理を徹底しようとして考案され、成果を上げたという。

　住商の場合は、銅事件による巨大損失で過去の蓄積を失ったという深刻な経験に基づき、全社的な運動としてリスク管理を徹底させることになったものだが、同様にリスク管理の指標を導入する動きが各商社にみられる。ただしこれが自主管理のために利用されるというよりは、全社的視点からの管理の指標として用いられ、併せて営業部門への権限委譲を見直す動きも現れた。

　そのような方向転換を明確にしたのは商事である。同社は01年4月から、部課を廃止してビジネスユニットという商品・機能別のチームを約200つくり、これを活動の単位とした。そしてこれらを全社的立場から管理することになったから、グループ別にまとめた組織の意味は弱くなり、必然的に社内資本金制度は廃止された。そして各ビジネスユニットは、ROE（株主資本利益率）に加えて、リスクと利益の対応関係をみるために開発した独自の数値によって評価され、その経営的な位置付けを明確に示されながら資金や人材の配分を受け、さらにその後の実績をみていくことになる。そしてこれを全社的な「ポートフォリオ戦略」と結び付けるという。また住商でも同様にビジネスラインと呼ぶ約200の単位をベースに管理することになった。住商では社内資本金制度は廃止していないが、その運用は弾力的になったとされ、商事よりは営業部門の責任者の裁量権が大きいようだが、本社の方針を実行に移すために管理を強めるねらいは同様であろう。

　以上商社の動きのなかに経営戦略面で異なった道を歩む兆しがみえることをとりあげ、伊藤忠の場合には組織を戦略に従わせるような特徴がみられることを指摘した。しかし全体的にみると戦略と組織・管理面の対応関係が明確に意

識されているわけではなく、従来からの事業と組織の実務的な見直しを通じて、試行錯誤が続いているというのが実態であろう。

注
1) 島田克美、1990。
2) 商社の売上高に関する会計処理上の問題点については柴健次、1998。
3) 日経ビジネス編1983はそのひとつの代表である。
4) この項に関連する分析を行っている文献として守屋貴司、2000があるが、著者の分析はメインバンク機能の低下を強調して再建過程での銀行の力を軽視していることや、下位商社による選択と集中が、これらの、商社としての地位低下をもたらす可能性に注意を向けていない点で、私のイメージとはかなり違うものである。
5) こういう立場の著書の代表例は若杉敬明、矢内裕幸編著、2000。
6) 本書第11章参照。
7) 例えば三菱商事の佐々木社長は、米ムーディーズ社が商社の機能低下を指摘していることに関連して「総合商社の収益源は粗利益だけでなく、投資先の株式公開、配当金、持ち分法投資利益などさまざまだ」と言っている。日本経済新聞01年4月18日。
8) 上記注6と同じ。
9) 中谷巌編著、1998。
10) 黄孝春、1992。
11) 島田克美、2001。
12) 本書第10章。商社の組織は、海外現地法人と海外の事業会社の関係などの面で、地域組織と本社および事業別関係会社との関係がすでに複雑化しているが、本社が持株会社になると地域組織を含めた一体性の維持が困難になろう。
13) 一頃持株会社への移行を唱えていたとされる伊藤忠も、そのことを公式の目標に掲げてはいない。また同社の文書に売上高の大きさを誇る記述がみられ、本社および一部の子会社が商取引に従事していると言っている（2001年有価証券報告書）。
14) 小本恵照、2001。

第13章
フードシステムのインテグレーターとしての総合商社

I　企業間システム論からみたフードシステム論の意義

1　企業間システムと経済論の課題

　近年日本の経済システムをめぐって系列崩壊論や株式持ち合い解消論などが叫ばれている反面、流通に関連した製販統合論、新問屋無用論などもみられる。これらは一方が市場化を、他方が統合（組織化）の動きを唱える点で、異なった方向の議論であるが、いわゆる中間組織としての日本的システムに否定的な志向をもつ点では共通している。

　日本の経済システムの特徴を企業間システムに即して捉える動きは90年の経済白書に登場しており、この頃に日本の経済システムの議論がひとつのピークを形成していた。それは同時に系列や企業のネットワークがプラスイメージとマイナスイメージの両方で語られる分水嶺でもあった。その後に日本的システム否定論が力を得たのである。

　しかし経済と企業のシステムは、市場と組織のふたつの原理で明確に処理できるのであろうか。企業間における支配関係や市場における力の強弱の問題を忘れた経済システムの議論は現実的ではない。つまり企業間システムの実態把握の必要がある。

　商社は商権によって成り立つという私の説は、商社が企業間関係に投資をし、それによって準レントを得ているとみることができる。このような企業間の関

係を視野に入れたアプローチが企業間システム論として求められている。そしてこれと同様の視点がフードシステム論にみられる。

2　フードシステム論の意義

　フードシステムとは、食料供給システムのことで、食料生産の最初の段階である種子や種畜、肥料や飼料の供給から、耕作、飼育、生産物の処理、加工、さらにそれらの各流通を経て末端の食品小売、消費に至るまでの全過程を対象にしている。

　フードシステム論のねらいについては例えば「『食』を理解するために、『川上』の農漁業から、『川中』の食品製造業、『川下』の食品小売業、外食産業、それの最終需要者である『みずうみ』に例えられる食料消費を繋げ、さらにそれに影響を与える諸制度、行政措置、あるいは各種の技術革新などを含めて、その全体をひとつのシステムとして捉える」とされる[1]。それではフードシステムの捉え方はどうあるべきか。フードシステムは、①「川上」から「川下」への関連産業の連鎖の様式である「連鎖構造」、②連鎖の、ある段階の産業の内部構造である「競争構造」、③企業同士の結合関係である「企業結合構造」、④産業を構成する基礎単位である個別企業の「企業構造・企業行動」の四つの副構造から捉えられる、という[2]。つまりそこには多くの企業間の関係が含まれる。

　フードシステム論はアメリカにおける産業組織論の発展と並行して進展をみせ、独占企業への批判と他方での企業間結合合理化（新制度派）の両面をもっている。後者の場合、例えば契約や統合にみられる企業の結合構造が経済合理性をもつという、いわば新味のない結論を導いていることが多いが、アメリカでは、長期的な継続取引や企業間結合に対して政策当局が批判的であったからこそ、結合の合理性の主張に大きな知的なエネルギーが必要であった。そこでは、詳細な実態分析を行うことによって、企業間システムに関して具体的な実情と、分析の視点、評価の立場を示す例がみられる。さらに、事態の変化が、統合の進展、言い換えれば市場的取引の縮小に向かっていることが明確に指摘

されている。なお日本の学界でも、農学関連の分野で、商社の農業への進出やインテグレーションを批判的に検討した伝統があるが、これはいわゆるマルクス経済学の系統に属する文献に多かった[3]。

II フードシステムにおける近年の変化と日本の場合

1 アメリカのフードシステムにおける契約、統合の進展

アメリカにおけるフードシステムの研究は、80年代の企業合併ブームによる巨大食品企業の形成と豚肉や牛肉の生産段階における大規模事業所の出現を契機として、インテグレーションと契約をめぐる問題に向けられた[4]。

アメリカにおける農・畜産物の取引について70年と90年を比較すると、契約、インテグレーションの比率が高まり、一般の市場取引は縮小している。この動きが顕著なのは卵、野菜、じゃがいもなどの分野である。肉豚や肉牛は90年段階ではまだ契約もインテグレーションも比率が低いが、その後これらの分野でもインテグレーションが急速に進んでいる。アメリカ農務省の96年の報告書は、食品分野での縦の統合の進展が企業集中の増大を伴い、その結果食品加工分野においては市場のパワーと環境保護とがふたつの大きな政策課題になったと述べている[5]。

ところでインテグレーションとは、狭義には生産・流通（生産資材、農畜産物生産、加工、流通、販売）における2段階以上の所有、または意志決定権の統合（支配）である[6]。さらに農業における「契約」は多様な制度的形態を含むが、企業が農業面に対して支配力を振るうような契約が多く含まれている[7]。なお広義では、市場取引によらない契約生産はインテグレーションに含まれる。

2 先進国のフードシステムの動向と日本の特徴

農業分野に対する大企業の支配がフードシステム論のひとつの重要なテーマであるが、この動きは、消費者の需要動向に促された面がある。例えばフライド・チキンの原料の鶏肉は、重量やサイズを細かく指定して発注される。ある

いは脂肪分の少ない、しかも安全性の高い豚肉が好まれるという理由で、量販店は仕入れる豚肉の品質の基準を厳しくする。そこで大規模な、規格化された飼育や処理が行われるようになったという。

　これらを含めて、OECDの報告は先進国の農業、食料分野の動向を次のように述べている[8]。まず消費生活の変化としては、食費の支出割合の低下、消費の多様化、外食の増加、健康・安全への関心の高まりなどがみられる。

　次にバイオテクノロジーの問題、環境問題、情報化など、技術面、社会面の変化が進んでいる。食品小売業においては企業集中の進展がみられ、とくにフランス、ドイツで顕著ある。そのこともあって、全体として少数のドミナントなプレイヤーの影響力が増大している。そこで川上、川中と消費者を結ぶリンクとしての流通の重要性とその中でのパワーの問題に注目する必要がある。

　さらに貿易自由化などによる農業、食品生産の立地条件の変化がみられ、従来通りの食品の生産が維持できなくなるといった問題も出ているので、農業政策の観点と競争政策の視点のそれぞれを考えて適切な対応をとることが、政策面で重要になっている、と。

　以上の指摘は、日本でもかなり当てはまるはずだが、日本では食料消費内容として、米、魚介類、野菜の比率が高く、生鮮志向により家計の購買が毎日少量ずつ行われる傾向が強い。このことは小規模で多数の小売店を存在させてきた要因である。他方で最近は外食、さらには中食（総菜、弁当など）への支出が増えており、業務用市場が拡大している。

　次に日本では食料の輸入依存度が高い。自給率でみると、小麦、大豆、油脂などの自給率が極端に低い。この状況は従来から変わらないが、輸入自由化の進展につれて、肉類、魚介類、果実、野菜などの輸入も増加している。今ではえびや牛肉、豚肉などが輸入品目の上位を占めている。

　さらに政策面で、農業保護や流通関連の政策がフードシステムに影響する。日本では、米の完全自給を挺子に農家保護と農協の活動の支援が行われ、畜産については輸入の飼料（穀物）によって国内の畜産を拡大する政策が採用されてきた。ただし畜産については食肉の輸入自由化の下で、国内価格に下降圧力

第13章　フードシステムのインテグレーターとしての総合商社　331

が加わっている。

　また流通面では、卸売市場や食肉センターなどを通じて生産者や卸売業者に対して公平な市場取引を促す政策がとられてきたが、最近は生産者と小売業者が直結するようなかたちのいわゆる市場外流通が増えている（なお食肉センターでの取引は卸売市場とは別なので、市場外に数えられる）。小売面では量販店のシェアが増大しているが、欧米ほどではない。

　総括的に日本の産業構造のなかでの食品関連産業の地位をみると、国内総生産に占めるその比率は低下しているが、最大の要因は農水産業のシェアの低下である。食品製造業は基礎素材型（製粉、製油、精糖など）の金額シェアの低下によって、徐々に比率が低下しているが、清涼飲料や原料別の分類に入らない加工食品（レトルト食品、冷凍食品、カップめん、スナック類など）はシェアを上げている。

　就業者数では食品流通業と外食産業のシェアが上がっている。これは一人当たりの付加価値生産性が低いことも一因である。以上、総じてフードシステムのなかの川下分野への重点移動がみられる。

III　日本のフードシステムにおける総合商社の地位、役割

1　概観

　フードシステムのなかでの商社の活動は流通と生産の多くの段階にまたがり、かつ製品分野別にも多様である。大手9商社の食料の売上高は97年度合計年間約10兆円で、取引形態別には国内54％、輸入25％、輸出0.4％、外国間21％とされている。取引の対全国シェアとしては輸入におけるシェアが高いが、取り扱い金額としては、国内取引が輸入の2倍をこえている。

　もともと商社の食品分野での取引は、原料の輸入を手掛かりに、川上から市場を把握する方式をとる。つまり原料の購入先の企業との関係を強化して、安定した取引を実現しようとする。そこで日本の基礎素材型食品関連産業においては、商社による企業支配が広くみられる。すなわち、飼料では日本配合飼料

(三井系)日本農産工業(三菱系)のほか商社の系列飼料メーカー(伊藤忠飼料、丸紅飼料)が有力である。製粉では大手との取引関係が強いだけでなく、中小製粉企業を系列下に置いている。製油(食料油)でも商社系列のメーカーが多い。精糖ではほとんどの大手企業が商社の支配下にある。

ただし基礎素材型食品産業はすでに成熟していて、成長の余地はほとんどなく、また力の強い企業は必ずしも商社依存を必要とせず、中には商社系列企業と競争するものもある。したがってこれらの産業の支配によって商社経営に大きな利益が生まれるとは言い難い。とはいえこれまで川上の企業を支配してきたことが、川下に向けた業務展開の拠点の確保、新たな流通業務開発のための情報入手などへの支援材料となっている。

2 商社による畜産分野のインテグレーションと現状

商社が川上から食品分野にアプローチするひとつの重要なルートが飼料、畜産分野である。商社は飼料原料を輸入し、それを飼料メーカーに販売するだけでなく、飼料メーカーを系列化している。日本の飼料メーカーは、輸入関税を免除された原料の使用を制度的に保証されており、この地位は長年の間川下の畜産関連メーカーには認められなかった。日本の畜産インテグレーションが川上からの統合という形態をとった主な要因はここにある。ただし飼料供給においては農協の役割も大きい。農協は、農家のために購買、販売事業を行っており、飼料の供給と畜産物の販売はその重要な分野である。そして歴史的にみると、商社は飼料の方から畜産を捉えようとし、農協は農家に畜産を奨励する過程で飼料供給に乗り出したという違いがある。農協は当初自身の事業所をもてなかったが、例えば集団養鶏のかたちで農家を組織し、オルガナイザーとして機能した。そこで当初採卵鶏の集団養鶏が行われたとき、商社は農協が組織する畜産団地に農協経由で種鶏や飼料を供給し、農協は卵を集荷して卸売業者に販売するというように、分業し共存することもありえた。しかしオルガナイザーとしての農協が飼料の供給を精力的に行うようになり、他方商社ないしその系列の飼料メーカーが農家と直接取引しようとするとき、両者は競合せざる

第13章　フードシステムのインテグレーターとしての総合商社　　333

をえない。

　そのような状況下で、商社が系列飼料メーカーを通じて畜産農家を囲い込む動きは早くからあった。三井物産が日本配合飼料（日配）を使って行った取り組みはよく知られている。そして小規模の農家が早くから行っていた養鶏と違って、鶏肉の大量供給に道を開いたブロイラー事業は商社に新たな機会を与えた。三井物産は雛の孵化場、飼料メーカー、飼育農家、処理場をもつ問屋などを結んで、契約型のブロイラー・インテグレーションを組織した。他方三菱商事はやや遅れたが、大規模な直営農場への投資（69年）と農家への飼育の委託という形態でブロイラー・インテグレーションを実現した。

　当時のこのような商社の行動を、商社による畜産の全面的インテグレーションと捉えた向きもある[3]。その場合には、インテグレーターとしての総合商社が飼料や種畜の輸入から生産物の国内市場での販売まで、生産と流通の全過程を握ることができるから、商社はトータル・システムの支配者になったとみたのである。

　実際70年代に商社の飼料畜産部門は、インテグレーションの対象をブロイラーの飼育、処理はもとより、採卵養鶏、養豚、肉牛肥育などに拡大する計画を続々と明らかにしていた。当時注目された商社の大規模プロジェクトとしては、三菱商事のジャパンファーム（ブロイラー、豚）、伊藤忠の霞ヶ浦畜産（豚）などがあった。商社が関係する畜産事業所は、80年頃までは、計画中のものを含め国内に300ヵ所ほどあるとされていた。しかしその後プロジェクトは減少していった。

　商社は飼料価格の変動や中小の専業者との競争の影響下、畜産の利益が薄く、リスクが大きいことを知って手を引く場合が多くなった。三菱商事の社史では、「投下資本の負担、公害対策、病害の発生、専門技術者の不足、農家畜産との競合」などの要因によって、畜産インテグレーション計画の遂行は苦難の連続であった、と述べている。商社にとって国内の畜産が魅力を失った要因としては、上記に加えて国内生産全体の規模が拡大からやがて縮小に転じたこと、並行して輸入の自由化が進み畜産物の輸入に利益を期待できる状況が生まれたこ

となどもあるとみられる。

　商社が畜産のインテグレーションを通じて果たした役割は、日本の伝統的な畜産に、先進的な品種や飼育技術を導入し、国際的なコスト競争にも耐える畜産を生み出す方向をリードしたことである。ただし実際の畜産の担い手としては、農家を統括する農協、あるいは農家に比較的近い立場の独立のインテグレーターが大きな地位を占めてきた。これには農家を対象とする政策的な支援措置が用意されていたという制度的要因も大きい。

　ここで日本の畜産のその後の動向をみると、国内の飼養戸数は減少し、一戸当たり飼養頭羽数はかなり急速な増加傾向を示している。その結果日本の畜産経営の個別の規模は、アメリカとは比較にならないが、ヨーロッパよりはむしろ大きくなった。その中で農協は大きな役割を果たしてきたが、他方近年いわゆる企業畜産が増加しており、その中で再び商社、その系列の飼料メーカー、さらには食肉加工メーカーなどの大規模な企業の統合への動きが再燃している。例えばブロイラーでは、一方で農協系の大規模な処理場があり、また独立のローカルインテグレーターにも有力なものがあるが、他方で商社の直営ないし系列の処理場は現在でも重要な地位を占めている。すなわち三菱商事（ジャパン・ファームと菱東ブロイラー）、丸紅（平成ファーム）は子会社が飼育・処理場を直営し、三井物産では系列の第一ブロイラーが強力で、他にも商社系列に入った処理場がある。さらに三菱商事系列の飼料メーカーの日本農産工業は系列の処理場企業などをもち、また最近は日本ハムの系列の日本ホワイトファームの進出が著しい。日本ハムは三菱のジャパンファームの共同出資者でもある。なお商社の畜産関連事業としては、伊藤忠商事の岩手シーアイファーム（採卵鶏中心）もよく知られている。商社の系列飼料メーカーは養豚やブランドをもった鶏卵すなわち特殊卵分野で系列の農場をかなり多数もっている。こうして商社ないしその関連企業が復活した要因としては、次に述べる流通面の要因のほか、資本力ないしリスク負担力が作用している。その結果、畜産統合の現状は、農協を含む多様なインテグレーターの共存状態にあるといえる。

　以上は国内の畜産プロジェクトだが、海外でも商社の養鶏、牧畜、肥育など

第13章　フードシステムのインテグレーターとしての総合商社　　335

への出資事例が少なくない。ただしこれを成功させるのは容易ではない。また日本の輸入肉の供給源は多様だが、中には海外の大企業の製品を商社が提携関係によって輸入する例や日本企業の海外での投資先からの輸入などがある。他方海外の食肉大企業が日本の国内流通に直接進出する例はまだみられない。

　畜産インテグレーションにおける直営農場の実態、契約生産、委託生産などの組織や取引形態別の内容などについては、かつて盛んに研究が行われたが、そこでは農外資本の進出に対する批判的立場が強かった。ところがその後批判者の側の農協が巨大なインテグレーターになった。そのことが、その後の研究の熱意を低下させたのではなかろうか。なお最近の動向に関する研究のひとつとして駒井のものがある[9]。

3　食肉流通における商社の地位

　商社がブロイラー分野で一定の力をもっているのは、飼料供給面からの統合の力だけでなく製品市場における活動にもよっている。すなわち商社系の企業が飼育と処理に当たった製品（鶏肉、加工品）はその企業が直売したり、これを商社系列の問屋が販売したりしている。

　全体として総合商社が食肉の流通にどれだけの力をもっているかというと、例えば三井物産がゼンチクという食肉問屋をもつというように商社系列の食肉問屋が各大手商社にみられる。したがって食肉流通における商社の力は無視できないが、その多くは主として輸入肉と国産ブロイラーの場合であって、それ以外では食肉加工メーカー、独立の消費地問屋、農協などの力が強い。その中で鶏肉は92年3月まで処理に規制がなく、その当時は消費地の鳥問屋主導の流通であったが、近年商社、農協主導などの大規模飼育が主流になり、産地での大量処理、生肉での流通が増えている。

　他方鶏卵は選別、洗浄とパックの工程だけで最終商品になる。かつての流通経路の主流は産地の農協やローカルな問屋などが消費地の鶏卵問屋、小売店へ販売するものであったが、近年大型養鶏場からスーパーへの経路が増えており、この中に大手商社やその系列飼料メーカーの関係するものが含まれている。

こうして商社は国内の畜産のなかでは鶏肉、鶏卵の分野に相対的に深くかかわっているが、この相対的差異はやはり飼料からの要因が大きい。鶏の飼育は元来牛、豚よりも購入飼料への依存度が相対的に高く、資本投下の必要性が低いという特徴がある（いわゆる飼料要求率、つまり体重に対する飼料消費重量の倍率はブロイラーでは2.1と低いが、このように効率的な生産ができることがブロイラーの量産をもたらした）。

　また鶏肉においては輸入肉の取り扱いを通じて、流通市場の情報を商社がもち、全体の需給に介入できることが、商社のひとつの強みでもある。ただし鶏肉の市場価格が形成されるのは、直接的には問屋の仲間取引においてであって、商社は受け身の対応を行うことになる。

　商社の市場支配力に関連して、三菱商事は日本ケンタッキー・フライド・チキン（KFC）という大規模な鶏肉需要企業を所有しており、これが三菱商事の鶏肉事業の重要な支えになっている。ただしKFC向けの鶏肉取引は三菱の独占ではない。

　なお商社は食肉加工メーカーにとって主要な仕入れ先に挙げられている。すなわち商社はこれらメーカーの牛、豚を含む原料調達ないし販売用生肉の仕入れに補完的役割を果たしているが、それはこれらのメーカーの求める肉類の種類（部位と品質、チルド、フローズンの別などを含む）や産地、価格その他の条件などが多様でかつ一定の量が必要だからである。しかし牛、豚肉では、海外現地生産からの供給を含め、輸入品でも食肉加工メーカーが流通の中心的な役割を果たして、日本国内の食肉供給を牛耳っている。その要因は国内流通（物流を含む）において、小売企業に対して直接的な供給ルートを維持してきたことにある。商社が海外での牧畜に失敗する例が多いのは、日本国内で人気のない種類や部位の肉の販売力が弱いからだといわれる。他方食肉加工品メーカーはその販売力をベースに食肉事業においても内外の牧場とネットワーク関係をもち、一貫流通システムを確立している。商社としては食肉加工メーカーとの競争と提携の関係にいかに対処するかが重要な課題となっている。

4　食品流通（加工食品中心）における商社の役割の拡大とその意味

　日本のフードシステムの特徴として、流通における食品問屋の存在が指摘されているが、日本ではなぜメーカーと小売業者にとって問屋が必要なのか。これは流通論の基本的なテーマであるが、直接の要因は数の問題だといえる。店舗すなわち取引先の数と商品のアイテム数が極端に多い場合、そのひとつひとつの流れをつくり、管理するのに、メーカーと小売店の直接取引が適しているとはいえないのである[10]。

　こうして日本では食品流通における問屋の地位が強いが、これは商社の役割とどういう関係にあるのだろうか。この場合商社は、食品メーカーに原料を供給するから、メーカーからみた仕入れには商社を経由するが、販売は自社直接ないしは問屋を通じて行う場合が多いのである。ただし商社の中には特定の食品メーカーの製品の販売代理店の地位を得ているものもかなりある。その場合は取引面では販売も商社経由になる（物流は別である）。日本の食品問屋として伝統的に強力だったのは国分、明治屋などで、これに雪印乳業が特約店を集約してつくった雪印アクセスが商社系以外の有力問屋である。他方商社系列として代表的なのが菱食、伊藤忠食品（および伊藤忠系列の西野商事、ヤヨイ食品）、三友食品（04年4月から三井食品）であり、加藤産業やヤマエ久野は複数商社との協調路線をとっている。ほかに酒類や菓子の問屋がある。菓子の山星屋は丸紅が系列化している。商社は系列の食品問屋を合併させるなどの強化策をとって、食品流通におけるその地位を急速に高めてきた。

　商社が食品流通に力をもつようになった要因としては、商社が、輸入自由化などに伴って扱いを増やした加工食品の販売力をつけるために系列問屋を強化する戦略を取ったことが挙げられる。さらにこれらの問屋が物流における新たなニーズに対応して、量販店に対する加工食品の物的流通を集中させるための配送センターへの投資を行ったことが量販店側から評価された。これは第三者物流とか一括物流といわれる方式で、商社系列以外の問屋も行っている[11]。その中で商社系の問屋は資本力とシステム開発力を利用して最新のコンピューター設備をもつ流通センターをシステムの中心に置くなどの方法で急速にこの

分野での地位を強化した[12]。商社は食品メーカーに対して原料や素材を供給して取引関係がある上、リスク負担力が大きいので、大手量販店が商社系列の問屋のシステムを利用することが多くなったという要因もある。

なお量販店と食品メーカーからみた問屋の役割はいわゆるリテールサポートという機能に求められる。すなわち同じ食品でもブランド別に強弱の差があり、しかも膨大な数の新製品が毎日のように生まれるなかでの売れ筋と死に筋の商品の選別と、いわゆる棚割りへの関与である。メーカーからみても、個別の小売店への製品供給面では物流が伴うので、問屋に依存する場合が多い。さらに問屋の競争はメーカー、小売企業両者に対する提案能力、例えば輸入品の選択から海外のソースの開発に至る情報の提供と実際の供給能力の競争になり、ここに商社活動の余地が存在している。

こうして加工食品を中心とする食品流通面で総合商社系列の問屋が地位を高めていることは何を意味するか。そこでは大手食品メーカー、商社、量販店それぞれの有力な企業が連携を強めており、これによって、伝統的な日本のフードシステムの多段階で細分化された構造の中に、量的に大きくコストも低い供給の流れを生み出しているといえる。そこでの企業間の関係では商社による系列問屋や物流センターへの投資をはじめ、関係者相互の契約や相互投資（株式持ち合い）、合弁事業などが機能しているのである。

Ⅳ 小 括

フードシステム全体を通ずる価値生産比率の重点が川下に移っているなかで、もともと輸入を中心とする川上に大きな勢力をもっていた商社は、変化への適応を迫られてきた。ブロイラーを中心に畜産のインテグレーションを図ったのは対応のひとつの例である。その方式において契約関係だけの組織は弱く、生産加工拠点への投資を維持する方が影響力は大きい。しかしそれはコストとリスクを含むので、商社ごとの対応は異なっている。その中で例えば三菱商事は、直接の子会社と系列の飼料メーカーを通じて多数の処理場をもつほか、関係会

第13章　フードシステムのインテグレーターとしての総合商社　339

社が鶏肉を消費するなど多面的な投資を維持している。さらに同社は、加工食品メーカーとも種々の資本関係をもち、また物流における新たなシステム構築をリードしている。そこでは量販店との取引においても新たな展開が期待されている。

　日本のフードシステムはもともと細分化された構造になっているが、次第に一部のメーカーや量販店が力を伸ばしてきた。しかし支配的な力を振るう垂直的統合はまだみられない。他方商社は、部分的な統合の多くを統括する幅広い資本関係と取引関係により、複数の個別的インテグレーターの上に立つインテグレーターとなっている。これは所有の統合、調整の統合というふたつの観点からみて、いずれも中等度の統合である[13]。機能的には、市場動向の影響下、ある程度経営的に独立した傘下の個別インテグレーターのもとでの調整に時間を与え、また経営資源の移動を円滑に行わせていると思われる。

付　記

　本章では紙数の関係から、事実に関する記載の多くと議論の細部を省略した。これらは別途共著書のなかなどに発表された。なお本書における個別事例に関しては、その後事態の変化が生じているが、基本的な構造は維持されている。

注
1 ）高橋正郎、1997。
2 ）新山陽子、1997。
3 ）杉山道雄、1997。
4 ）シェルツ、L. P. L. M. ダフト編、小西孝蔵・中嶋康博監訳、1996。
5 ）USDA、1996。
6 ）杉山道雄、1993、211頁。
7 ）グローバー、D. K. クスタラー著、中野一新監訳、1992。
8 ）OECD, *The Future of Food*, 1998.
9 ）駒井　亨、1999。
10）原田英生、1997。174ページ以下参照。
11）白井秀彰、1998。
12）『ブレーンズ』1998年5月6日。
13）島田克美、1998、参照。

第 2 部　参考文献

OECD, 1998, *The Future of Food*
USDA, 1996, *From Farmers to Consumers : Vertical Coordination in the Food Industry.*
奥村宏、1975、『法人資本主義の構造』日本評論社
奥村宏、1976a、『法人資本主義』日本評論社
奥村宏、1976b、『日本の六大企業集団』ダイヤモンド社
奥村宏、1991a、bについては第 1 部の文献参照
橘川武郎、1995、「財閥史企業集団史の論理」『経営史学』30巻 2 号
グローバー, D., K. クスタラー、中野一新監訳、1992、『アグリビジネスと契約農業』大月書店（David Glover and Ken Kusterer, 1990, *Small Farmers, Big Buisiness*. Macmillan Press）
黄孝春、1992、『専門商社から総合商社へ』臨川書店
駒井亨、1999、「ブロイラー生産の規模拡大と契約生産の変容」『畜産の情報（国内編）』12月
小本恵照、2001、「子会社公開の経済分析」ニッセイ基礎研究所『所報』vol.19
シェルツ, L. P.、L. M. ダフト編、小西孝蔵、中嶋康博監訳、1996、『アメリカのフードシステム』日本経済評論社（Lyle P. Schertz and Lynn M. Daft, eds, 1994, *Food and Agricultural Markets: The Quiet Revolution*. National Planning Association）
柴垣和夫、1971、『日本資本主義の論理』東京大学出版会
塩田長英、1976、『総合商社』日本経済新聞社
柴健次、1998、「総合商社のディスクロージャー」『総合商社の経営分析』日本証券経済研究所、第 2 章
島田克美、1990、『商社商権論』東洋経済新報社
島田克美、1993、『系列資本主義』日本経済評論社
島田克美、1998、『企業間システム』日本経済評論社
島田克美、2001、「企業の統合再編と多様化する商社の企業間関係」『化学経済』6 月号
白井秀彰、1998、「一括物流に挑む―扇屋ジャスコ＆加藤産業『流通設計』4 月号
杉山道雄、1993、『世界のたまご経済』富民協会
杉山道雄、1997、「インテグレーションの複合企業化とグローバル化」日本農業市場学会編『農業市場の国際的展開』所収
鈴木健、1993、『日本の企業集団』大月書店
高橋正郎編著、1997、『フードシステム学の世界』農林統計協会
中谷巌、1998、『商社の未来像』東洋経済新報社
新山陽子、1997、「食肉のフードシステムの構造とその変化」上記高橋編著書所収
日経ビジネス編、1983、『商社冬の時代』日本経済新聞社
原田英生、1997、「卸売業の機能と構造」田島・原田編著『ゼミナール流通入門』日本経済新聞社
ブレーンズ社、1998、「加速する大手商社の食品流通への取組状況と今後の展望」『ブレーンズ』5 月 6 日号
法政大学産業情報センター、橋本寿朗、武田晴人編、1992、『日本企業の発展と企業集団』東京大学出版会
守屋貴司、2000、『激動の総合商社』森山書店
若杉敬明・矢内裕幸編著、2000、『グッドガバナンス・グッドカンパニー』中央経済社

結びにかえて

時勢の変化

　2008年の秋に米大手金融グループのリーマン・ブラザーズが経営破綻、世界的な金融・経済危機が起こり、アメリカで民主党オバマ政権が生まれた。2009年の秋には日本で政権交代が実現した。このことは、経済システムの面で、いわゆる市場原理主義的な改革が見直されていることを意味する。日本経済が経験した20年に及ぶ停滞の原因究明と、新たな政策的対応の構築が現在の課題であり、この数年の間に社会の意識は変化しつつある。

　近年の株主重視主義に、労働組合さえもなぜ待ったをかけないのか、という疑問に対して、ロナルド・ドーアは、そういう「時勢」なのだ、と言った。その時勢とは、「『協調』『一体感』などは、まったくクールでない、陳腐な、古臭い概念になっている時勢、『時価総額世界一』を目指す若手企業家が週刊誌のアイドルとなっている時勢である」(同著『誰のための会社にするか』岩波新書2006、192ページ、一部省略)。ドーアがそう言ってから僅か2、3年で、そうした「時勢」がかなり変化していることは、ジャーナリズムの風潮の中に読み取れる。それは同時に、日本的システムの再評価の営みが、それなりの力を示すようになったことでもある。

　日本企業の特徴を論ずる上でリーダー格の藤本隆宏は、短いコメントの文章の中ではあるが、「経営学のメッカは依然アメリカとしても、日本発の経営学というものも確かにある」。「分業より協業、資本より人本、利益追求より能力構築、知識利用より知識創造といった流れが日本の経営学研究の多くに共通してある」という(『UP』09年4月号)。また、これは別の話だが、企業の栄枯

盛衰の激しさが強い印象を与える時代であればこそ、日本にいわゆる100年企業が10万社もあるという指摘が新鮮な印象を与える。「100年企業、だけど最先端、しかも世界一」という本を書いた泉谷渉は「日本を取り巻くグローバリゼーションの波はさらに加速するだろう。しかし、企業の存続と従業員の幸福を同軸で捉える日本企業のカルチャーは決して変わらないだろう」という（同著2007年）。私はこれらの言説と直接かみ合うような個別企業に即した議論をしているわけではないが、われわれが生きる社会の真実に迫りながら、しかも単に日本社会を突き放してみるのではなく、社会をともに生きつつ真実を追うという態度を保っていきたいと思う。

　ただ、日本の企業システムや経営の伝統を、それが日本にあるというだけの理由で有り難く受け取ってはならない。実は、時勢が変わる中で、かなりいい加減な日本賛美論が幅を利かせた時期もあった。だから、われわれは理論の扱いには気をつけなければならない。他方、日本では、外国の議論を無批判に輸入することによって、時流をつくる傾向がある。これには最も警戒する必要があるが、半面、内外を問わず、時勢の変化に、重要な意味があることも少なくない。この本のテーマに関係する議論として、アメリカ生まれの産業組織論においても、独占や企業結合が市場の競争秩序を損なうかどうかについて、議論の変遷がみられる。そして時勢の変化が国際的に連動している面があることは、否定できない。

企業間関係の論点の変化

　さて本書でとりあげている企業間関係にはどういう論点があるのか、その由来を考える。もともと、各国経済の生成発展をリードする経済主体をどうみるか、については、例えば農業から工業へというような産業レベルの見方や、経済の担い手としての商業資本、工業資本というような資本主の出自についての見方、また経済を支配する大企業や金融資本ないしその経営者に注目する見方などがあった。そのなかで、戦前の日本については、財閥の存在が重視されて

いた。ところが、日本を対米英戦争に導いた軍国主義は財閥による経済支配と結びついていたという見解に基づいて、戦後の占領政策の下で財閥は解体された。これは、財閥本社の解体、総合商社の解散などを主な内容とし、財閥の商号の使用も差し止められたが、講和成立後、規制は独禁法制だけになり、結果として、財閥系の銀行を中心とする企業集団ができたとされる。これを当時「財閥から系列へ」というような言い方で表す場合もみられた。

こうして、企業集団や系列が日本経済論のひとつの論点になったが、こういう企業の結合を重視しない論者も多かった。財閥解体と独禁法の施行によって、日本経済は競争的になり、そのことが経済成長をもたらしたという見方が強かったからだ。しかし、他方日本経済における二重構造の存在や、自由化のもとでの産業の国際競争力強化の課題などとの関連において、日本の独占資本とかビッグビジネスのあり方についての関心が持続していたことも事実である。それは日本資本主義における所有と支配の主体への関心である。そして、戦後日本では、目立って巨大な個人資本家に依存することはなく、企業が企業の株を持つ法人資本主義の構造があることが明らかにされた。このことを主張して独自の「法人資本主義論」を確立したのは奥村宏である。そしてその著書『新版法人資本主義の構造』は「企業間関係」の重要性についても指摘している。つまり、日本は所有面から言って資本主義であり、人本主義でも社会主義でもない。ただ所有を支える個人の力が弱く、法人所有になっている。法人所有というのは、ある法人が他の法人の株をもつことだから、ここで法人資本主義は企業間関係と表裏一体になっている。

財閥論に由来する企業間関係論は、集団ベースの支配機構に注目するが、私は、個別企業の立場からみた企業間関係を、ひとまず取引関係から捉えた。それは日本における下請制の議論あるいは私が在職した商社の経験などを踏まえたもので、株式所有とは本来別の次元のことである。その上で企業集団など、いわゆる株式持ち合いについては、取引と持株という両者の結び付きを捉えた。奥村説が日本企業の結合関係の現実をしっかりと捉える力をもつことを認め、これに教えられながらも、日本の特殊性の批判に向かわず、より一般的に、

個々の企業の企業間関係、つまりは諸企業の間の関係性ということに目を向けたのである。これは、企業が産業ネットワークのなかで生きているという、企業全般に通ずる側面を捉えるものである。

これに対して企業間関係ということを、「個別企業と企業社会全体との中間に存在する企業のグループとか系列とかいわれる中間領域」というように捉える立場もある（現代企業研究会『日本の企業間関係』1994年中央経済社）。そういうかたちで頭の整理をしていくのもひとつの方法だろうが、これは私の場合と分析の視角が違う。

さて本書には、日本の企業間関係を対象にする論稿が多数掲載されているが、日本的な特徴をストレートに描くことをしなかった。日本には、日本の文化があるというような切り口になることを避けた。日本的な特徴についても一般的な用語や論理で分析していくための枠組みを模索しているのである。これに対して、最近の海外の議論にも、例えば日本の企業間関係は、経済的な要素をこえてより強い社会的な、あるいは人間的な結びつきをもつ、というような見方もある（イグリン・ルクレール「『日本モデル』に対するグローバル化の挑戦」工藤章他編『現代日本企業3』有斐閣2006年）。これはこれで、ひとつの立場を示し、そのことは日本的な関係への賛否の議論をはっきりさせる上で興味深いが、そういうかたちで日本の特徴を捉えると、かつて日本について封建的ということがしきりにいわれたことが思い出される面もある。

日本の企業間関係への批判と改革政策の役割

これまでに、日本の企業間関係ないし企業結合について、日本でも否定的な意見が多く現れたのは、いわゆる市場主義改革の流れに沿って、いろいろな主張が合流していったからだ。例えば、株式持ち合いに対する批判は、奥村宏がはじめに企業集団に即して行ったが、その場合の基本的視点は、独占的な資本の支配構造を所有面から捉えるものだった。ところがそれを、日本市場の閉鎖性、あるいは市場原理からの逸脱として批判するようになった。つまり持ち合

いを通じて経営者の保身が叶い、経営が市場の規律から遮断されることが問題にされ、また企業財務的には、持ち株の値下がりによって企業の資産価値が減るリスクがあることが批判された。だが企業は、もともと市場の論理に浸透されない組織を構成し、そこから多様な戦略的行動を繰り広げている。それを「市場」の立場から一律に批判できるはずがない。産業組織論の変遷はそのことを反映している。すなわち一方で合併・統合などの独占化、発行株式の非上場化などによる株式市場からの圧力回避、その他かなり自在な企業の行動を容認しながら、株式持ち合いばかりを「きたない」慣行だということには論理の矛盾がある。

　それでは株式持ち合いは良いことなのか、と問われれば、良いといえるのは、基本的に個別企業の立場からでしかない、と答えることになる。これは合併も同じことだ。企業とは別に市場というものがあってそれが合併を好み、持ち合いを好まないのだ、という主張があるのかもしれないが、それはあるときの株式市場の雰囲気を反映するだけで、さほどの理論的意味合いはない。とはいえ経営者を含む企業経営の意思決定、執行について監視を含むシステム、いわゆるコーポレート・ガバナンスの観点から、経営者の行動をチェックする必要があることは認めなければならない。ただ、その場合経営者たちの行動の本質をどうみるかによって、チェックの方向、意味は変わるはずである。日本の経営者は会社本位、アメリカ型では個人の利益本位という見方がある。会社本位の日本では持ち合いが企業ぐるみの悪を生む、というのはひとつの見方だが、実際は持ち合いのもとで逆にチェック機能が働くこともありえた（これはポール・シェアードが主張している）。他方株主が安定的な法人から、値上がり期待の機関投資家や、外資に移れば、企業の行動はどう影響されるか。長期的視野で共存を図る株主と、短期的な利益確保を求める株主との違いを、日本の関係者は近年学習したと思われる。

　ともあれ、日本政府はひと頃、驚くほど単純な論理でアメリカ型の経済システムへの誘導に腐心していた。このことを知るには平成14年度の経済財政白書（年次経済財政報告、副題「改革なくして成長なしⅡ」）をみればよい。そこに

は「新しい経済システムの展望」として、「市場型取引の基軸化」という項目の下で、新しい経済システムは、これまでの長期安定的な関係を前提にしたインセンティブ構造から変化を遂げるべきだと述べている。つまり長期安定的な関係を明確に否定している。こうした論理を支える見方として、バブル経済崩壊以後の日本経済の不振の原因を日本的中間組織の機能不全に求める見解があるが、説得力をもつとは思えない。実際、上記白書が求めたような市場型経済システムの徹底化を標榜する制度改革が行われ、そのことに一定の意味がある場合も認められるが、改革のマクロ経済への効果に関しては疑問が多い。市場主義的諸改革が2002年以降の日本の景気回復に寄与したという政府の楽観的な主張は、間もなく無残な結末を迎えた。手本としていたアメリカ経済の挫折、とりわけそこでの金融システムの崩壊と金融機関の破たん・再編、そしてさらにはアメリカの伝統産業である自動車企業の2強が事実上経営破たんしたことなど、もはや彼らのシステムは世界をリードするどころか、世界から批判の的になっている。他方日本では、景気回復を謳われた近年においてさえも、個人所得は増えず、貧困が増大し、格差が拡大した。そこに市場型システム導入の悪影響をみることは間違っていない。

系列に関連する変化

　以上のような経過をみて、日本もダメ、アメリカもダメというのでは救いがなさすぎる。一方では、「市場型」改革の中で、系列取引的な要素の中身に改善ないし変化があったことは認めてよかろう。例えば取引先の選定に当たって、以前より視野を広げて外国企業を参加させたり、流通過程での返品やリベートなどの慣行が整理・簡素化されたりしたようだ。また、さまざまな制度的措置や時勢の変化によって、株式持ち合いは減少した。その中間段階で本書7章のような状況がみられたのだが、次第により多くの日本の法人持株が外国人株主のものになった。
　他方、系列論のねじれの延長線上で、奇妙な現象が起こった。系列批判を避

けるために、その存在を否定し、そういうものは「日本に無い」、あるいは「なくなった」という言説が力を得る中で、通常の長期継続取引とかネットワークとかいうような、広い範囲の企業間結合までもが視野から消され、市場と組織の二元論に日本経済も組み込まれていったかのような錯覚が支配するかのようにみえた。だが、かつての系列の一部に改善の動きがあるからといって、問題がすべて解消したわけではない。まして、長期継続取引が存在しないなどというのはナンセンスである。

　塩見治人によれば、日米を通ずる1990年代のビジネスモデルの方向として「ビジネスプロセスを可能な限り『継続的な相対取引』で結ばれた企業間関係に置き換える動向が多く見られた」（同編『日米企業のグローバル競争戦略』394ページ）。それは「市場と組織」の二分法に依拠したチャンドラーが見逃していた大きな流れなのだという（同上390ページ）。

　さらに、日本型の長期継続取引を系列論と重ねて、その改革を期待した平成18年度経済財政白書の企業間関係に関する調査をみると、積極的に長期的な取引関係を見直すという日本企業はほとんどみられない。労働関係の規制緩和とか法人税の引き下げなど、企業の自由度を高め、利益の蓄積を進める制度改正は歓迎されたが、取引先との関係にまで干渉されることは好まないという態度がみえる。

　他方日本の六大企業集団はほとんど崩壊した。そういわれるのは、銀行を中心とする金融関連企業の統合再編を契機として、かつてのような六つの社長会が維持できなくなったからだ。ただ、私はもともと社長会というものの機能をさほど重視していなかったから、歴史的経緯による異業種企業ないし金融機関との結合を意味する企業集団的な関係の本質は、その後も維持されているのだろうとみている。これは、理論的背景を別にすれば、鈴木健と同じ見解である（鈴木健『六大企業集団の崩壊』2008年、新日本出版社）。そして2007、2008年ごろ、一部に株式持ち合いの復活が伝えられた。つまり、日本の企業間関係の構造そのものが、根柢から覆ったとはいえない。

日本の企業間関係の新たな展開

　以上のように、私は、日本における企業間関係の存在を重視するとともに、その関係の構造の中に、性質の違うものが含まれていること、そしてそれらを区別して捉えることによって、関係そのものの分析と評価が可能であることを本書によって示したつもりである。言い換えれば、企業間関係を無視する議論に反論するとともに、そういうものの存在を頭から批判する議論や、逆に単純にその合理性を主張することから距離を置く。

　それでは企業間関係是正の観点から、日本の現状をどうみるのか、と問われれば、それを決めるのは関係するステークホルダーたち、ひいては国民であるべきだ、といいたい。このことについては拙著『企業間システム』でとりあげている。制度のグローバル化ということを理由に、制度・慣行を一方的に規制しようとすることは正しくない。国際的な投資家が、企業の評価基準を統一させようとすることは、ある程度容認せざるを得ないにしても、国民国家がもつ価値判断をまるごと崩壊させてはなるまい。この主張はかなりの程度ナショナリスティックな立場に立っているから、批判されるかもしれないが、現在の資本主義は、各国の国益の主張を排除できないと考える。国民が国内の企業に対してもつ期待や信頼もその国がもつ価値つまり資産になりうるものなのだ。

　企業間関係あるいは企業のシステムに関して、日本や韓国で近年起こった大きな変化は、いわゆる純粋持株会社が盛んに結成されたことである。これが制度的に認められるようになったことにより、国内および国際的な企業の再編・統合の手段として利用されたことがその要因である。このことについては、持株会社の企業形態としての位置づけが問題になる。持株会社研究第一人者の下谷政弘は、もともと企業は企業グループとして存在するという。その立場に立つと、私のいう企業間関係のかなりの部分が企業内関係になるから、それらが持株会社に統合されることは、企業内部の組織改革とみてもよいことになる。ただし、実際には、持株会社の傘下に全く新しい企業が統合されることもある。それは合併、買収のひとつの形態である。そしてこれらのいずれについても現

在のところ、持株会社化の成果あるいは悪影響についての議論は盛んではなく、いずれともいえない。なお私は、企業間システムの一環としてこの問題に注目したが、純粋持株会社を事業持株会社に比べてとくに重要な形態だとはみていない（拙著『企業間システム』）。今もまだその見解を大きく変える必要はなさそうだ。

　企業集団や株式持ち合いについて、この本の本体の論文以後の最近の動向については随時触れてきたが、十分には扱えないので、他の著者の著作に拠られたい。ただ結合の態様や範囲の変化があっても、それが関係性の単なる崩壊や消滅ではないという状況があることを忘れてはならない。例えばシティバンクの経営不振に伴って、その傘下にあった日興コーディアル証券が三井住友の金融グループに買い取られた結果、それまで住友系企業と親密だった大和証券がもっていた権益が日興に移るがどうかが注目されている。それは、市場が決めるというよりは、企業間関係の変化、乗り換えに関する動きであり、企業の顧客基盤としての企業間関係の重要性を物語る。

　日本の企業間関係にはメリットがある反面問題もある。下請との関係は依然として大きな問題で、不況下にはとくに単価引き下げ要求や支払い遅延などの問題が深刻になる。最近ではコンビニの本部が弁当の値下げ販売を規制していることが公取の摘発の対象になった。しかしこれらによって、企業間関係が全部否定されるわけではなく、そうはなりえない。下請やフランチャイジーという格下の地位に満足せずに、独立する企業があれば、それは歓迎されてよいことだが、企業が置かれた地位そのものを否定するだけでは、否定された側の立つ瀬がない。関係の中身を是正することが必要であり、それは絶えざる課題の発生と対応の過程となろう。これは労使関係に似ている。不安定な雇用下にいるのが嫌なら皆がベンチャーになればよいと言ってみても、劣悪な労働条件改善の必要性がなくなるわけではない。同様に、脱下請けを唱えても、それだけでは不十分で、下請関係の適正化を求めることが必要である。

商社の動向とその研究

　総合商社は、企業集団の一員であるとともに、自身が多数の系列企業をもっている。そういう構造は長く続いているので、その点を捉えることが商社論のポイントになる。ただ経営面ではかつて不振が続き、打開策が模索されていた。そこで、商社の本質論とともに、商社が経営転換を図っていた時代の状況をフォローした論稿を本書に掲載した。これらにより商社をめぐる企業間関係の実態に触れることができよう。なお私は、商社に関する主著である『商社商権論』のあと、共著のかたちで下記の2つの著作を発表している。

　島田、黄孝春、田中彰『総合商社』ミネルヴァ書房、2003年
　島田、下渡敏治、小田勝己、清水みゆき『食と商社』日本経済評論社、2006年

　総合商社の経営はその後急速に改善され、概ね日本の中の優良企業の地位を維持している。その要因や、将来像の分析、検討は、前記の本の中の共著者を含め、別の論者に期待することになるが、日本独特といわれる総合商社の実態についての研究は、重要性を失うことはないだろう。
　ただ、連結経営の下で、傘下企業の数と業種が厖大かつ複雑になってきた総合商社の実態を捉えることは、次第に困難を加えているのかもしれない。言い換えれば、商社はインテグレーターでありながら、業績の発表形式は、連結対象の企業すべてをまとめた、営業活動の総体を示すかたちになっている。それは商社があくまでも商社であるという姿勢を維持していることを意味するものだが、本部としての商社の中核部門と、傘下の個別の企業体との役割分担や、利益の源泉、費用の負担などの構造は捉えきれなくなっていく。巨大化する企業の実態を捉えることの困難は、商社に限ったことではないが、企業に対する関心は、単に株式市場からみて売りか、買いかという観点に終わってはなるまい。われわれの経済を担う企業の行動が人々から支持されるべきものかどうかを知るためにも、企業側の情報提供とそれらの的確な分析とを行っていくこと

が必要である。
　以上本文各章を補うために、最近の動向を中心にコメントを記し、結びにかえる。

【著者紹介】

島 田 克 美 （しまだ　かつみ）

1926年　石川県に生まれる。
1947年　東京大学法学部卒業
　　　　人事院、公正取引委員会、経済企画庁、ジェトロ、住友商事、京都学園大学を経て
1989年～1999年　流通経済大学教授
1992年　博士（商学、大阪市立大学）

主な著書

『国際経済と日本』『概説海外直接投資』『東アジアと台湾の経済』（以上学文社）、『産業の昭和社会史②商社』（日本経済評論社）、『日米経済の摩擦と協調』（有斐閣）、『現代アメリカ経済論』（共著、日本経済評論社）、『商社商権論』（東洋経済新報社）、『系列資本主義』『企業間システム』（以上、日本経済評論社）、『総合商社』（共著、ミネルヴァ書房）、『食と商社』（共著、日本経済評論社）ほか。

き ぎょうかんかんけい　こうぞう
企業間関係の構造
―企業集団・系列・商社―

発行日	2010年3月2日　初版発行
著　者	島　田　克　美
発行者	佐　伯　弘　治
発行所	流通経済大学出版会
	〒301-8555　茨城県龍ヶ崎市120
	電話　0297-64-0001　FAX　0297-64-0011

ⒸK Shimada 2010

Printed in Japan／アベル社